厦门文献丛刊

大同集

[宋]朱熹 撰
陈峰 校注
厦门市图书馆 编

厦门大学出版社
XIAMEN UNIVERSITY PRESS
国家一级出版社
全国百佳图书出版单位

图书在版编目(CIP)数据

大同集/厦门市图书馆编;朱熹撰,陈峰校注.—厦门:厦门大学出版社,2019.8

(厦门文献丛刊)

ISBN 978-7-5615-7416-4

Ⅰ.①大…　Ⅱ.①厦…②朱…③陈…　Ⅲ.①杂著—中国—宋代

Ⅳ.①Z429.44

中国版本图书馆 CIP 数据核字(2019)第 081775 号

出 版 人　郑文礼
责任编辑　薛鹏志
美术编辑　张雨秋
技术编辑　朱　楷

出版发行　厦门大学出版社
社　　址　厦门市软件园二期望海路 39 号
邮政编码　361008
总　　机　0592-2181111　0592-2181406(传真)
营销中心　0592-2184458　0592-2181365
网　　址　http://www.xmupress.com
邮　　箱　xmup@xmupress.com
印　　刷　厦门市明亮彩印有限公司

开本　880 mm×1 230 mm　1/32
印张　10.625
插页　4
字数　280 千字
字数　1~2 000 册
版次　2019 年 8 月第 1 版
印次　2019 年 8 月第 1 次印刷
定价　65.00 元

本书如有印装质量问题请直接寄承印厂调换

厦门大学出版社
微信二维码

厦门大学出版社
微博二维码

《厦门文献丛刊》编委会

顾　问：洪卜仁　江林宣　何丙仲

主　编：林丽萍

编　委：陈　峰　付　虹　叶雅云　薛寒秋

　　　　陈国强　陈红秋　吴辉煌

《大同集》编校人员

校　注：陈　峰

审　校：吴辉煌

编　务：池莲香　张元基

厦门文献丛刊总序

厦门素有“海滨邹鲁”之誉，文教昌明，人文荟萃，才俊辈出，灿若群星。故自唐代开发以来，鸿章巨著，锦文佳作，层见叠出，源源不绝，形成蔚然可观的厦门地方文献。作为特定地域之人文精神的载体，这些文献记录了厦门地区千百年来之历史发展与社会变迁，讲述着厦门地区千百年来之政教民生与人缘文脉，是本地宝贵之文化遗产，更是不可多得的地情信息资源，于厦门经济建设之规划与文化发展之研究，具有彰往考来的参考价值。

然而，厦门地处滨海扼要，往昔频遭战乱浩劫，文献毁荡散佚颇多，诸志艺文所载之厦门文献，十不存三。而留存于世者，则几成孤本，故藏家珍如拱璧，秘不示人，这势必造成收藏与利用之矛盾。整理开发厦门文献，是解决地方文献藏用矛盾的有效手段。它有利于地方优秀传统文化之传播，有利于发挥地方文献为当地社会和经济发展服务之作用，从而促进地方文献的价值提升。因此，有效地保护、整理与开发利用厦门地方文献，俾绵延千百年之厦门地方文献为更多人所利用，已成当务之急。

保护人类文化遗产是图书馆的重要职能之一，而开发利用文献资源更是图书馆的一个重要任务。近年来，厦门市图书馆致力于馆藏地方文献的搜集、整理与开发，费尽心思，不遗余力。为丰富地方馆藏，他们奔走疾呼，促成《厦门地方文献征集管理办法》正式颁布，为地方文献征集工作提供法规保障；为搜罗地方珍本，他们千里寻踪，于天津图书馆搜得地方名士池显方的《晃岩集》完本，复制而归，俾先贤文献重返故里；为发挥馆藏效用，他们更是联袂馆人，群策群力，编纂《厦门文献丛刊》，使珍藏深闺的地方文献为世人所利用。厦门图书馆人之努力，实乃可贺可勉。

余观《厦门文献丛刊》编纂方案，入选书目多为未曾开发的地方文献，其中不少是劫后残余、弥为珍贵之古籍。如明代厦门文士池显方的《晃岩集》、同安名宦蔡献臣的《清白堂稿》等，皆为唯一存世的个人文集，所载厦门、同安之人文史事尤多，乃研究明代厦门地方史之重要文献；又如清代厦门文字金石名家吕世宜的《爱吾庐笔记》、《爱吾庐题跋》等作品，乃其精研文字，揣摩金石之心得，代表清末厦门艺术研究之时风；再如宋代朱熹过化同安时所著的文集《大同集》、明代曹履泰记述征剿海上武装集团的史料文献《靖海纪略》、清代黄家鼎权倅马巷时所著的文集《马巷集》、清代沈储记述闽南小刀会起义的史料文献《舌击编》等，亦都是厦门地方史研究的重要资料。这些古籍文献，璞玉浑金，含章蕴秀，颇有史料价值。更主要的是这些文献存世极少，有的可能已是存世孤本，急待抢救。《厦门文献丛刊》之编纂，不以尽揽历代厦门文献为能事，而是专注于这引起未曾开发之文献，拾遗补缺，以弥补厦门地方文献开发利用之空白，实乃匠心独运之举。

《厦门文献丛刊》虽非鸿编巨制，然其整理、编纂点校工作繁重，决非一蹴可就。愿编校人员持续努力，再接再厉，使诸多珍贵的厦门文献卷帙长存，瑰宝永驻，流传久远，沾溉将来。

是为序。

罗才福

己丑年岁首

紫阳过化有遗篇

——朱熹的《大同集》

理学，是中国古代最为精致、最为完备的哲学理论体系，其影响至深至巨。朱熹是理学思想的集大成者，在理学体系的完善与阐发上有着特殊的贡献。朱子理学的产生，可溯源至朱熹主簿同安之时。一部《大同集》，印记着朱熹过化同安的足迹，记载下朱熹在理学探究上的初始实践。

朱熹（1130—1200），字元晦，一字仲晦，号晦庵，别称紫阳、考亭，祖籍徽州婺源，生于福建尤溪。朱熹幼承家学，后又师从刘勉之、刘子翚、胡宪三位学养深厚、名重一时的学者，奠定了其为学博洽、兼收并蓄的治学功底。然而朱熹少时学无定向，泛滥词章，出入佛老。南宋绍兴十八年（1148年），朱熹十九岁，入京科考，登进士第。绍兴二十一年（1151年）再次入都，铨试中等，授左迪功郎，被任命为同安县主簿。绍兴二十三年（1153年）夏，朱熹赴任同安之前，专程前往延平（今福建南平）拜见闽北大儒李侗。李侗乃立雪程门的闽北学者杨时、游酢之弟子罗从彦的学生，系二程理学的三传弟子，其学问备受朱熹之父朱松的崇拜。面对年轻气盛的朱熹，李侗告诫曰："吾儒之学，所以异于异端者，理一分殊也！"朱熹恭听李侗阐述"理一分殊"之讲解后，如醍醐灌顶，从此弃禅归儒，潜心于圣贤之学。

朱熹莅任同安主簿，以先儒"得志则必泽加于民"之准则，"莅政纤悉必亲，苟利于民，虽劳无惮"（鄞一相《隆庆元年建县官题名碑记》）。其时，地处海滨偏隅之同安，"民俗强悍，民风不醇"，文化教育相对落后。兼领学事的朱熹，以教养为先务，兴文育贤，致力用儒家正统思想来建立一个充满封建伦理的理想世界。他推崇魏公苏颂，以其“道学渊深，履行纯固”为后生之表率；他力行教化，“立教思堂，日与邑人讲论正学”（王杰《重建同安县学大成殿记》），在同安始开讲学之风。他亲自制定学规，增修“讲问之法”，使学子“知所以正心诚意于饮食起居之间，而由之以入于圣贤之域”（《大同集·谕诸职事》）。他挑选“留意讲学，议论纯正”的乡进士徐应中和“天姿朴茂，操履坚慧”的乡进士王宾到县学教课，旨在“以端士习”；他举荐德高望重的乡进士柯翰担任县学直学，并请他为诸生讲授《礼记》。他在县学内修建尊经阁，收藏县学官书，“使学者得肄习焉”。绍兴二十五年（1155年），朱熹对县学藏书进行了整理，“其可读者，凡得六种一百九十一卷。又下书募民间，得故藏去者复二种三十六卷，更为装裹，为卷五十有三。著籍记，而善藏之如故，加严焉”（《大同集·同安官书序》）。此外，朱熹还向大都督府（即福建路安抚司）申请颁赐图书，大都督府“属工官抚以予县，凡九百八十五卷”（《大同集·同安官书后记》），大大充实了县学藏书。他还亲自到县学为士子讲学，“教人必以格物致知为言”，“扩先圣未发之蕴，开后人入道之涂”（林泉生《元至正十年孔公俊筑大同书院记》）。从其以“圣贤修己治人之道”的濂洛之学为讲学内容来看，此时的朱熹已是十分注重以理学思想为力兴教化之主导。其时，追随朱熹服习诗书者甚众，“高阁当文吏，诸生时往还。纵谈忽忘倦，时观非云悭”。《县学教思堂作》一诗，再现了当时教思堂内学子奋兴，学风日盛的场景。

朱熹主簿同安四年，“日以圣贤身心之学迪诸士，且推崇魏公以为表率。故礼教风行，习俗淳厚”（《马巷厅志·风俗》），流风余泽为同安人民所纪念。同安县学司书兼奉文公祠的陈利用，将朱熹任同安主簿时所作的诗、书、序、记、跋、杂著、行状等文章，编纂成文集，名曰《大同集》。“其称大同者，唐贞观中于同安置大同场，宋时亦有大同驿，从古名也”。（《四库全书总目提要》）它与朱熹的《南康集》、《临江集》等文集类似，系按朱熹历仕所至而选编的文集。

《四库全书总目提要》评《大同集》称："诗文皆全集所载，问答亦语录所收，别无新异，徒以贤者所莅，人争攀附以为重。故同安人裒刻以夸饰其地，实不足以尽朱子，而朱子亦不藉此表章也。"此评价甚不准确。实际上，朱熹在同安时，"其所为文字，已如老成人。其教人无非格言至论，其与诸生辨疑解惑，皆有以发前圣之微旨，足为后学之印正。虽其晚年所就，曾不能大有加于旧。庸是见考亭之学，其得于天者夐异诸人，谓非生而知之，不可也"（林希元《增订朱子大同集序》）。在同安前后四年的地方政事，可以说为朱熹后来的思想学说之形成提供了实践依据。同安是朱熹思想学说的开宗圣地，而《大同集》所收之文章，则是其成就功业之初试。其札状、祝文、记、序等，印记着他的初试；他与同安门人许升、王力行等人的书信，则无处不闪烁着其朱子学的思想火花。故陈胪声在《重校朱子大同集序》称："其以邑簿兼教职及与从游诸子问答言论，乃授弟子、诱后进之始事。然则学朱子之学者，不皆当奉此编为入学进德之基乎？又岂独吾乡人于朱子政教，藉是为文献之征已哉?"此部文集虽称不上是朱子学说的系统阐述，但可认为是朱熹理学思想之组成部分，是朱熹在理学探究上的初始实践。从《大同集》中的诸多文章中，皆可看到朱熹为实践"性命义理"而不遗余力。

《大同集》还是一部很有史料考证价值的文献。如《代同安县学职事乞立苏颂丞相祠堂状》、《苏丞相祠记》等文，是朱熹"推崇魏公，以为表率"的记录。同安是北宋丞相苏颂的故乡，但当时同安人对这位先贤却了解不多，"以公所为问县人，虽其族家子，不能言"（《大同集·苏丞相祠记》）。为弘扬先贤风节，振兴社会学风，朱熹下车伊始，即向县衙书呈建苏颂祠堂之状，在县学修筑了"苏丞相正简祠堂"，以"永前烈之风声，庶以激励将来，俾后生之竦饬”。又如《策问三十三道》，乃其为同安儒学生员策试时所作的命题，可使后人了解其时教育的具体内容。再如《裨正书序》、《同安官书序》等文，保存了厦门最早文献与文献收藏之丝迹，令后世征文考献者有所参考。正如《正德同安志序》所说：“如《大同》一集，文公先生作簿同安时，与门人发明性理之学暨名山胜水、公署私室、记序题咏具载于是。此集名为志书，未为不可。”

《大同集》的文献考证价值亦十分突出。《大同集》保留了朱熹的若干佚文，乃朱熹《朱文公文集》通行本中未收，如《批弟子解尊德性致广大极高明说》、《批弟子解贤者亦乐乎此说》等，可为朱子学研究增添文献资料。而余师鲁编朱熹《朱文公别集》时，就曾自《大同集》中采辑文集未收之文，可见《大同集》是留下不少宝贵文献资料。《大同集》（尤其是元刻本）还保留下大量与《文集》通行本同题相异的文章，如《高士轩记》、《鼓铭》以及《答许顺之》、《答柯国材》的某些条文，就是未经修改前的原始面貌。这对于研究朱子的早期思想学术无疑具有重要参考价值。此外，《大同集》有不少文章在题目或篇末署有写作时间，如《苏丞相祠记》、《春祈谒庙文》等，乃《文集》通行本所无，这就为朱子文献的研究提供新的信息。

《大同集》的编定，乃朱熹去世之后的事。从该书卷末附有叶适于宋嘉定五年（1212 年）五月撰的《县学朱先生祠堂记》一文来看，陈利用编刻此书为嘉定五年之后。而余师鲁于宋景定四年（1263 年）编《别集》，曾采《文集》未收之文，中有取自《大同集》者。由此可知，其初刻当在宋嘉定五年至景定四年之间。遗憾的是，《大同集》的最初刻本，现已无处可觅。

庆幸的是，元至正十二年（1352 年），鄱阳的都璋重刻此书，从而使《大同集》能够流传下来。都璋重刻本题作《朱文公大同集》，计十卷，并纂年谱一卷附之卷首。此版本现今尚有存世，但已不是完全的元版，而是明递修本。国家图书馆藏有此本，计两册，保存完好，有“铁琴铜剑楼”藏书印。北京图书馆出版社2006年编辑的《中华再造善本丛书》，其金元编集部收入的《朱文公大同集》，即影印自此本，唯其年谱配清抄本。虽是如此，这部元版明递修本还是保留了原刻本的原貌。

虽然都璋重刻本上的孔公俊序言称《大同集》是朱熹任职同安“时所著诗文若干卷”，但是实际上陈利用原本所收诗文的写作时间，涵盖了朱熹的大半生，故其所收并非限于朱熹主簿同安时所作的著述，而是包括内容与同安有关的著述。从这个收录原则来看，陈利用遗漏的东西还是不少。因此，明嘉靖二十四年（1545年），又有同安理学名士林希元，在陈利用本子的基础上增订校编重刊，增至十三卷，题作《增订朱子大同集》。《钦定续通志》卷一百六十二载文渊阁著录《大同集》十三卷，应是指此本。林希元在其序中称：“《大同集》者，集朱子簿同时之文也。旧板岁久坏烂，加以字多讹误，余谓此先贤遗墨，不可使片言只字泯没。尝考晦翁全集，朱子簿同时及门人许顺之辈答问甚多，旧集所收仅十之五六。余谓此先贤至教，不可使一言一句不传。乃取全集参校，坏烂者新之，讹误者正之，遗缺者补之。其去同之后，与诸人翰墨往来者亦集焉，从其类也；其有异时论学、论政及于同安者亦附焉，明所自也。旧八卷，今增至十三卷，由是此集遂为完书。余于是见考亭之学与吾乡先哲之学焉。”由此可见，林希元校编的这部《增订朱子大同集》，不仅包括朱熹在同安时的著述，还包括朱熹离开同安后所作的与同安的人、事、地有关之著述，从而弥补了陈利用的缺漏。

可是林希元的增补本今也无处可觅，还好历代不少有心人士继续刊刻《大同集》。明正德元年（1506年），同安知县李彰曾重刊《大同集》，然该本今未能见。明万历三十五年（1607年），同安知县鲍际明重刻了《大同集》，题作《增订紫阳先生大同集》，仍为十三卷。而清乾隆二十年（1755年），同安陈胪声又根据李彰和鲍际明的刻本重校、刊刻《大同集》，仍名《增订朱子大同集》。这是《大同集》最后一种刊本，其卷数增为十五卷。卷一为诗律绝句，卷二至卷六为书，卷七为札状，卷八为序，卷九为记，卷十为跋，卷十一至卷十二为杂著，卷十三为行状，卷十四为行状、年谱，卷十五为祝文及附录，卷首除附有林希元增订之序外，还有陈胪声重校再刊之序。此本今亦存世，有上海图书馆、南京图书馆等馆收藏。

有赖如此之多有心人士的接力，朱熹的《大同集》得以流布，从而为后人对朱子学说的早期发展研究，提供了丰富的资料，这就是《大同集》传世的价值所在。

目　录

重刻本孔序 …………………… [元]孔公俊 1
增订本林序 …………………… [明]林希元 2
重校本陈序 …………………… [清]陈胪声 5
朱熹年谱
宋太师徽国文公朱先生年谱节略 …………………… [元]都　璋 8
朱夫子年谱 …………………… 24

卷之一　诗 …………………… 36
五言古诗
同安官舍夜作(二首)
与一维那
与诸同僚谒奠北山
秋夜听雨奉怀子厚
安溪道中
从叶学古乞兰
留安溪三日按事未竟
题蘧庵画卷(四首)
试院即事
茉莉花
借王嘉叟天台横卷(二首)
天门冬
秋夕斋居(二首)
红蕉
秋暑
老藤
县学教思堂作示同志
竹
再至同安寄民舍居以示同志
榴花
寄题金元鼎面山亭
萱草(二首)

独觉
浇花
五言古诗补遗
过武夷作
寄山中旧知(六首)
述怀
释奠斋居
试院杂诗(四首)
秋怀
夜赋
晓步
忆斋中
秋夕
怀子厚
垂涧藤
临流石
悬崖水
穿林径
督役城楼
十月朔旦怀先陇作
步虚词(二首)
寄黄子衡
怀山田作(二首)
将理西斋
冬至阴雨
病告斋居作
感事有叹
夏日
登罗汉峰
登面山亭
谢人送兰(二首)
秋兰已悴以其根归学古
七言古诗
丁丑冬在温陵陪敦宗李丈
寿母生朝(七首)
七言古诗补遗
秋夜叹
和李伯玉用东坡韵赋梅花
与诸人用东坡韵共赋梅花
五言律诗
苎溪道中
民安道中
安溪书事
梵天观雨
梵天游集雨霁步东桥玩月(二首)
南安道中
对月思故山夜景
夜泛小舟弄月剧饮(二首)
登阁
宿云际寺许顺之将别以诗求教
五言律诗补遗
岩桂
喜晴
书事
八月十七夜月
再至作

晚望
西郊纵步
濯足万里流
孤鹤思太清
柚花(甲戌)
茅舍独饮
送王季山赴龙溪
题囊山寺
七言律诗
上广文
日用自警
和人游西岩
次圭父观鱼韵
彦集奉檄归省示及佳编次韵
和张彦辅落星寺之作
和彦辅雪后栖贤之作
宿密庵分韵赋得衣字
承侍郎使君示所与少傅国公唱酬西湖佳句次韵(二首)
七言律诗补遗
梦山中故人
九日
次韵傅丈题吕少卫教授藏书阁
绝句
之德化宿剧头铺夜闻杜宇
小盈道中
考试感事戏作
和胡先生寻芳
题米仓壁
题安隐壁
题梵天方丈壁
五月五日海上遇风雨作
送许顺之南归(二首)
绝句补遗
寄山中旧知
试院杂诗
忆斋中
夜雨(二首)
梅花两绝句
闻蝉
宿传舍见月
寄诸同寮
双髻峰
涉涧水作
观黄德美延平春望两图为赋(二首)
祠事斋居听雨呈刘子晋
兼山阁雨中
夜

卷之二 书 …………………………………………………… 92

贺陈丞相书
与陈丞相书
与汪尚书书
答陈同父书(二篇)
与留丞相书
答汪尚书论家庙
与张敬夫
答张敬夫
补遗
与范直阁

卷之三 书 …………………………………………………… 108

答吕伯恭(二篇)
答陆子寿
答陈同甫(二篇)
答许平仲
上仲侍郎经总制钱书
答陈宰元雱
答吕侁
答杨宋卿
补遗
答戴迈
答林峦(一)
答林峦(二)

卷之四 书 …………………………………………………… 127

答许顺之十条

卷之五 书 …………………………………………………… 135

答许顺之十三条
答许顺之十七条

卷之六 书 …………………………………………………… 154

答王近思十五条
批弟子解尊德性致广大极高明说
批弟子解贤者亦乐此说
与柯国材讲《礼记》
批柯国材辩孟
答柯国材(三条)
补遗
答陈齐仲
答徐元聘(一)
答徐元聘(二)
答王近思

答柯国材(翰)
答陈明仲
答许景阳

卷之七 札 状 …… 178
乞修三礼
乞以泗水侯从祀先圣
经界申诸司状
回王正臣元达启
上李教授札
请徐王充学宾申县札
乞立苏丞相祠堂状
补遗
申严婚礼状
举柯翰状

卷之八 序 …… 191
同安官书序
《禅正书》序
墨刻序
《家礼》序
《王梅溪文集》序
武夷图序
许顺之字序

卷之九 记 …… 200
同安官书后记
高士轩记
一经堂记
芸斋记
射圃记
至乐斋记
恕斋记
苏丞相祠堂记
畏垒庵记
归乐堂记
存斋记
补遗
漳州教授厅壁记

卷之十 跋 铭 赞 …… 215
跋
《归师堂记》后跋
跋蔡神与绝笔

题赵清献事实后跋
铭
讲座铭
县学四斋铭
紫阳琴铭
鼓铭
补遗
至乐斋铭
赞
濂溪先生
明道先生
伊川先生
康节先生
横渠先生
涑水先生
张敬夫画像赞
吕伯恭画像赞
陈伯仲画像赞
程正思画像赞
题画像自警
题梵天法堂门扇
题陈廷佐亭

卷之十一 杂 著 …… 230
策问三十三道
白鹿书堂策问

卷之十二 杂 著 …… 251
策试榜谕
补试榜谕
谕诸职事
谕诸生
同安县谕学者
更同安县学四斋名
县学经史阁举梁文
补遗
《论语》课会说
民臣礼议

卷之十三 行 状 …… 262
奉使直秘阁朱公行状
延平先生李公行状

卷之十四 行状 年谱 …… 275
左朝散郎致仕陈公行状
伊川先生年谱
补遗
宣教郎方君墓志铭

卷之十五　祝　文 ………………………………………… 292

经史阁举梁告先圣文
屏斥弟子员告先圣文
行乡饮告先圣文
乡饮告二先师
告护学祠文
任满辞先圣
奉安苏公祠告先圣文
谒洛阳蔡端明祠文
奉安苏公祠文
祭许顺之文
奉安苏公画像文
准赦告诸庙文
癸酉冬赛
甲戌春祈

补遗

请雨谒北山神文
祭柯国材文
祭陈休斋文

附　录 ………………………………………………… 302

语类八条
县学朱先生堂记

朱熹首仕同安年表 ……………………… 陈峰　整理 308

后　记 ………………………………………………… 316

重刻本孔序[1]

［元］孔公俊[2]

至正己丑[3]冬，予来尹同安。道过建，遥望武夷诸峰，因想先贤讲道之所，若亲挹其仪容也。比至邑，乃知文公筮仕，尝五年簿领于兹。时所著诗文若干卷，门人陈光卿[4]辑录成编，名曰《大同集》。凡其化民成俗，垂教立言，去今二百年间，遗风余韵有存者，宜邑人感慕而未已也。岁庚寅[5]，余建大同书院以崇祠事，庶几继武夷之遗响，而《大同集》则岁久刊本不存。适邑寓鄱阳都润玉[6]以祠宇既成，而其集不可不备，遂捐己资并纂年谱而重刻之。亦可见其乐善好学之笃也。而使四方学者得传诵之，不几有补于世教乎？故嘉其志而略志于卷末云。

至正壬辰[7]良月，东鲁孔公俊拜书

［1］清版《大同集》无此序，本序由元版《大同集》补入。

［2］孔公俊，字师道，山东曲阜人，孔子五十三世孙。元至正九年（1349 年）任同安县尹。次年建大同书院于学宫之东，以祀朱子。有政绩，祀名宦。

［3］至正己丑，即元至正九年（1349 年）。

［4］陈光卿，即陈利用，字光卿，福建同安人。曾任同安县学司书兼奉文公祠，《大同集》辑录者。

［5］庚寅，即元至正十年（1350 年）。

［6］鄱阳都润玉，即都璋，字润玉，饶州鄱阳（今属江西）人。寓居同安，曾参与修建大同书院。元至正十二年（1352 年），重刻《朱文公大同集》，并修纂《宋太师徽国公朱先生年谱节略》，为现存最早的朱熹年谱。

［7］至正壬辰，即元至正十二年（1352 年）。

增订本林序

[明] 林希元[1]

《大同集》者，集朱子簿同时之文也。旧板岁久坏烂，加以字多讹误，余谓此先贤遗墨，不可使片言只字泯没。尝考晦翁全集，朱子簿同时与门人许顺之辈答问甚多，旧集所收仅十之五六。余谓此先贤至教，不可使一言一句不传。乃取全集参校，坏烂者新之，讹误者正之，遗缺者补之。其去同之后，与诸人翰墨往来者亦集焉，从其类也；其有异时论学、论政于同安者亦附焉，明所自也。旧八卷，今增至十三卷，由是此集遂为完书。余于是见考亭之学与吾乡先哲之学焉。

按朱子年谱，于绍兴十八年[2]戊辰登进士第，二十一年授同安簿，二十二年莅任，是时年方二十有四，尚在志学之日。然其所为文字，已如老成人。其教人无非格言至论，其与诸生辨疑解惑，皆有以发前圣之微旨，足为后学之印正。虽其晚年所就，曾不能大有加于旧。庸是见考亭之学，其得于天者夐异[3]诸人，谓非生而知之，不可也。许顺之[4]、王近思[5]、柯国材[6]三先生皆吾乡之先哲，受学考亭。朱子称顺之天资恬淡，无物欲之累，然平生学力则无所考。近思、国材则并其天资而遗之。今观三先生之疑、之问，不待登拜三公，听其罄［謦］欬，其天资、其学力、其造诣已可想象。于疑问之间，小子后生得以考德而论业，孰谓此集无补于先哲与我后人哉？

书成欲刻之久，县官例未及，未有遇者。学谕拙修李先生[7]每闻予言，辄共叹息。甲辰[8]春，先生适署邑事，余复启之。先生欢然曰："吾事也。"召工刻之。未几而少尹〈坛溪〉万侯[9]、令尹景崖郭侯[10]先后至，更代靡常，事遂中辍。居无何，宪使[11]见斋利公行部[12]至，观风吊古，延访考亭之迹。余因告之，公乃自以为功，万侯承之，工始告成。拙修曰："此书之成，可谓有功于前贤后学矣。此书之刻，先生之心良亦苦矣，弗可无志。"余乃序次校编翻刻之故，冠于篇端，庸告后之君子。

嘉靖乙巳[13]仲春朔旦，后学林希元书于凤山之退修堂

[1] 林希元（1481—1565），字茂贞，号次崖，福建同安山头村（今属厦门翔安区新店镇）人。明正德十一年、十二年（1516 年、1517 年）联第进士，官至广东按察司佥事，并代行按察使职权。归田后更精研理学。设疑析解，敢持异议，勇创新意，被誉为理学"一代宗师"。著述甚丰，有《四书存疑》、《易经存疑》等。

[2] 绍兴十八年，即 1148 年。

[3] 敻，远，深远；敻异，远不同于一般，大不相同。

[4] 许顺之，即许升，字顺之，号存斋，福建同安在坊里人。朱熹门人，南宋绍兴二十三年（1153 年）从师同安县主簿朱熹，后随朱熹到建阳继续学习。学成后返乡，校对二程（程颢、程颐）语录。治学十分严谨，著有《孟子说》、《礼记解》。《朱文公全集》记录其问答甚多。

[5] 王近思，即王力行，字近思，福建同安人。朱熹门人，南宋淳熙年间师事朱熹，苦学善问，深得其旨。著有《朱氏传授支派图》、《文公语录》。

[6] 柯国材，即柯翰（1116—1177），字国材，福建泉州人，随父迁居安海，后定居同安梧侣。宋绍兴二十四年（1154 年），朱熹为同安县主簿时，与之交往甚深，聘其为县学直学，协助管理教务及讲学授徒。其讲《礼记》，朱熹加以阐述。其房舍朱熹命名为"一经堂"。乾道二年至三年（1166—1167），应邀参加朱熹《孟子集解》的修编。逝世后，朱熹作文哭之，文见卷十五"补遗"。

[7] 拙修李先生，即李榕，号拙修，鄱阳（今属江西）人。明代邑贡生，任镇江训导，明嘉靖年间升同安教谕，并两次代理同安知县。

[8] 甲辰，即明嘉靖二十三年（1544 年）。

［9］少尹坛溪万侯，即万善，号坛溪，南昌人。太学生，嘉靖年间任同安县丞，后擢海州通判。

［10］令尹景崖郭侯，即郭山，号景崖，扬州人。举人出身，明嘉靖二十一年（1542年）任同安知县，勤循礼法。

［11］宪使，指按察使。

［12］行部，巡行所属部域，考核政绩。

［13］嘉靖乙巳，即明嘉靖二十四年（1545年）。

重校本陈序

[清] 陈胪声[1]

道足以及乎天下后世者，其人非一时一方之人也，其书非一时一方之书也。当其在一时一方，则以一时一方言之。道不以天下后世而大，不以一时一方而小也。

同安为朱子始仕之邦，宋世有集，其簿同时政令条教、问答语录及他论撰著作为《大同集》，至次崖林先生，更增其卷帙而广布之。盖昔圣贤人流风余泽之在世，虽阅千百年向往之，诚后先相望，人同一心。我朝崇尚正学，超越前代，编辑《朱子全书》颁行学宫，凡所谓《大同集》者，虽多散见其中，然以言乎吾乡人慨慕之私，则是集尤觉惓惓而不能已，况是集之在朱子其登第而初授官也。实学而始仕，其见延平而遂至同也。又仕而益学，且其以邑簿兼教职及与从游诸子问答言论，乃授弟子、诱后进之始事。然则学朱子之学者，不皆当奉此编为入学进德之基乎？又岂独吾乡人于朱子政教，藉是为文献之征已哉？

顾自明末兵燹荒残，旧板散失，是集之为书，缙绅学士遂罕及见。嗟乎！岂道果有大有小及乎天下后世者，无不存在一时一方者，可听其或亡耶？私心搜求者久之。今夏束装入都，道过吴门，既得李令君彰[2]旧本，复得鲍令君际明镌本[3]，谨以授之梓人重刊焉。用见圣贤之惠教乎一时一方者，与惠教乎天下后世者无二道也。

乾隆乙亥[4]仲秋，同安后学陈胪声敬书

［1］陈胪声，号鸿亭，福建同安安仁里登瀛（今厦门集美区曾营社区）人。清乾隆年间附贡，捐中书科中书。乾隆三十二年（1767 年）任兰州府河桥同知。

［2］李令君彰，即李彰，广东新会人。举人出身，明正德元年（1506 年）任同安知县。李令君彰旧本，指李彰任知县时重刊《大同集》刻本。该本今未能见。

［3］鲍令君际明，即鲍际明，字伯参，无锡人。明万历三十二年（1604 年）进士，授海康知县，三十五年（1607 年）调同安知县。鲍令君际明镌本，指明万历三十五年（1607 年）鲍际明重刊的《大同集》刻本。其刻本题作《增订紫阳先生大同集》，为十三卷，装订八册。该本已成孤本，藏于韩国京城帝国大学，即今首尔大学。

［4］乾隆乙亥，即清乾隆二十年（1755 年）。

朱熹年谱

编者按：朱熹年谱，历代所编无数。《大同集》元刻本有都璋所纂的《宋太师徽国文公朱先生年谱节略》，乃现存最早的朱熹年谱本，因收入元刊本《大同集》而保存下来。然而现今存世的元版《朱文公大同集》已不是完全的元代刻本，而是明代递修本。北京图书馆出版社 2006 年编辑的《中华再造善本丛书》中收入的《朱文公大同集》，乃影印自国家图书馆所藏的递修本。该本刊载之年谱，除小引部分外，主体部分已不是原刻，而是配以后世的重刻。《大同集》清代刻本则收入未署纂者姓名的《朱夫子年谱》。两份年谱，体例略有不同，内容各有千秋，故均收入本校注本，以便读者参阅，而编者不再依本丛书惯例编制作者年谱。另原谱中多以干支纪年，省略年号，故借用“点校原则”的缺字方法，加尖括弧予以补上年号，同时注出公元纪年，以便读者了然在目。

宋太师徽国文公朱先生年谱节略[1]

鄱阳干越都璋[2]纂集

按公传，先生姓朱讳熹，字仲晦。世居歙之黄墩[3]。八世祖唐天祐中以陶雅[4]之命，总率三千戍婺源[5]，邑民赖以安，因于县之万年乡松岩里而家焉。五世祖甫生振，振生绚，皆不仕。绚生森，少务学，不事进取，卒赠承事郎。生三子，长曰松[6]，字乔年，甫冠擢进士第，入馆为尚书郎兼史事，以不附和议去国。少以诗文名，从豫章罗公从彦仲素[7]游。则闻龟山杨氏[8]所传河洛之学，得古先圣贤不传之余意。于是益自刻励，痛刮浮华，以趋本实。日诵《大学》、《中庸》之书，以用力于致知格物之地。自号韦斋，卒年四十七岁。次圣［柽］，次槔，槔负轶才[9]，不肯俯仰于世，有诗高远近道。韦斋娶同郡祝氏，赠硕人，生三子。伯仲皆夭，季则先生。宣和末，韦斋公尉建之政和，丁外艰，时干戈未息，道梗不能归，遂葬承事公于政和护国寺之侧。后调尤溪尉，而先生生焉。

初居建宁之崇安五夫[10]，榜其读书之室曰“紫阳书堂”，以新安有紫阳山，识乡关常在目也。其后筑室建阳庐峰之巅，号曰“云谷”。因创草堂而扁以“晦庵”，自号“云谷老人”，亦曰“晦庵”。又得武夷五曲之地，结庐其间，曰“武夷精舍”。晚卜筑于考亭[11]，作精舍曰“竹林”，后更名曰“沧洲”，号“沧洲病叟”。最后揲蓍遇遁之同人[12]，因更号“遁翁”，而晦庵之名尤显于世。谨以纪年序次如左［下］：

“文公先生年谱”，略采家谱，参以《宋史·道学》本传。凡致君泽民，出处久速[13]，与夫师友渊源，著述终始，精粗本末，悉载无遗，庶学者知文公全体大用之学云。

庚戌　宋高宗建炎四年〈1130年〉

朱子以是年九月甲寅生于延平尤溪[14]之寓舍。

辛亥　绍兴元年〈1131年〉

壬子　〈绍兴〉二年〈1132年〉

癸丑　〈绍兴〉三年〈1133年〉

甲寅　〈绍兴〉四年〈1134年〉

朱子五岁，始入小学。

乙卯　〈绍兴〉五年〈1135年〉

丙辰　〈绍兴〉六年〈1136年〉

丁巳　〈绍兴〉七年〈1137年〉

八岁，通《孝经》[15]大义，书八字于上曰："若不如此，便不成人。"间从群儿嬉游，独以沙列八卦，端坐默视。

戊午　〈绍兴〉八年〈1138年〉

己未　〈绍兴〉九年〈1139年〉

十岁，自知力学。

庚申　〈绍兴〉十年〈1140年〉

春，韦斋补外得请知饶州。旋请祠[16]，遂待学于家庭。初，韦斋闻龟山杨氏所传河洛之学，于是益自刻厉，痛刮浮华，以趋本实。日诵《大学》、《中庸》之书，以用力于致知诚意之地，而朱子之学有自来矣。

辛酉　〈绍兴〉十一年〈1141年〉

壬戌　〈绍兴〉十二年〈1142年〉

癸亥　〈绍兴〉十三年〈1143年〉

二月，丁韦斋忧。禀学于刘公子羽[17]、胡宪原仲[18]、白水刘勉之致中[19]三君子之门。无教如子侄，致中以息女妻焉。二刘公没，独事胡公最久。

甲子　〈绍兴〉十四年〈1144年〉

乙丑　〈绍兴〉十五年〈1145年〉

丙寅 〈绍兴〉十六年〈1146年〉

丁卯 〈绍兴〉十七年〈1147年〉

秋，请建州乡举。

戊辰 〈绍兴〉十八年〈1148年〉

己巳 〈绍兴〉十九年〈1149年〉

庚午 〈绍兴〉二十年〈1150年〉

春，归婺源，拜省丘墓、宗族。

辛未 〈绍兴〉二十一年〈1151年〉

春，注中同安主簿。

壬申 〈绍兴〉二十二年〈1152年〉

癸酉 〈绍兴〉二十三年〈1153年〉

夏，受学李延平[20]先生之门。初，朱子学靡常师，出入经传，泛滥释老有年。及见延平，洞明道要，顿悟异学之非。由是专精致诚，剖微穷源，昼夜不懈，至忘寝食，而道统之传尽有所归矣。

七月，之同安，莅职勤勉，苟利于民，虽劳无惮。职兼学事，规矩甚严，诸生以诚敬。增修讲问之法。

甲戌 〈绍兴〉二十四年〈1154年〉

乙亥 〈绍兴〉二十五年〈1155年〉

丙子 〈绍兴〉二十六年〈1156年〉

丁丑 〈绍兴〉二十七年〈1157年〉

冬十一月，秩满归自同安。士思其教，民怀其惠，立祠于学。

戊寅 〈绍兴〉二十八年〈1158年〉

监潭州南岳庙[21]。

己卯 〈绍兴〉二十九年〈1159年〉

庚辰 〈绍兴〉三十年〈1160年〉

辛巳 〈绍兴〉三十一年〈1161年〉

壬午 〈绍兴〉三十二年〈1162年〉

六月，孝宗即位，诏求直言，遂应诏言事。大略以帝王之学格物致知，以极夫事物之变，使夫事物之过乎。前者义理所存，纤微悉照，则自然意诚心正，而所以应天下之务者得矣。至于记词萃藻，非所以探渊源而出治道虚无寂灭，非所以贯本末而立大本也。又谓今日之计，要在修政事、攘夷狄而已。然其计所以不时定者，讲和之说疑之也。

癸未　隆兴元年〈1163年〉

三月，被召。

十月辛巳，入对[22]垂拱殿。其略曰："《大学》之道，在于格物。格物者，穷理之谓也。谓之理，则无形而难知；谓之物，则有迹而易睹。必因物求理，使了然无毫发之差，则应事自然无毫发之谬。是以意诚心正而身修、家齐、国治而天下平。劝讲之臣，所以开陛下者，不过记诵词章之习。而陛下又不过求之老释之书，是以虽有生知之性，未尝随事以观理，即理以应事。是以举措之间，动涉疑贰；听纳之际，未免蔽欺。由不讲夫《大学》之道，而溺心于浅近虚无之过也。愿博访真儒知此道者，讲而明之，则今日所当为者，不得不为；所不当为者，不得不止。"上为之动容。

十二月，除武学博士[23]。

甲申　〈隆兴〉二年〈1164年〉

乙酉　乾道元年〈1165年〉

丙戌　〈乾道〉二年〈1166年〉

丁亥　〈乾道〉三年〈1167年〉

戊子　〈乾道〉四年〈1168年〉

编次《程氏遗书》[24]成。

己丑　〈乾道〉五年〈1169年〉

庚寅　〈乾道〉六年〈1170年〉

《家礼》[25]成。

辛卯　〈乾道〉七年〈1171年〉

五夫三里社仓始成。岁一敛散，俾愿贷者出息什二，小歉即弛半息，甚则尽蠲之。初，建大饥，朱子请于府，贷粟散给，民免饥死。社仓之法始此。

壬辰 〈乾道〉八年〈1172年〉

正月，《论孟精义》[26]成。

四月，《资治通鉴纲目》[27]成，仿《春秋》而兼群史之长。目仿左氏，而稽合诸儒之粹。

十月，《西铭解义》[28]成。

癸巳 〈乾道〉九年〈1173年〉

四月，《太极图说解》、《通书解》[29]成。

六月，《程氏外书》[30]成。

甲午 淳熙元年〈1174年〉

乙未 〈淳熙〉二年〈1175年〉

五月，吕东莱[31]来访，讲学于寒泉精舍。编次《近思录》[32]成。及归，饯行于鹅湖[33]。江西陆子寿、子静[34]，清江刘清之[35]皆会，相与讲其所闻。二陆执己见，不合而罢。

七月，作晦庵于庐峰之云谷。

丙申 〈淳熙〉三年〈1176年〉

二月，归婺源。

六月，乃还除秘书郎。辞不允，再辞，遂差主管武夷山冲佑观。

丁酉 〈淳熙〉四年〈1177年〉

六月，《论孟集注》、《孟子或问》[36]成。

十月，《诗集传》[37]成。

戊戌 〈淳熙〉五年〈1178年〉

己亥 〈淳熙〉六年〈1179年〉

知南康军。

冬，复建白鹿洞书院[38]成。约圣贤教人为学之大端，条列以示学者。立濂溪[39]祠于学宫，以二程配。奏乞蠲减星子县[40]税钱，禁别籍异财者。

庚子 〈淳熙〉七年〈1180年〉

三月，修学，乞以泗水侯鲤[41]升从祀。

秋，旱，竭力为荒政备。

辛丑 〈淳熙〉八年〈1181年〉

冬十一月，奏事延和殿，极陈灾异与修德用人之说。

十二月，提举浙东常平茶盐[42]。按历郡县，官吏惮之，至有引去者。

壬寅 〈淳熙〉九年〈1182年〉

夏，奏疏言事。大略云：为今之计，独有断自圣心，沛然发号，责躬求言，然后君臣相戒，痛自省改。其次惟有尽出内库之钱，以供大礼之费，为收籴之本。诏户部无得催理旧欠，诏诸路漕臣遵依条限检放税租，诏宰臣沙汰被灾路分州军监司守臣之无状者，遴选贤能，责以荒政，庶几犹足以结人心，消其乘时作乱之意。得旨颁行社仓法，条具义役。奏本路沿海四州产盐法。

八月，除直徽猷阁，改江西提刑[43]。

癸卯 〈淳熙〉十年〈1183年〉

主管台州崇道观[44]。时郑丙上疏诋程氏之学，以沮之。

是岁作武夷精舍[45]成，四方士友来者甚众。

甲辰 〈淳熙〉十一年〈1184年〉

还自浙中。力辨浙学之非，每语学者且观《孟子》“道性善”及“求放心”[46]两章，务收敛凝定，以致克己求仁之功。以为舍六经语孟而尊史迁，舍穷理尽性而谈世变，舍治心修身而喜事功大为心术之害。

乙巳 〈淳熙〉十二年〈1185年〉

四月，拜华州云台[47]之命。

丙午 〈淳熙〉十三年〈1186年〉

三月，《易学启蒙》[48]成。

八月，《孝经刊误》[49]成。

丁未　〈淳熙〉十四年〈1187年〉

三月，差主南京鸿庆宫[50]。

七月，除江西提刑。以疾辞，不许，遂行。

是岁，《小学》[51]书成。

戊申　〈淳熙〉十五年〈1188年〉

六月，奏理延和殿。除兵部郎官。足疾，乞辞。

本部侍郎林栗尝与论《易》、《西铭》[52]不合，劾其本无学术，徒窃张载、程颐绪余，谓之道学。所至辄携门生数人，妄希孔孟历聘之风。乃仍旧职江西提刑，再乞辞，免。除直宝文阁[53]，主管西京嵩山崇福宫[54]。

十一月，趣入对，遂上封事[55]，除主管太乙宫兼崇政殿说书。因密草奏疏言讲学以正心修身以齐家，远便嬖以近忠直，抑私恩以抗公道，明义理以绝神奸，择师傅以辅皇储，精选任以明体统，振纪纲以厉风俗，节财用以固邦本，修政事以攘夷狄，凡十事会执政。有指道学为邪气者，力辞新命，遂不果上。

己酉　〈淳熙〉十六年〈1189年〉

正月，除秘阁[56]修撰，仍奉外祠。

二月，光宗即位。拜祠命，辞职名。是月，序《大学章句》[57]。

三月，序《中庸章句》。

五月，仍旧直宝文阁。降诏奖谕。

居数月，除江东转运副使，以疾力辞，改知漳州。

庚戌　绍兴［熙］元年〈1190年〉

四月，到任。首下教令变风俗，述古今礼律丧葬嫁娶之仪，命父老解说以训子弟。男女娶［聚］僧庐为传经会，女不嫁者，私为庵舍以居，悉禁止之。时即学校诲诱诸生，如南康时。刊四经四子，成易取古文分经，传为十二篇。《书》、《诗》皆别序，合为一篇，置诸经后。《春秋》出左氏，经文别为一书，以踵三经。之后奏除属县无名赋七百万，减经总制钱四百万。

辛亥 〈绍熙〉二年〈1191年〉

除秘阁修撰，主管南京鸿庆宫。未几，除湖南转运副使，辞，不允。

壬子 〈绍熙〉三年〈1192年〉

《孟子要略》[58]成。

癸丑 〈绍熙〉四年〈1193年〉

甲寅 〈绍熙〉五年〈1194年〉

夏五月，宁宗即位，召赴行在奏事。除焕章阁待制、侍讲，辞，不许。入对便殿，而辞职名，不允，遂拜命受诏，进讲《大学》。每讲务积诚意以感悟。奏疏论庙祧，异议者忌之，事竟不行。遂除宝文阁待制，知江陵府，湖南安抚，辞，仍乞追还新旧职名。诏依旧焕章阁待制，提举南京鸿庆宫。

是岁，竹林精舍成。释菜[59]于先圣先师，以周、程、邵、张、司马、延平七先生[60]从祀。

乙卯 庆元元年〈1195年〉

五月，乞致仕，不许，依旧秘阁修撰、宫观。

是岁，《楚辞集注》[61]成。

丙辰 〈庆元〉二年〈1196年〉

伪学禁起，诏谕天下。

是岁，修《仪礼经传通解》[62]成。

丁巳 〈庆元〉年三〈1197年〉

与蔡元定[63]会宿寒泉，订正《参同契》[64]。

是岁，《韩文考异》[65]成。

戊午 〈庆元〉四年〈1198年〉

正月，集《书传》[66]。

十二月，以近七十，乞致仕。

己未　〈庆元〉五年〈1199年〉

始用野服[67]见客。其榜略云：荥阳吕公尝言，京洛致仕官与人相接，皆以闲居野服为礼，而叹外郡或不能然。又谓上衣下裳，大带方履，比之凉衫，自不为简。其所便者，但取束带足以为礼，解带足以燕居而已。且使穷乡下邑，得见祖宗。盛时京都旧俗，其美如此，亦补助风教之一端也。

庚申　〈庆元〉六年〈1200年〉

三月辛酉，改《大学》"诚意"章[68]。先是庚申夜复说《西铭》甚详，且言为学之要，惟事事审求其是，决去其非，积集久之，心与理一，自然所发皆无私曲。圣人应万事，天地生万物，直而已矣。

乙丑，以疾卒，年七十一。

初疾革[69]，精舍诸生入问，乃起坐曰："误诸君远来，然道理亦止是如此。但相倡率下坚苦工夫，牢固著足，方有进步处。"诸生退，手书属其子在及门人范念德、黄榦，拳拳以勉学及修正遗书为言。翌日，即命移寝中堂。黎明，诸生复入问疾，因请曰："先生之疾革矣，万一不讳，当用书仪乎？"曰："疏略。""然则当用仪礼乎"？乃颔之。良久，恬然而逝，午初刻也。

送终之事，皆用遗训焉。是日，大风拔木，洪水崩山，哲人之萎，岂小变哉！及将葬，言者谓四方"伪徒"期会，送"伪师"之葬，会聚之间，非妄谈时人短长，则谬议时政得失，望令守臣约束。从之。时送者几千人。

嘉泰初，学禁稍弛。二年，诏朱某已致仕，除华文阁待制，与致仕恩泽。后侂胄死，诏赐遗表恩泽，谥曰"文"。寻赠中大夫，特赠宝谟阁直学士。

理宗宝庆二年，赠太师，追封信国公，改徽国。以其《大学》、《语孟》、《中庸》训说立于学官。

淳祐元年辛丑正月，手诏以周、张、二程及朱子从祀孔子庙。

元至正二十二年二月，追封齐国公，父韦斋为献靖公。

[1] 宋太师徽国文公朱先生，南宋宝庆三年（1227年），宋理宗赠朱熹为太师，追封信国公。绍定三年（1230年），宋理宗改追封朱熹为“徽国公”。

[2] 鄱阳，东汉建安十五年（210年）置鄱阳郡，治所在江西鄱阳县。宋改为饶州路。干越，余干县的别称，位于江西省东北部，宋时属饶州路。都璋，字润玉，里居、阅历卷首《重刻本孔序》注。

[3] 歙，即歙县，古名歙州，在安徽南部，今属安徽黄山市。黄墩，位于歙县之南，今黄山市屯光镇的篁墩。

[4] 陶雅（857—913），字国华，合肥（今安徽长丰）人。唐末任歙州刺史，官至西安招讨使，加同平章事。

[5] 婺源，位于江西东北部，今为江西省婺源县，属上饶市管辖。为朱熹的祖籍地。

[6] 松，即朱松（1097—1143），字乔年，号韦斋，朱熹之父，徽州婺源（江西婺源）人，后侨寓福建崇安。北宋重和元年（1118年）进士，历任政和县尉、著作郎、吏部郎等职。因反对权相秦桧议和，贬任江西饶州知州（治今鄱阳），未至任病逝，葬于崇安五夫里。赠通议大夫，封粤国公，谥献靖，祀入圣庙。

[7] 豫章罗公从彦仲素，即罗从彦（1072—1135），字仲素，号豫章先生，南剑州剑浦罗源里（今福建南平东坑罗源村）人。北宋元符三年（1100年）拜杨时为师，南宋建炎四年（1130年）中特科，曾任博罗县主簿。后潜心理学，为宋朝经学家、诗人，豫章学派创始人。有著作《中庸说》《豫章文集》。

[8] 龟山杨氏，即杨时（1053—1135），字中立，号龟山，福建将乐人，祖籍弘农华阴（今陕西华阴东）。北宋熙宁九年（1076年）进士，官至工部侍郎、龙图阁直学士。北宋哲学家，先后学于程颢、程颐，与游酢、吕大临、谢良佐并称程门四大弟子。又与罗从彦、李侗并称为“南剑三先生”。

[9] 轶才，出众的才能。

[10] 崇安，即今武夷山市。北宋淳化五年（994年），由崇安场升为崇安县。1989年撤县建市。五夫，即今武夷山市五夫镇，原名五夫里，位于武夷

山市东南部。

[11] 考亭，在福建建阳城关西南四公里处，今建阳市潭城街道考亭村。朱熹晚年在此聚众讲学，在此创立了考亭学派，成为“闽学”之源。

[12] 揲蓍，古代问卜的一种方式，用手抽点蓍草茎的数目，以决定吉凶祸福。遁，即遁卦，是易的六十四卦之一，在《周易》中是第三十三卦。同人，即同人卦，易的六十四卦之一，在《周易》中是第十三卦。

[13] 出处，古代指出仕及退隐。出处久速，指仕处久速或仕止久速，意为“可以仕则仕，可以止则止，可以久则久，可以速则速”。出自《孟子·公孙丑上》，乃孟子对孔子归隐思想所增的新内容，强调隐遁的主观抉择性。

[14] 尤溪，地处闽中，戴云山脉以北，今属福建三明市。尤溪始建县于唐开元二十九年（741 年），宋代隶属南剑州。南剑州五代时称延平军，故称延平尤溪。

[15] 《孝经》，中国古代儒家的伦理著作，儒家十三经之一。传说是孔子所作。

[16] 请祠，或称乞祠、丐祠。因充任主管祭祀的祠禄官称奉祠，故自请充任祠禄官，以处闲散之地称请祠。

[17] 刘公子羽，即刘子羽（1086—1146），字彦修，南剑州崇安（今福建武夷山市）五夫里人。随父刘韐帅真定，以抗金知名。绍兴二年（1132年），以功拜利州路经略使兼知兴元府。因招投降派忌恨，罢官归里，隐居五夫里，兴办学馆，抚育少年朱熹。

[18] 胡宪，字原仲，号籍溪先生，南剑州崇安（今福建武夷山市）人。从父胡安国学。绍兴中以乡贡入太学。赐进士出身，授左迪功郎，添差建州教授，后历大理司直、秘书省正字等职。

[19] 白水刘勉之致中，即刘勉之（1091—1149），字致中，学者称白水先生，南剑州崇安（今福武夷山市）人。一生不仕，闭门讲学。受朋友朱松临终之托，经营管理朱家，像子侄般教导朱熹。在宋代理学从二程之学发展到朱熹闽学，刘勉之居于承上启下的重要地位。

[20] 李延平，即李侗（1093—1163），字愿中，学者称延平先生，南剑州剑浦（今福建南平延平区）人。南宋学者，为程颐的二传弟子，年轻时拜杨时、罗从彦为师，学成退居山田。朱熹拜其为师。

[21] 潭州，隋朝至明朝时期州治或府治长沙的古称。宋朝时为二级行政单位。南岳庙，在今湖南衡阳市衡山脚下的南岳区，是我国南方最大的宫殿式古建筑群，始建于唐代初年。

[22] 入对，臣下进入皇宫回答皇帝提出的问题或质问。

[23] 武学博士，北宋庆历三年（1043 年）建武学，设武学教授。后改武学博士，掌兵书、弓马、武艺教诲学生。南宋绍兴二十六年（1156 年），规定武学博士于文臣有出身或武学出身曾参预高选者充任。

[24]《程氏遗书》，又称《二程遗书》，共二十五卷。乃北宋理学家程颢、程颐的弟子记载二程平时的言行。程子既殁后，颇多散乱失次，朱熹复整理编次。

[25]《家礼》，朱熹所撰的礼学著作，内容分为通礼、冠、昏、丧、祭五部分，均根据当时社会习俗参考古今家礼而编成。体现朱熹因革损益、博采众家的礼学思想特点，其影响极大。

[26]《论孟精义》，初名《论孟要义》，又名《论孟集义》，三十四卷。该书为朱熹所辑录的《论语》、《孟子》十二家解说，共三十四卷，其中《论语》二十卷，《孟子》十四卷。又各有纲领一篇，未入卷数。

[27]《资治通鉴纲目》，朱熹生前未能定稿的史学巨著，其门人赵师渊于樊川书院续编完成，共 59 卷。该书创造一种新的史书体裁，内容注重严分正闰之际，明辨伦理纲常，并注意褒贬《春秋》笔法。

[28]《西铭解义》，朱熹撰。该书系对北宋理学家张载重要的理学著作《西铭》的注解。

[29]《太极图说解》，是朱熹通过对周敦颐《太极图说》的说解，借以阐发自己的哲学本体论而写成的，是其理学思想的代表作之一。《通书解》，是朱熹对周敦颐《通书》的考订编定，并为之作注，也是朱熹理学思想的代表作之一。

[30]《程氏外书》，又名《二程外书》，十二卷。此书为程门诸弟子记录程颢、程颐平时的言行，朱熹编辑，是为补《程氏遗书》之遗漏。

[31] 吕东莱，即吕祖谦（1137—1181），字伯恭，世称“东莱先生”，婺州（今浙江金华）人，南宋著名理学家。初以荫补入官，南宋隆兴元年（1163 年），登进士第，累官直秘阁、主管亳州明道宫。卒追谥“成”，改谥“忠亮”。后追封开封伯，配享孔庙。

［32］《近思录》，此书乃淳熙二年（1175 年），朱熹与来自浙江的吕祖谦于寒泉精舍相与读周敦颐、张载、程颢、程颐等著作，为助初学者把握其要义，从中精选 622 条编辑而成，全书计十四卷。

［33］鹅湖，即鹅湖山，位于武夷山脉北麓，江西东北部的铅山县。南宋淳熙二年（1175 年），吕祖谦为了调和朱熹“理学”和陆九渊“心学”之间的理论分歧，出面邀请陆九龄、陆九渊兄弟前来见面。六月初，陆氏兄弟应约来到鹅湖寺，双方就各自的哲学观点展开了激烈的辩论，此乃是中国思想史上著名的“鹅湖之会”。

［34］陆子寿，即陆九龄（1132—1180），字子寿，抚州金溪归政（今江西省金溪县陆坊乡）人，世称复斋先生。南宋乾道五年（1169 年）进士，宝庆二年（1226 年），特赠朝奉郎直秘阁。南宋哲学家，与弟九渊相为师友，学者号“二陆”。子静，即陆九渊（1139—1193 年），字子静，世称存斋先生。又因讲学于象山书院，被称为“象山先生”，学者常称其为“陆象山”。为宋明两代“心学”的开山之祖，与朱熹齐名，而见解多不合。主“心（我）即理”说，明王守仁继承发展其学，成为“陆王学派”。

［35］刘清之（？—1190），字子澄，江西临江人。甘贫力学，博极书传。绍兴二十七年（1157 年）进士，历知宜黄、袁州等。欲应博学宏词科，及见朱熹，尽取所习焚之，慨然有志于义理之学。

［36］《论孟集注》，该书原为《论孟精义》，三十四卷。为朱熹所辑录的《论语》、《孟子》十二家解说。初名《论孟要义》，又名《论孟集义》。后将《论孟精义》加以修订，写成《论孟集注》。《孟子或问》，为朱熹对《孟子》一书的注释，计十四卷。

［37］《诗集传》，为朱熹编撰的《诗经》研究著作。

［38］白鹿洞书院，位于江西省九江市庐山五老峰南麓，始建于南唐升元四年（940 年），是中国首间完备的书院，被列为“中国四大书院之首”。

［39］濂溪，即周敦颐（1017—1073），又名周元皓，原名周敦实，字茂叔，道州营道楼田堡（今湖南省道县）人，世称濂溪先生。北宋五子之一，是宋朝理学思想的开山鼻祖，卒谥号元公。著有《周元公集》、《太极图说》等。

［40］星子县，在今江西省境内，背倚庐山，面临鄱阳湖。2016 年撤县，改为

庐山市。

[41] 泗水侯鲤，即孔鲤（前532—前483），字伯鱼，孔子的儿子。比孔子先故，宋徽宗封为“泗水侯”。

[42] 提举浙东常平茶盐，即浙东提举常平茶盐司。其职能为掌茶盐之利，以充国库；主钞引之法，据其实绩考核、赏罚茶官；纠劾各种违法行为及考核、奏劾、荐举州县地方官员等。

[43] 徽猷阁，北宋皇宫内一藏书处点，主要用作保存宋哲宗御书。提刑，是“提点刑狱公事”的简称。是宋代所特有官职，负责地方刑狱、诉讼。

[44] 台州崇道观，在浙江天台县，即道教南宗祖庭天台山桐柏宫，宋代称为崇道观。北宋诸帝褒崇道教，宋真宗时设立由官员担任祠禄官的祠禄制度。朱熹先后两次任崇道观的祠禄官，时间有六七年。

[45] 武夷精舍，又称紫阳书院、武夷书院、朱文公祠。在武夷山隐屏峰下平林渡九曲溪畔，朱熹所建，为其著书立说、倡道讲学之所。

[46] 道性善，人皆有善性。人应当以此善性为性，人的价值、意义即在于充分扩充、实现自己的善性。出自《孟子·滕文公上》。求放心，指通过找回丧失的“本心”，恢复善性，培养善德。见《孟子·告子上》。

[47] 华州云台，即华州云台观，在陕西华山云台峰上，故名。南宋淳熙十二年（1185年），朱熹任云台观祠禄官。然其时陕西已陷金人之手，唯管其虚名。故朱子自号“云台子”。

[48]《易学启蒙》，朱熹、蔡元定合撰。该书围绕《周易本义》卷首九图作论，阐发九图的哲学意义，系统发挥朱熹的象数之学。

[49]《孝经刊误》，为朱熹重新刊定《孝经》经、传而撰。书中取古文《孝经》，分为经一章，传十四章，共删除旧文二百二十三字，故名之曰“刊误”。

[50] 鸿庆宫，原名圣祖殿，是宋太祖赵匡胤在宋朝南京（今河南商丘）所建的赵宋宗庙。皇室按照其礼仪制度，每年朝谒祭祀祖先。

[51]《小学》，旧题宋代朱熹撰，实为朱熹与其弟子刘清之合编。为封建时代儿童道德教育的主要课本。全书共六卷，分内外篇。内篇四卷，分《立教》、《明伦》、《敬身》、《稽古》；外篇二卷，分为《嘉言》、《善行》。

[52] 林栗，字黄中，今福州福清人。南宋绍兴十二年（1142年）进士，历南安军教授、太学正，守太常博士、皇子恭王府直讲等。后被劾，出知明

州。卒谥“简肃”。《西铭》，北宋张载著。原为《正蒙·乾称篇》的一部分，作者曾录《乾称篇》的《砭愚》和《订顽》两部分分别悬挂于书房的东、西两牖，作为座右铭。程颐见后，将《砭愚》改称《东铭》，《订顽》改称《西铭》。该文体现张载的“民胞物与”思想。

[53] 宝文阁，官署名，原名寿昌阁。阁内收藏仁宗御书，御制文集和英宗御书。设置学士、直学士、待制等职，负责管理宝文阁。

[54] 崇福宫，在河南登封嵩山太室山南麓万岁峰下，原名万岁观，创建于汉元封元年（公元前 110 年），是历代著名道教学者传教之所。

[55] 封事，指密封的奏章。

[56] 秘阁，建于北宋端拱元年（988 年），收藏三馆书籍真本及宫廷古画墨迹等，设有直秘阁、秘阁校理等官。

[57]《大学章句》，《四书章句集注》的组成部分。《四书章句集注》是四书的重要的注本，包括《大学章句》一卷，《中庸章句》一卷，《论语集注》十卷以及《孟子集注》十四卷。是朱熹最有代表性的著作之一。

[58]《孟子要略》，系朱熹打乱《孟子》原书体系、结构框架，在全书 260 章中选采 85 章重辑而成。全书分五篇，每篇各有一个中心主题，把孟子对某一方面的论述集中起来，按照各段的内在逻辑联系，重新编次，使读者更系统、清晰地了解孟子的基本思想体系。

[59] 释菜，即“祭菜”、“舍采”。古代学校开学时，或祭器成时以蘋藻等祭奠先圣先师的礼仪。

[60] 周、程、邵、张、司马、延平七先生，即周敦颐、程颢、程颐、邵雍、张载、司马光、李侗七位宋代理学家。

[61]《楚辞集注》，是朱熹以《楚辞章句》为依据，对《楚辞》的注释。其体例多以四句为一章（偶尔有六句、八句为章的），先释词之音义，再释章之大意。每篇题下有小序，属题解，对作者、题意、写作背景、作意等加以简明阐述。

[62]《仪礼经传通解》，朱熹撰。以《仪礼》为经，而取《礼记》及诸经史杂书所载有及于礼者，皆以附于本经之下，具列注疏诸儒之说。

[63] 蔡元定（1135—1198），字季通，学者称西山先生，建宁府建阳县（今福建南平市建阳区）人，蔡发之子。南宋著名理学家。幼从其父学，及长，师事朱熹，熹视为讲友。博涉群书，探究义理，一生不涉仕途，潜

心著书立说。著有《律吕新书》、《西山公集》等。

[64]《参同契》，即朱熹所撰的《周易参同契考异》，是对东汉魏伯阳所著《周易参同契》的笺注。

[65]《韩文考异》，即《昌黎先生集考异》，十卷，朱熹撰。是对《韩昌黎集》的校勘、考证。

[66]《书传》，有关《尚书》经义的传述解释。

[67] 野服，指村野平民服装。

[68]《大学》"诚意"章，指《大学》第六章，传统儒学把此章视为对诚意的解释。

[69] 革，（病）危急。

朱夫子年谱

宋高宗建炎四年庚戌〈1130 年〉　〈一岁〉

九月甲寅，朱子生。

先生本歙州（今徽州属县）人，世居婺源（徽州属县）永平乡松岩里。

父吏部韦斋先生松，母祝氏。韦斋为政和（建宁属县）尉，遭父丧，以方腊乱，不能归。遂葬其邑，侨寓建（今建宁府）、剑（今延平府）二州。馆于尤溪（延平属县）郑氏，而先生生焉。

癸丑〈绍兴三年，1133 年〉　四岁

韦斋指天示曰："天也。"问曰："天之上何物？"韦斋异之。

丁巳〈绍兴七年，1137 年〉　八岁

通《孝经》大义，书其上曰："若不如此，便不成人。"或群儿偕戏，独以沙列八卦，端坐默视。

己未〈绍兴九年，1139 年〉　十岁

读《孟子》"圣人与我同类者"，喜不胜，以为圣人亦易做。

癸亥〈绍兴十三年，1143 年〉　十四岁

韦斋殁，以先生属白水刘勉之。勉之以女字先生。

丁卯〈绍兴十七年，1147 年〉　十八岁

举建州乡贡。

戊辰〈绍兴十八年，1148 年〉　〈十九岁〉

登进士第。

庚午〈绍兴二十年，1150 年〉　〈二十一岁〉

如婺源展墓。

辛未〈绍兴二十一年，1151 年〉　二十二岁

铨试中等，授泉州同安簿。先生是时已慨然有求道志，博求经传，遍交当世贤士。虽释老之学，亦究其归趣。

癸酉〈绍兴二十三年，1153年〉 二十四岁

始受教于延平李先生。语及学禅，李先生但曰："不是，且看圣贤言语。"又广有所陈，李先生曰："公恁地悬空理会得许多道理，面前事却理会不下。"自是先生刻意经学，推见实理，始信前日所交诸人之误。而回看释氏说，且渐渐破绽，罅漏百出矣。

七月，至同安，莅职勤敏。以令甲[1]，凡簿所当为者，大书揭楣间。而簿兼学职，乃选邑秀民充弟子员，举县士操行方严者督之。葺诸生斋舍，建经史阁，检贮治平中所藏书，便学者读览。又故释奠[2]例，止以吏人行事，先生参取《周礼》、《仪礼》，唐开元、绍兴祀令肄行之。

丁丑〈绍兴二十七年，1157年〉 二十八岁

以四考满归。士思其教民，怀其惠，相与立祠学宫焉。

己卯〈绍兴二十九年，1159年〉 三十岁

执政陈俊卿[3]荐，召赴行在，言路借抑奔竞泥。先生辞不就。

壬午〈绍兴三十二年，1162年〉 〈三十三岁〉

孝宗即位。求直言，应诏上封事（诸疏具〈在〉文集中），不报。

癸未孝宗隆兴元年〈1163年〉 三十四岁

再召，辞。有旨趣行，乃入对垂拱殿，历陈三奏。其一，言宜务圣人致知格物之道，不当溺记诵词章、释老虚寂之说；其二，因宰臣思退主和议，故历陈复仇之义；其三，因内侍曾、龙二人用事，故极论言路壅塞，佞幸鸱张。先生尝言，初读第一奏，天颜温粹，酬酢[4]如响；读第二奏、第三奏，则不复闻圣语矣。

丁亥〈乾道三年，1167年〉 三十八岁

访张公敬夫[5]于潭州（今长沙府）。

戊子〈乾道四年，1168年〉〈三十九岁〉

崇安（建宁属县）饥，多盗。贷郡米六百斛散给之。后民輂粟还官，郡守仍命留里。

是岁，祝孺人卒，居丧。辑《家礼》。

辛卯（乾道七年，1171年）　四十二岁

复饥。先生所居五夫里，豪户闭粜，穷民强夺。先生患之，乃因前郡米留里者，立社仓，出贷石收息二斗。小歉蠲[6]息半，大饥尽蠲之。乡民便焉。

壬辰（乾道八年，1172年）　（四十三岁）

《通鉴纲目》、《名臣言行录》[7]《西铭解义》成。

癸巳（乾道九年，1173年）　（四十四岁）

《太极图传说解》[8]《通书解》成。

乙未（淳熙二年，1175年）　四十六岁

东莱吕伯恭来访，留辑《近思录》。遂偕伯恭与陆公子静兄弟会于鹅湖（在广信铅山县）。子静作诗，有“易简工夫终久大，支离事业竟浮沉”等语，议不合，罢。

丙申（淳熙三年，1176年）　（四十七岁）

再如婺源，以《程氏遗书》、《吕氏乡约》[9]等书留学中。时上方欲奖用廉退士，参政胡茂良疏荐，除秘书郎，辞不赴。

冬，先生夫人刘氏卒。

丁酉（淳熙四年，1177年）　（四十八岁）

《论孟集注》、《〈孟子〉或问》、《周易本义》、《诗〈集〉传》[10]成。

戊戌（淳熙五年，1178年）　四十九岁

宰相史浩[11]必欲起先生，差知南康军，辞，不允。东莱屡书勉行，敬夫亦谓须一出为善。会省札，再趣行，乃赴郡。下教三条：一延访利病，二令父老教戒子弟，三劝民令子弟入学。立濂溪祠于学宫，奏蠲减星子县税钱，重建白鹿洞（南康府城西）书院，置田赡学者，立学规。每暇辄至，与诸生讲习，多所兴起。

庚子（淳熙七年，1180年）　（五十一岁）

应诏上封事，极陈将帅克剥，交通权要，近习则蛊惑以肆挤排。而宰相、谏诤官或反出入门墙，承望风旨[12]，累数千言。上大怒，曰："是以我为亡也。"

会大旱，乃大修荒政，以朝廷劝分赏格谕富室，得米万余石。又奏请截留纲运[13]，并转运常平两司钱米备赈济，令民筑滨江堤捍舟，因以役钱赈之。命每邑市乡村置场，以待赈粜，而选现任寄居添差监押酒税等，使各莅一场督之。又乞蠲阁税租四万余石检放，民赖以全。

辛丑〈淳熙八年，1181年〉 五十二岁

去郡归。会浙东荐饥，故相俊卿过阙，复力荐。宰相赵雄[14]亦言，凡士好名，陛下疾之愈甚，则人誉之愈众，不若因其长用之，彼渐当事任，能否自见矣。乃差提举浙东常平茶盐。

十一月，奏事延和殿。先生自初入对，至是十九年。既得见上，极陈灾异之由，与修德任人之说，上为动容。因条救荒七事上之，遂视事西兴（今绍兴府），即命印榜招海商，蠲其征，令贩广米至浙东。

壬寅〈淳熙九年，1182年〉 〈五十三岁〉

亲出按历诸郡，穷山长谷靡不到，悉屏徒御，一身所需，皆自赍。以故所历虽广而部内不知。官吏畏惮，常若使者压其境不勤荒政者，按劾之。凡所措画，类南康，而惠周七郡。上谓宰相淮[15]曰："朱某政事却有可观。"又请推行社仓法于他县。永嘉有秦桧祠，毁之。前知台州唐仲友[16]者，相淮姻旧也，恃相势恣贪虐，而尚书、御史交章荐，擢江西提刑。先生行部至，台民争诉，按得其实，乃劾奏。淮曲庇之，先生劾益力。乃止，罢其提刑。新命而即以授先生，先生曰："是蹊田夺牛[17]，虽三尺童子知不可。"乃力辞。而淮遂擢陈贾为监察御史，首论近日缙绅有所谓道学者假名济伪，意指先生。先生决志归，而奉祠之命亦下，遂杜门不出。

癸卯〈淳熙十年，1183年〉 五十四岁

筑武夷（在崇安）精舍，徙居之。四方来学者益众。

丙午〈淳熙十三年，1186年〉　〈五十八岁〉

《易学启蒙》、《孝经刊误》成。

丁未〈淳熙十四年，1187年〉　〈五十九岁〉

《小学》成。

是岁，周必大[18]相诏差江西提点刑狱，辞不允，且趣入对，乃复奏事延和。先生至是凡三见上，上曰："久不见卿，卿亦老矣。"又曰："浙东救荒煞究心。"先生先谢提举日荷圣恩保全，盖指淮贾构诋也。次又陈己衰疾，不堪任使。上曰："知卿刚正，今待与清要官，不复劳卿，州县奖谕甚渥。"先生出奏札上之，又极论内侍甘升挟势为奸罪，又言宰相先布私恩于台谏[19]，台谏顾私恩莫肯言其过，而主将恣刻剥为苞苴[20]，升转皆有成价。上惊曰："却不闻此。"是行也，有戒以正心诚意，上所厌闻者。先生曰："吾平生所学惟此四字，岂敢回互欺吾君。"及奏上，未尝不称善。

除兵部郎官，以足疾请祠。而侍郎林栗与先生不合，疏称朱某剽窃张载、程颐绪余，妄希孔孟历聘之风，邀索高价，请行罢逐。时上意方向，先生欲易他部，而宰相请仍授提刑。先生力辞。

九月，复召，辞；趣入对，再辞。遂上封事，言今天下大势，如人有重病，内自心腹，外达四肢，无一毛一发不受病者。因遂言天下之大本，今日之急务，凡数千言。疏入，夜漏下七刻，上已就寝，急起秉烛读终篇。于是上感先生忠鲠，明日即除太乙宫使[21]，兼崇政殿说书。盖将为燕翼谋也。而执政有指道学为邪气者，遂辞奉外祠。于是始出《太极图》、《通书解义》[22]授学者。

己酉〈淳熙十六年，1189年〉　六十岁

始序《大学〈章句〉》、《中庸章句》二书。著已久，然时加改正，至是以惬于心，乃序之。

孝宗内禅，光宗即位。除江东转运副使，辞，改知漳州。以天子初政，再被除命，不敢固辞。

庚戌光宗绍熙元年〈1190年〉　六十一岁

到郡。临漳风俗薄陋，民不知礼。有亲丧不服衰绖者，乃述古今礼律开谕之。妇女聚僧庐为传经会，又或出为庵尼，悉禁之。俗以大变。又教习诸军弓射，赏劝有法，数月皆成精技。其训诱诸生子弟，如南康。而刻五经四书于郡，期年化成，漳民莫不思之。

是岁，先生为学者言，曰："某觉得今年方无疑许多道理，在这里某当初讲学也，岂意到此。"此可以知先生所得矣。

辛亥〈绍熙二年，1191年〉　〈六十二岁〉

长子塾[23]卒。请祠归治葬。

壬子〈绍熙三年，1192年〉　〈六十三岁〉

始筑室于建阳（属建宁府）之考亭，以韦斋常爱其溪山清邃，从先志也。

癸丑〈绍熙四年，1193年〉　〈六十四岁〉

朝使自金回，言金人问："南朝朱先生安在?"乃除知潭州，湖南安抚，辞不允。

甲寅〈绍熙五年，1194年〉　六十五岁

至镇所次，老稚携扶观学。士数百里云集求诲。

洞猺[24]叛，扰境，遣使谕降之。又以本路别无军马，有飞虎军遥隶襄阳，乃请隶本路节制。

是时，孝宗升遐[25]，先生哀恸。而光宗有疾，不能执丧视事，丞相忠定赵公汝愚以太皇太后命，奉宁宗即位。赵公首荐先生，乃召赴行在奏事。除焕章阁待制兼侍讲，门人或言："主上虚心待政，敢请何?"先生曰："今日之事，非大改更不足感天意、悦人心。然吾知尽吾诚，竭吾力耳。外此，非吾所能计也。"

是时，上犹未朝太上皇。先生奏事行宫，首言当尽负罪引慝之诚，俯伏寝门，怨慕号泣，庶亲心底豫慈爱复初。诏进讲《大学》。先生务积诚以感上心，并乞逐日早晚进讲，不假他故废辍。上孝宗山陵议，谓当另求吉壤，不宜委之水泉砂砾中。会瑞庆圣节，请免百官朝贺，并三年内并免。又以光宗不执丧礼，请行嫡孙承重服。

丞相欲祧僖祖，先生持议不当祧。又编次讲章以进。他日见上，请其义，上曰："要在求放心耳。"先生退，谓门人曰："上可与为善，顾常得贤者辅导，天下有望矣。"始宁宗立，太皇太后女弟之子韩侂胄[27]，传言宫掖自谓有定，策功擅权，假御笔有端。先生自湖南赴召，已忧之，数白丞相，当以厚赏酬其劳，勿令与朝政。丞相方谓易制不为意。先生约侍郎彭龟年[28]，因请对，以发其奸。会龟年因公事出，先生独上疏，极言左右窃柄之失。在讲筵复极言之。侂胄大恨，遂以内批罢先生。赵公袖入还上，内侍径遣付外，台谏交章留，不省。先生以七月召，十月进对，立朝四十四日，而先生行矣。

十一月，还考亭，学者益众。筑竹林精舍，祠周、程诸子。日与门人李燔[29]、张洽[30]、陈淳[31]、黄灏[32]、蔡沈[33]、辅广[34]之徒讲学不辍。

乙卯宁宗庆元元年（1195 年）　六十六岁

台臣称丞相谋不轨，窜永州。先生自以蒙累朝知遇，且尚带侍从职名，义不容默，乃草封事数万言，极陈奸邪蔽主之祸，以白丞相冤。弟子诸生更谏，谓必贾祸。先生不听。蔡元定请蓍决之，遇遁之同人，先生默然焚奏稿，遂更号"遁翁"。

是岁，丞相赵公暴卒于永。先生悲悯，注《楚词［辞］》以见志。而廷臣攻"伪学"日急。

丙辰（庆元二年，1196 年）　六十七岁

监察御史继祖疏诋先生，夺职。然先生与同志讲学自如，或劝宜敛德避难者，先生曰："祸福之来，命也。"乃修"礼"书。其书盖以《仪礼》为经，而取《礼记》与诸经传言礼者类附之，名曰《仪礼经传通解》。

戊午（庆元四年，1198 年）　（六十九岁）

作《书传》。会先生殁，二书皆未就。先生闲居，常未明而起，深衣幅巾方履，拜于家庙及先圣。退坐书室，几案必正，书籍器用必整。其饮食也，羹食行列有定位，匕箸举措有定所。倦而休也，瞑目端坐。休而起也，整步徐行。中夜而寝寤，则拥衾坐，或至达旦。其色庄，其言厉，其行舒而恭，其坐端而直，威仪容止之间，自少至老，祁寒盛暑，造次颠沛，未尝有须臾离也。

庆元六年〈1200年〉庚申，　七十一岁

三月己未，先生疾，犹为诸生说《太极图》及《西铭》甚详。门人请为学之要，曰："惟事事审求其是，决去其非，积习久之，心与理一，自然所发皆无私曲。圣人应万事，天地生万物，直而已矣。"

辛酉日，改《大学》"诚意"章。

癸亥日，作书嘱门人黄榦[35]收《礼书》稿，踵成之。

甲子日，命移寝中堂。午初刻，先生起，正坐整冠衣，就枕而终。

后儒以为删述六经者孔子，传注六经者朱子。孔子之学，惟朱子为得其宗，传之万世而无弊。孔子集群圣之大成，朱子集诸儒之大成。圣人复起，不易斯言。

十一月，葬于建阳唐石里之大林谷。

阅二年，学禁稍弛，诏与先生致仕恩泽。

又五年，侂胄诛，诏赐先生谥曰"文"。

又二十年，理宗特赠"太师"，追封"信国公"。寻改"徽国〈公〉"，从邹兖例也。

又十年，诏经筵进讲先生《资治通鉴纲目》，又以《〈大〉学〈章句〉》、《〈中〉庸章句》、《语孟集注》列学宫。

又四年辛丑，诏以先生与周子、二程子并从祀孔子庙廷，距先生殁凡四十二年矣。

元至正元年，婺源知州于文传请旨立徽国文公庙。

明景泰六年，诏以先生建安（建宁属县）九世嫡孙梃袭五经博士。

嘉靖元年，诏以守婺源祠十一世孙墅荫录五经博士。因守臣张芹援孔曲阜例请也。故今朱氏有世袭两博士云。

先生讳熹，字元晦，一字仲晦，晦庵、遁翁别号也。

[1] 令甲，指第一道诏令，或法令的第一篇。后用为法令的通称。

[2] 释奠，古代在学校设置酒食以奠祭先圣先师的一种典礼，出自《礼记·王制》。

[3] 陈俊卿（1113—1186），字应求，福建莆田人，南宋名相。宋绍兴八年（1138 年）进士，初授泉州观察推官，累官殿中侍御史、权兵部侍郎。乾道三年（1167 年），被召为同知枢密院事兼参知政事。次年拜尚书右仆射、同平章事兼枢密使，以少保、魏国公致仕。卒赠太保，谥号“正献”。

[4] 酬酢，宾主互相敬酒，泛指交际应酬。

[5] 张公敬夫，即张栻（1133—1180），字敬夫，后避讳改字钦夫，又字乐斋，号南轩，学者称南轩先生，汉州绵竹（今四川绵竹市）人。南宋乾道元年（1165 年），主管岳麓书院教事，从学者数千，为一代学宗。淳熙七年（1180 年）迁右文殿修撰，提举武夷山冲佑观。卒谥曰宣，后世又称张宣公。与朱熹、吕祖谦齐名，时称“东南三贤”。

[6] 蠲，免除、去掉。

[7]《名臣言行录》，即《宋名臣言行录》，共七十五卷，由朱熹、李幼武撰写。朱熹撰前集十卷，后集十四卷，李幼武撰续集、别集、外集五十一卷。该书汇编了散见于文集、传记中的宋代重要人物的事迹，共收入北宋以及南宋人物二百二十五人。

[8]《太极图传》，当为《太极图说解》，是朱熹对周敦颐《太极图说》的说解。详见《宋太师徽国文公朱先生年谱节略》注。

[9]《吕氏乡约》，中国历史上最早的成文乡约，为北宋陕西蓝田吕氏兄弟于 1076 年创制。朱熹在 1175 年做了修订，延续原约的基本框架，重点修订礼仪部分，使其更加完善。体现了朱熹教化苍生、澄清风俗的强烈使命感。

[10]《或问》，即《孟子或问》，详见《宋太师徽国文公朱先生年谱节略》注。《周易本义》，朱熹通过注解《周易》，进一步诠释孔子的哲学思想。《周

易》原本是卜筮之用，相传为伏羲、文王、周公所作。孔子作“十翼”，进一步阐述《周易》所包含的哲学思想，遂成为一部博大精深的辩证法哲学书。《诗传》，即《诗集传》，详见《宋太师徽国文公朱先生年谱节略》注。

[11] 史浩（1106—1194），字直翁，号真隐，明州鄞县（今浙江宁波）人。南宋政治家，绍兴十四年（1144 年）进士，历温州教授、太学正、国子博士等。隆兴元年（1163 年），拜尚书右仆射。致仕，封魏国公，进太师。卒追封会稽郡王，谥“文惠”。

[12] 承望，迎合、逢迎；风旨，指君主的旨意。

[13] 纲运，成批运送大宗货物，如“盐纲”、“茶纲”、“花石纲”等。每批以若干车或船为一组，分若干组，一组称一纲。

[14] 赵雄（1128—1193），字温叔，资州（四川资中县）人。宋隆兴元年（1163 年）类省试第一。淳熙二年（1175 年），召为礼部侍郎，除端明殿学士，签书枢密院事，官至右丞相。绍熙年间，进封卫国公。

[15] 宰相淮，即王淮（1126—1189），字季海，婺州金华（今浙江金华城区）人。南宋绍兴十五年（1145 年）进士，授临海尉。历任监察御史、中书舍人等职，官至左丞相，封鲁国公。卒赠少师，谥号“文定”。

[16] 唐仲友（1136—1188），字与政，又称说斋先生，浙江金华人。南宋绍兴二十四（1154 年）进士，淳熙七年（1180 年），自信州调知台州。在台州任上被朱熹参劾。

[17] 蹊，践踏。蹊田夺牛，因别人的牛践踏自己的田而抢走人家的牛，形容惩罚过重。后用以指罪轻罚重，从中谋利。典出《左传·宣公十一年》。

[18] 周必大（1126—1204），字子充，一字洪道，自号平园老叟。吉州庐陵（今江西吉安）人，南宋著名政治家。绍兴二十一年（1151 年）进士，二十七年，举博学宏词科，官至吏部尚书、枢密使、左丞相，封许国公。卒追赠太师，后赐谥“文忠”。

[19] 台谏，宋代侍御史、殿中侍御史与监察御史掌纠弹，通称为台官，谏议大夫、拾遗、补阙、正言掌规谏，通称谏官，合称台谏。

[20] 刻剥，侵夺剥削；苞苴，指包装鱼肉等用的草袋，也指馈赠的礼物。

[21] 太乙宫，亦作“太一宫”，是祭祀太一神的宫殿。南宋临安（今浙江杭州）太乙宫分东西两处：东太乙宫，在新庄桥南，祠五福太乙神。西太

乙宫在西湖孤山，安奉太乙十神帝像。太乙宫使，即提点太乙宫使，为太乙宫的祠禄官。

[22]《太极图》、《通书解义》，当为《太极图说解》和《通书解》。

[23] 长子塾，朱塾（1153—1191），字受之，朱熹长子。荫补将士郎，后任淮西运使，湖南总领。

[24] 洞猺，古代对南方瑶族人的蔑称。

[25] 升遐，帝王死去的婉辞。

[26] 忠定赵公汝愚，即赵汝愚（1140—1196），字子直，饶州余干（今江西余干县）人。宋乾道二年（1166 年）状元，历任集英殿修撰、知福州、吏部尚书等职。庆元元年（1195 年）遭韩侂胄构陷，贬为宁远军节度副使。韩侂胄亡，尽复原官，赐谥忠定，追赠太师、沂国公。

[27] 韩侂胄（1152—1207），字节夫，相州安阳（今河南安阳）人。南宋宰相、权臣、外戚，魏郡王韩琦曾孙，宝宁军承宣使韩诚之子，宪圣皇后吴氏之甥，恭淑皇后韩氏叔祖。韩侂胄以恩荫入仕，淳熙末年以汝州防御使知合门事。

[28] 彭龟年（1142—1206），字子寿，清江（今江西樟树）人。南宋乾道进士，历官焕章阁待制，知江陵府，迁湖北安抚使。卒谥“忠肃”。

[29] 李燔（1163—1232），建昌（今江西永修县）人。十七岁受教于朱熹。绍熙元年（1190 年），进士及第，授岳州教授。不久辞官随朱熹讲学，为朱熹衣钵传人。

[30] 张洽（1160—1237），字元德，号主一，清江（今江西樟树）人。南宋嘉定元年（1208 年）进士，历官多处，有政绩。后辞官，曾出任白鹿洞书院山长，又办清江书院，为南宋著名理学家。

[31] 陈淳（1159—1223），字安卿，亦称北溪先生。漳州龙溪（今福建龙海）人。南宋理学家，朱熹晚年的得意门生，理学思想的重要继承者和阐发者。著作有《北溪全集》。

[32] 黄灏，字商伯，又字景夷，号西坡。原籍都昌，后迁居星子县。进士出身，授隆兴府教授，官至广东提点刑狱。为朱熹及业门人，称“考亭后学”。

[33] 蔡沈（1167—1230），又作蔡沉，字仲默，号九峰，建州建阳（今属福建）人。蔡元定次子。少从朱熹游，专意为学，不求仕进。后隐居九峰

山下，注《尚书》，撰《书集传》，其书融汇众说，注释明晰，为元代以后试士必用。

[34] 辅广，字汉卿，号潜庵，崇德人。专攻周敦颐和二程学说，先后师事吕祖谦和朱熹。庆元初，朱熹理学被斥为“伪学”，学者多避去，独辅广不为所动，甚至卖产业入京师，以侍奉朱熹。以卫道者自任。

[35] 黄榦（1152—1221），字直卿，号勉斋，福州闽县（今福建福州）人。少师从朱熹，后成为其女婿。以荫补官，官至承议郎。尝讲学白鹿洞书院，生徒广众。被朱熹视为道统继承人，临终前亲以手稿付之。

卷之一　诗

五言古诗

同安官舍夜作[1]（二首）

官署夜方寂，幽林生月初。闲居秋意远，花香寒露濡。
故国异时节，欲归怀简书。聊从西轩卧，尘思一萧疏。

又

窗户纳凉气，吏休散朱墨。无事一翛然[2]，形神罢拘役。
暂愒[3]岂非闲，无论心与迹。

[1]《大同集》元刻本（以下简称“元刻本”）无此二首，后之增订者补之。据三联书店出版的陈来《朱子书信编年考证》（以下简略为“陈来考证”），该诗作于绍兴二十三年（1153年）；华东师范大学出版社出版的束景南《朱熹年谱长篇》考证（以下简略为“束景南考证”），此为朱熹到同安时首作之诗。同安官舍，即同安县署，在同安葫芦山前左侧，五代后唐天成四年（929年）建。北宋大中祥符五年（1012年），县令宋若水重建。中有“佑贤堂”，朱熹主簿同安时改为“清心”，后改为“牧爱”，又题匾“视民如伤”。

[2] 翛然，形容无拘无束、自由自在的样子。

[3] 愒，古同“憩”，休息。

与诸同僚谒奠北山[1]

联车陟（一作“涉”）[2]修坂，览物穷山川。
疏林泛朝景，翠岭含云烟。
祠殿何沉邃，古木郁苍然。
明灵自安宅，牲酒告恭虔。
肸蠁理潜通[3]，神蚪亦婉蜒。
既欢[4]岁事举，重喜景物妍。
解带憩精庐，尊酌且留连。
纵谈遗名迹，烦虑绝拘牵。
迅晷[5]谅难留，归轸忽已骞[6]。
苍苍暮色起，反旆[7]东城阡。

［1］元刻本无此首，后之增订者补之。于《晦庵先生朱文公文集》（以下简称《晦庵集》）卷一中，该诗题作《与诸同僚谒奠北山过白岩小憩》。据陈来考证，该诗作于绍兴二十三年（1153年）；据束景南考证，乃当年秋成后，朱熹率同僚谒奠清源山呼禄法师墓。此乃通行的说法。清源山，俗称“北山”，位于福建省泉州市北郊。相传北山脚下有摩尼教僧侣呼禄法师之墓，然后人搜寻未获。而厦门本地另有一种说法，乃称朱熹谒奠的是同安之北辰山。北辰山，俗称北山岩，地处福建同安东北隅，在今厦门市同安区五显镇境内。山上有千年古刹“广利庙”，又名“忠惠尊王庙”，是为纪念五代十国时期的“闽王”王审知而建造的。自诗中的“祠殿何沉邃”句来看，朱熹所谒奠的当为祠庙而非墓，故此谒奠之北山，也可能是同安之北辰山。

［2］陟，《晦庵集》作“涉”。括内的注释乃清刻本之原注，下同。

［3］肸蠁，散布、弥漫。潜通，暗通。

［4］欢，《晦庵集》作“欣”字。

［5］迅晷，迅速消逝的时光。

[6] 归轸，喻暮年。骞，通“愆”，延误。

[7] 反，同“返”。旆，旌旗。

安溪道中[1]

驱车陟连岗，振辔出林莽。雾露晓方除，日照川如掌。
行行遵曲岸，水石穷幽赏。地偏寒筱[2]多，涧激淙流响。
祇役[3]未忘倦，心神暂萧爽。感兹怀故山，何日税征鞅[4]。

[1] 元刻本无此首，后之增订者补之。据陈来考证，该诗作于绍兴二十三年(1153年)；束景南考证，作于是年十二月。时任同安主簿的朱熹奉檄赴安溪按事三日，此诗当作于往返安溪之路上。安溪，古称清溪，即今福建安溪县，位于福建省东南沿海。

[2] 筱，小竹。

[3] 祇役，奉命任职。

[4] 税，通“脱”，脱去。鞅，套马的皮带，借指马车。征鞅，远行的马车。

留安溪三日按事未竟[1]

县郭四依山[2]，清流下如驶。居民烟火少，市列无行次。
岚阴常至午，阳景犹氛翳。向夕悲风多，游子不遑寐。
我来亦何事，吏桀[3]古所记。奉檄正淹留，何当语归计？

[1] 元刻本无此首，后之增订者补之。据束景南考证，此诗写作时间与前一首同，即朱熹奉檄赴安溪按事。

[2] 县郭四依山，安溪县属戴云山脉向东南延伸部分，县治所在地凤城，因城北凤冠山形似凤凰展翼而得名。其周边山峦起伏，有“三峰玉峙，一水环回”之称。

[3] 桀，凶暴。

试院即事[1] 〈乙亥〉[2]

端居[3]惜春晚，庭树绿已深。重门掩昼静，高馆正阴沉。
披衣步前除，悟物怀贞心。澹泊方自适，好鸟鸣高林。

[1] 此首元刻本入于卷一之“古诗”。试院，古代科举考试的考场。
[2] 乙亥，即绍兴二十五年（1155年），时朱熹在同安任上。
[3] 端居，平常居处。

借王嘉叟天台横卷[1] （二首）

〈借王嘉叟[2]所藏赵祖文[3]画孙兴公[4]《天台赋》“凝思幽岩，朗咏长川”[5]一幅，有契于心，因作此诗二首。〉[6]

翩然乘孤鹤，往至苍崖巅。上有桂树林[7]，下有清泠渊。
凝神咏太素[8]，泛景窥灵诠。栖身托岁暮，毕此岩中缘。

又

山空四无人，涧[9]树生凉秋。杖策忘所适，水木娱清幽。
散发尘外飙，濯足清瑶流。静啸长林内，举翮仍丹丘[10]。

[1] 此首于元刻本题作《借王嘉叟天台横卷展玩，累日不厌，命工摹得两段，为赋二首》，收入卷一之“古诗”。据陈来考证，此诗作于绍兴二十五年（1155年）。又束景南考证，借画一事，乃当年正月奉檄至福州，在福州会见王秬时借观。
[2] 王嘉叟，即王秬（？—1173），字嘉叟，宋代福建晋江人。以荫补官，由敕局删定官登对，改枢密院编修，历刑部侍郎等。时任提举福建路常平茶事。

[3] 赵祖文，即赵弁，字祖文，宋代东郡（今山东朝城西）人，画家。至临安（今杭州），诸公贵人爱之，凡秘书省及新作政府所画照壁，多出其手。

[4] 孙兴公，即孙绰（314—371），字兴公，东晋中都（今山西平遥）人。少以文才称，文采横绝一世，为东晋著名诗人和书法家。代表作品主要有《天台山赋》、《表哀》等。

[5] “凝思幽岩，朗咏长川”，孙绰《天台山赋》中的句子。此篇《天台山赋》，景色描写和感情抒发浑然一体，词句真妙，胜景迭出，故传诵千古。

[6] 此小序清刻本《大同集》无，据元刻本《大同集》补。

[7] 桂树林，元刻本作“枝林树”。

[8] 太素，在道家哲学中，是质的起始而尚未成体的阶段，引申为天地。

[9] 涧，元刻本作“闲”。

[10] 翮，羽毛。丹丘，传说中神仙所居之地。

秋夕斋居[1]（二首）

西斋坐竟日，旷然谁与俦？感兹风露夕，始知天宇秋。
庭树且扶疏，时物讵淹留？心空累云远，岁月真悠悠。

又

公门了无事，吏散终日[2]闲。凉叶何萧萧，悲吟庭树间。
琴书写尘虑，菽水[3]怡亲颜。忆在中林[4]日，秋来长掩关[5]。

[1] 此首元刻本入于卷一之“古诗”。于《晦庵集》中，此首题作《秋夕二首》。据陈来考证，其诗作于绍兴二十三年（1153年）。自诗意看，时朱熹在同安任上。

[2] 终日，《大同集》清刻本（以下简称“清刻本”）作“将日”，据元刻本改。

[3] 菽水，即豆与水。所食唯豆和水，形容生活清苦。常指清贫者对长辈的

供养。

[4] 中林，指林野。

[5] 掩关，关闭、关门。

秋　暑[1]

晨兴爱[2]（一作“纳”）新凉，亭午倦犹暑。
卧对北窗扉，淡泊谁与侣？
疏树合[3]轻飙，时禽转幽语。
端居悟物情，即事聊容与。

[1] 元刻本无此首，后之增订者补之。该诗未收入《牧斋净稿》而收在《晦庵集》卷二，故应作于绍兴二十五年（1155 年）秋之后。

[2] 爱，《晦庵集》作“纳”。

[3] 合，《晦庵集》作“含”。

县学教思堂作示同志[1]

吏局了无事，黉舍[2]终日闲。庭树秋风至，凉气满窗间。
高阁富文史[3]，诸生时往还。纵谈忽忘倦，时观非云悭。
咏归同与点[4]，坐忘庶希颜[5]。尘累日以销，何必栖空山。

[1] 此首元刻本入于卷一之“古诗”。教思堂，同安县儒学的主要建筑之一。绍兴二十五年（1155 年）秋，朱熹增建经史阁、苏公祠等建筑，同时还在明伦堂左侧增建教思堂。故此诗当作于教思堂落成之后。

[2] 黉舍，即校舍。亦借指学校。

[3] 高阁富文史，指经史阁藏书。

[4] 咏归，典出《论语·先进》：“莫春者，春服既成，冠者五六人，童子六七人，浴乎沂，风乎舞雩，咏而归。”后遂以“咏归”作为很多人聚合，

一起吟诗作赋之典。点，即曾点，孔子首批授徒的弟子。“咏归”即其表达自己的志向，孔子十分赞同。

[5] 坐忘，庄老哲学用语。指忘却自己的形体，抛弃自己的耳目，摆脱形体和智能的束缚，与大道融通为一。是一种用身心求正道的实有的生命状态。庶，但愿，希冀。希颜，意思是仰慕颜渊。颜渊，即颜回，孔门七十二贤之首。

再至同安寄民舍居以示同志[1]

端居托穷巷，廪食守微官。事少心虑怡，吏休庭宇宽。
晨兴吟诵余，体物随所安。杜门不复出，悠然得真欢。
良朋夙所敦，精义时一殚。壶飧虽牢落[2]，亦已非所叹。
（一作“此亦非所难”）[3]

[1] 此首元刻本入于卷一之“古诗”。作于绍兴二十七年（1157 年）三月至十月期间。绍兴二十六年，朱熹同安主簿任期已满，送家眷北归后，于次年三月只身重返同安俟代，借县医陈良杰馆舍暂住，名之“畏垒庵”。在畏垒庵期间，朱熹除接待宾友，与士子论学外，则狂读儒家经典。此诗为这一时期生活之写照。在《晦庵集》中，此诗题作《再至同安假民舍以居示诸生》。

[2] 壶飧，即壶餐。牢落，稀疏零落的样子。

[3] 在《晦庵集》中，此句作“此亦非所难”，后有小注云：“许生不荤肉。”

寄题金元鼎面山亭[1]

抗心[2]尘境外，结宇临秋山。乘高一骋望，表里穷遐观。
层甍丽朝暾，高扉启晨关。了此栖息地，清晖且怡颜。[3]
众萼互攒列[4]，连冈莽萦环。阳崖烟景舒，阴壑悲风寒。
碧草晚未凋，林薄已复丹。仙人吴门子，岁晏当来还。

[1] 此首元刻本入于卷一之“古诗”。在《晦庵集》中，此诗题作《寄题金元鼎同年长泰面山亭》，据陈来考证，此诗作于绍兴二十三年（1153 年）；束景南考证，是年秋冬，朱熹行役至长泰县，拜访同年金元鼎，同游双髻峰，为金元鼎新筑面山亭而作。金元鼎，即金鼎（1118—?），字元鼎，小名张僧，小字周卿，婺州金华县大云乡安期里（今浙江金华市婺城区城东街道）人。宋绍兴十八年（1148 年）进士，与朱熹同榜。面山亭，在今福建长泰县双髻峰。

[2] 抗心，高尚的志趣、理想。

[3] “层甍……怡颜”，在《晦庵集》中，该诗无此四句。

[4] 萼，花朵盛开。攒列，簇聚成列。

与一维那[1]

老亲比苦重听，服上人药遂良已。上人索诗，久废无次，聊复此，殊不佳也。绍兴癸酉[2]九月晦日，紫阳朱仲晦书。

当年事幽讨[3]，结友[4]穷名山。曾逢许斧子，去采玉芝还[5]。
归来坐空房，神清骨毛寒。起视尘中人，一见了肺肝。
探囊出刀圭，生死毫厘间。相逢瘴海秋，遗我黄金丹。
高堂得听咏[6]，斑衣[7]有余欢。谢师无言说，古井生波澜[8]。

[1] 此首元刻本入于卷一之“古诗”。维那，旧称悦众、寺护，为寺中统理僧众杂事之职僧。于禅宗，维那为六知事之一，为掌理众僧进退威仪之重要职称。

[2] 绍兴癸酉，即绍兴二十三年（1153 年）。九月时，朱熹已在同安县主簿任上。

[3] 幽讨，意寻幽探胜。

[4] 结友，元刻本作“结交”。

[5] “曾逢许斧子，去采玉芝还”，典出道教文献《真诰》，英夫人吟云：“有心许斧子，言当采玉芝。芝草不必得，汝亦不能来。汝来当可得，芝草

与汝食。”

[6] 听咏，元刻本作“听莹”。

[7] 斑衣，指相传老莱子为戏娱其亲所穿的彩衣，后以之为老养父母的孝亲典故。

[8] 古井生波澜，比喻平静的心境为外来的真情所感动。

秋夜听雨奉怀子厚[1]

悄悄窗户暗，孤灯读残书。忽听疏雨落，稍知凉气初。
披襟聊自适，掩卷方踌躇。亦念同怀人，怅望心烦纾。
鸣琴爱静夜，乐道今闲居。岑岑空山中，此夕[2]知焉如？

[1] 此首元刻本入于卷一之“古诗”。子厚，即黄铢（1131—1199），字子厚，号谷城，建安（今福建建瓯）人。徙居崇安。少师事刘子翚，与朱熹为同门友。以科举失意，遂隐居不仕。著有《谷城集》五卷。朱熹与黄铢交游密切，时有诗歌唱和，如《次子厚秋怀韵》、《酬黄子厚见访归途惠诗韵》等。朱熹亦时常触景生情，写下不少怀念黄铢之诗，如本首诗以及《秋夕怀子厚》、《雨中示魏敦夫兼怀黄子厚》等。

[2] 夕，元刻本作“名”。

从叶学古乞兰[1]

去岁叶学古以花见予，既以根归之，自作一首。

秋兰递初馥，芳意满冲襟[2]。想子空斋里，凄凉楚客[3]心。
夕风生远思，晨露洒中林。颇忆孤根在，幽期得重寻。

[1] 此首元刻本入于卷一之“古诗”。在《晦庵集》中，此诗题为《去岁蒙学古分惠兰花清赏既歇复以根丛归之故畹而学古预有今岁之约近闻颇已著

花辄赋小诗以寻前约幸一笑》。据束景南考证，此诗作于绍兴二十七年（1157年）。叶学古于前一年赠兰，朱熹有诗相赠，见本卷“五言古诗·补遗”。叶学古，福建同安人，朱熹弟子，曾参与朱熹《程氏遗书》的校对。朱熹亦为其斋室作《至乐斋铭》。详见卷十之补遗。

[2] 冲襟，旷淡的胸怀。

[3] 楚客，原指屈原忠而被谤，身遭放逐，流落他乡，故称“楚客”。后泛指客居他乡的人。

题蘧庵画卷[1]（四首）

石谷俭公居西峰石佛院[2]，破壁为牖，尽得西南诸峰。蘧庵以“乱峰”[3]名之，为赋四章。

群峰相接连，断处秋云起。云起山更深，咫尺愁千里。

又

流云绕空山，绝壁上苍翠。应有采芝人，相期烟雨外。

又

因依古佛居，结屋寒林杪。当户碧峰稠，云烟自昏晓。

又

岩中老释子，白发对青山。不作看天想，秋云时往还。

[1] 此诗四首，元刻本入于卷一之“古诗”。《晦庵集》中则为两题，一为《题可老所藏徐明叔画卷二首》，即本题的前两首；一为《题九日山石佛院乱峰轩二首》，即本题的后两首。据束景南考证，此诗作于绍兴二十六年（1156年），时朱熹到泉州等候批书，寓九日山房。此四首诗即为九日山石佛院僧人无可所作。蘧庵，据束景南推测，蘧庵当为无为之号。可

老，即僧人无可。徐明叔，即徐兢（1091—1153），字明叔，号自信居士，和州历阳（今安徽和县）人，祖籍建州瓯宁（今福建建瓯），南宋画家。北宋政和四年（1114 年），以父荫补将仕郎。宣和五年（1123 年），出使高丽。回国后，赐同进士出身。后官至刑部员外郎。

[2] 石佛院，在福建南安境内的九日山西峰绝顶，系北宋乾德三年（965 年）漳泉观察使陈洪进在此镌刻一尊佛像，乃称“石佛岩”。

[3] 乱峰，即乱峰轩，为宋僧无为所建。今已圮。

茉莉花[1]

旷然尘虑尽，为对夕花明。密叶低层幄，冰蕤乱玉英[2]。
不因秋露湿，讵识此香清。预恐葑菲[3]尽，微吟绕砌行。

[1] 此首元刻本入于卷一之“古诗”，题作《茉莉》。

[2] 冰蕤，白花；玉英，花之美称。

[3] 葑菲，《诗・邶风・谷风》：“采葑采菲，无以下体。”郑玄笺：“此二菜者，蔓菁与葍之类也。”蔓菁，即芜菁，与葍皆属普通菜蔬。叶与根皆可食。但其根有时略带苦味，人们有因其苦而弃之。后以“葑菲”用为鄙陋之人或有一德可取之谦辞。

天门冬[1]

高萝[2]引蔓长，插榱[3]垂碧丝。西窗夜来雨，无人领幽姿。

[1] 此首元刻本入于卷一之“古诗”。在《晦庵集》中，自本首《天门冬》至以下《浇花》计八题九首，集中统一题为《杂记草木九首》。据陈来考证，《杂记草木九首》作于绍兴二十五年（1155 年）。天门冬，一种攀援植物，属多年生草本植物。

[2] 萝，通常指某些能爬蔓的植物。

[3] 榱，柜柳的别称。

红　蕉[1]

弱植不自扶［持］[2]，芳根为谁好？
虽微九秋干，丹心终自保。

［1］此首元刻本入于卷一之“古诗”。红蕉，一种园林观赏的芭蕉科植物，植株细瘦，花苞鲜红艳丽。
［2］扶，元刻本作“持”，据元刻本改。

老　藤[1]

根节含露辛，苕颖[2]扶楥绿（一作条永扶摇绿）。
蛮中灵草多，夏永清阴足。

［1］此首元刻本入于卷一之“古诗”。于《晦庵集》中题作《扶留》。
［2］苕颖，指草花和禾穗，亦泛指植物的花、穗及其茎。苕颖扶楥绿，元刻本作“条永扶摇绿”。

竹[1]

种竹官墙阴，经年但憔悴。故园新绿多，宿干转苍翠。

［1］此首元刻本入于卷一之“古诗”。

榴　花[1]

窈窕安榴花[2]，乃是西僯［邻］[3]树。
坠萼可怜人，风吹落幽户。

[1] 此题元刻本入于卷一之“古诗”，为二首，即《萱草》第一首合于此。而清刻本只录入一首，而将元刻本的第二首归入《萱草》一题，这样整理是更为合理。

[2] 安榴花，即安石榴，石榴花的别称。落叶灌木或小乔木石榴的花，为石榴属植物。其花喻为成熟的美丽、富贵和子孙满堂。

[3] 僯，元刻本作“邻”。据元刻本改。

萱　　草[1]（二首）

春条拥深翠，夏花明夕阴。北堂[2]罕悴物，独尔澹冲襟[3]。

又

西窗萱草丛，昔日何人种。移向北堂前，诸孙时绕弄。

[1] 此题元刻本入于卷一之“古诗”，为三首，即包含《萱草》第二首与《独觉》、《浇花》。从题意上看，这样归集似有误，故清刻本的整理应更为合理。萱草，萱草属植物统称，包括黄花菜、金针菜、大苞萱草等，属多年生宿根草本植物。萱草又名忘忧草，其含义为母亲之花。

[2] 北堂，代表母亲之意。《诗经》疏称：“北堂幽暗，可以种萱。”古时当游子欲远行时，就会先在北堂种萱草，希望减轻母亲对孩子的思念，忘却烦忧。

[3] 冲襟，指旷淡的胸怀。

独　　觉[1]

端居春向残，夏气已清穆。睡起悄无人，风惊满窗绿。

[1] 此首于元刻本中归入《萱草》一题。有误。

浇　花[1]

晨起独行园，花药发奇颖。犹嫌坠露稀，更汲寒泉升[2]。

［1］此首于元刻本中归入《萱草》一题。有误。
［2］升，元刻本作“井”。

五言古诗补遗

过武夷作[1]

弄舟缘碧涧，栖集灵峰[2]阿。夏木纷已成，流泉注惊波。
云阙[3]启苍茫，高城郁嵯峨。眷言羽衣子[4]，俯仰日婆娑。
不学飞仙术，累累丘冢[5]多。

［1］此首于《大同集》各本均未收。据陈来考证，此诗作于绍兴二十三年(1153年)，且束景南《朱熹年谱长编》考证为是年五月，朱熹赴任同安主簿，途经武夷山访冲佑观后作此诗。因为同安之任有关，故自《晦庵集》卷一中录之作补遗。
［2］灵峰，又名白云岩，在武夷九曲溪的西北，与八曲的三教峰比邻相处，巍然云际。
［3］云阙，指冲佑观，在福建武夷山。始建于唐天宝年间，历代数易其名，宋称“冲佑观”。为道教活动中心之一，又是宋代理学家的驻足之处。
［4］羽衣子，指冲佑观道士。“眷言羽衣子”句，可见此时朱熹仍眷眷不忘于焚修学道。
［5］丘冢，坟墓。

寄山中旧知[1]〈六首〉

结茅云壑外，石涧流清泉。涧底采菖蒲，颜色永芳鲜。
超世慕肥遁[2]，炼形学飞仙。未谐物外期，已绝区中缘。

又

客子归来晚，江湖欲授衣。路岐终寂寞，老大足伤悲。
慷慨平生志，冥茫造物机。清秋雕鹗上，万里看横飞。

又

晨兴香火罢，入室披仙经。玄默岂非尚，素餐空自惊。
起与尘事俱，是非忽我营。此道难坐进，要须悟无生。

又

故园今夜半，林影澹逾清。曳杖南溪路，君应独自行。
潺湲流水思，萧索早秋声。尽向琴中写，焉知离恨情？

又

凄凉梧叶变，芬馥桂花秋。日夕湖皋胜，哦诗忆旧游。

又

秋至池阁静，天高林薄疏。西园有佳处，那得与君俱。

[1] 此题于《大同集》各本均未收。据陈来考证，此组诗作于绍兴二十三年(1153 年)，且束景南《朱熹年谱长编》称，此题乃朱熹于是年秋之作品，故自《晦庵集》卷一中录之作补遗。《晦庵集》中原为七首，此录五言古诗六首，另一首为七言绝句，补入本卷“绝句”之“补遗”。

［2］肥遁，避世隐居。

述　怀[1]

夙尚本林壑[2]，灌园无寸资[3]。始怀经济策，复愧轩裳姿[4]。
效官刀笔间，朱墨手所持。谓言殚蹇劣[5]，讵敢论居卑？
任小才亦短，抱念一无施。幸蒙大夫贤，加惠宽箠笞[6]。
抚己实已优，于道岂所期？终当反初服[7]，高揖与世辞。

［1］此首于《大同集》各本均未收。据陈来考证，该诗作于绍兴二十三年(1153年)。且自诗意看，当为朱熹初仕时之作品，故自《晦庵集》卷一中录之作补遗。

［2］夙尚，平素的志愿或心愿；林壑，树林和山谷。

［3］灌园，从事田园劳动，后指退隐家居；寸资，微少的资财。

［4］轩裳，指官位爵禄。

［5］蹇劣，驽钝，拙劣。

［6］箠笞，鞭打。

［7］反，同“返”。初服，此处指未入仕时的服装，引申为未仕。

释奠斋居[1]

理事未逾月，簿书[2]终日亲。简编[3]不及顾，几阁积埃尘。
今辰属斋居，烦蹋一舒伸。瞻眺庭宇肃，仰首但秋旻。
茂树禽啭幽，忽如西涧[4]滨。聊参物外趣 ，岂与俗子群？

［1］此首于《大同集》各本均未收。据陈来考证，该诗作于绍兴二十三年(1153年)。且自诗意看，当为朱熹初仕时之作品，故自《晦庵集》卷一中录之作补遗。释奠，是古代在学校设置酒食以奠祭先圣先师的一种典礼，出自《礼记·王制》。

[2] 簿书，官署中的文书簿册。

[3] 简编，串连竹简的带子，又指书籍。此处指书籍。

[4] 西涧，当指唐代韦应物的《滁州西涧》一诗画意幽深之境界。

试院杂诗[1]〈四首〉

斋宇夜沉寂，凄凉群物秋。卧听檐泻尽，心属故园幽。
了事知何日，分曹[2]喜胜流。笑谈真暂尔，不敢恨淹留。

又

穷秋一雨至，暂止复萧萧。曲沼寒流满，空庭凉叶飘。
闻钟怀故宇，览物属今朝。一咏归来赋，顿将形迹超。

又

长廊一游步，爱此方塘净。急雨散遥空，圆文满幽镜[3]。
阶空绿苔长，院僻寒飙劲。长啸不逢人，超摇得真性。

又

艺苑门禁肃，长廊似僧居。偶来一散步，暂与尘网疏。
文字谢时辈，铨衡[4]赖群儒。伊予独何者，逼仄心烦纡。

[1] 此题于《大同集》各本均未收。据陈来考证，该诗作于绍兴二十三年(1153年)。且自诗意看，当为朱熹初仕时之作品，故自《晦庵集》卷一中录作补遗。原题为《试院杂五首》，其中有一首为五言绝句，补入本卷“五言绝句”之“补遗”。

[2] 分曹，分班、分科。

[3] 圆文，指雨点落在水面上泛起的圆形水纹；幽镜，喻寂静的池塘。

[4] 铨衡，指考核、选拔官吏。

秋　怀[1]

井梧已飘黄，涧树犹含碧。烟水但逶迤，空斋坐萧瑟。
端居生远兴，散漫委书帙。爱此北窗闲，时来岸轻帻。
微钟忽迢递[2]，禽语破幽寂。赏罢一悄然[3]，淡泊忘所适。

[1] 此题于《大同集》各本均未收。据陈来考证，该诗作于绍兴二十三年(1153 年)。自诗意看，时为秋天，已是同安任上，故自《晦庵集》卷一中录之作补遗。
[2] 迢递，从远处传来。
[3] 悄然，忧郁的样子。

夜　赋[1]

暗窗萤影乱，秋帏露气深。群籁喧已寂，青天但沉沉。
恻怆怀高侣，幽默抱冲襟[2]。遥忆忘言子，一写山水音。

[1] 此首于《大同集》各本均未收。据陈来考证，该诗作于绍兴二十三年(1153 年)。自诗意看，时为秋天，已是同安任上，故自《晦庵集》卷一中录之作补遗。
[2] 冲襟，指旷淡的胸怀。

晓　步[1]

初日丽高阁，广步爱修廊。重门掩秋气，高柳荫方塘。
闽海冬尚温，晏阴天未霜。坐悲景物殊，亦念岁时荒。
故园属佳辰，登览遍陵冈。宾游尽才彦，萧散[2]屏壶觞。
别来时已久，怀思宁暂忘。宦游何所娱，要使心怀伤。

[1] 此题于《大同集》各本均未收。据陈来考证，该诗作于绍兴二十三年(1153年)。自诗意看，时为秋天，已是同安任上，故自《晦庵集》卷一中录作补遗。
[2] 萧散，形容举止、神情自然，不拘束。

忆斋中[1]

高斋一远眺，西南见秋山。景翳夕阴起，竹密幽禽还。
赏惬虑方融，理会心自闲。谁料今为客，寥落一窗间。

[1] 此首于《大同集》各本均未收。据陈来考证，该诗作于绍兴二十三年(1153年)。自诗意看，时为秋天，已是同安任上，故自《晦庵集》卷一中录之作补遗。此题原为二首，另一首为五言绝句，录入本卷“五言绝句”之“补遗”。

秋 夕[1]

秋风桂花发，夕露寒螿[2]吟。岁月坐悠远，江湖亦阻深。
纷思宁复整，离忧信难仕。终遣谁为侣，独此澹冲襟。

[1] 此首于《大同集》各本均未收。据陈来考证，该诗作于绍兴二十三年(1153年)。自诗意看，时为秋天，已是同安任上，故自《晦庵集》卷一中录之作补遗。
[2] 寒螿，即寒蝉。蝉的一种，体小，黑色，身有黄绿色的斑点。雄的有发音器，夏末秋初鸣于树上。

怀子厚[1]

中夏辞故里，涉秋未停车。宾友坐离阔，田园想榛芜。

感兹风露朝，起望一烦纡。眷彼忘言子[2]，郁郁西斋[3]居。
俯饮苍涧流，仰咏古人书。名应里闾荐，心岂荣利俱？
琅然[4]抚枯桐，幽韵泉谷虚。褰裳[5]欲往听，乖隔[6]靡所如。

[1] 此首于《大同集》各本均未收。据陈来考证，该诗作于绍兴二十三年(1153年)。且自诗意看，当为朱熹初仕时怀念故友之心声，故自《晦庵集》卷一中录之作补遗。子厚，即黄铢，字子厚，与朱熹为同门友。里居、阅历见本卷《秋夜听雨怀子厚》注。
[2] 忘言子，指不借语言为媒介而相知于心的友人。
[3] 西斋，即高士轩，朱熹初至同安时的居所。详见本卷《将理西斋》注。
[4] 琅然，声音清朗。
[5] 褰裳，撩起下裳。
[6] 乖隔，阻隔。

垂涧藤[1]

寒泉下碧涧，古木垂苍藤。荫此万里流，闲花自层层。
何人赏幽致，白发岩中僧。

[1] 此首于《大同集》各本均未收。据陈来考证，该诗作于绍兴二十三年(1153年)，在同安任上，故自《晦庵集》卷一中录之作补遗。

临流石[1]

偃蹇[2]西涧滨，枵然[3]似枯木。下有幽泉鸣，上有苍苔绿。
来往定何人，山空此遗躅[4]。

[1] 此首于《大同集》各本均未收。据陈来考证，该诗作于绍兴二十三年(1153年)，在同安任上，故自《晦庵集》卷一中录之作补遗。

[2] 偃蹇，安卧。
[3] 枵然，虚大的样子。
[4] 遗躅，遗迹。

悬崖水[1]

秋天林薄疏，翠壁呈清晓。迢递泻寒泉，下有深潭悄。
时飘桂叶来，寻源路殊杳。

[1] 此首于《大同集》各本均未收。据陈来考证，该诗作于绍兴二十三年(1153年)。自诗意看，时为秋天，已是同安任上，故自《晦庵集》卷一中录之作补遗。

穿林径[1]

屈曲上云端，似向崖阴断。行闻山鸟鸣，下与泉声乱。
去去不知疲，幽林自成玩。

[1] 此首于《大同集》各本均未收。据陈来考证，该诗作于绍兴二十三年(1153年)，在同安任上，故自《晦庵集》卷一中录之作补遗。

督役城楼[1]

天高无游氛，林景澹余晖。感此霜露节，但伤风土非。
季秋时序温，百卉不复腓[2]。祇役郊原上，暄风[3]一吹衣。
仕身谅无补，课督惭饥羸[4]。还忆故园日，策杖田中归。

[1] 此首于《大同集》各本均未收，据陈来考证，该诗作于绍兴二十三年(1153年)。自诗意看，时为秋天，已是同安任上，故自《晦庵集》卷一

中录作补遗。

[2] 腓，通“痱”。枯萎。

[3] 暄风，暖风。

[4] 饥羸，饥饿瘦弱。

十月朔旦怀先陇作[1]

十月气候变，独怀霜露凄。僧庐寄楸槚[2]，馈奠失兹时。
竹柏翳阴冈，华林敞神扉。泛扫托群隶，瞻护烦名缁。
封茔谅久安，千里一歔欷。持身慕前烈，衔训倘在斯。

[1] 此首于《大同集》各本均未收。据陈来考证，该诗作于绍兴二十三年(1153年)。自诗意看，时为十月，已是同安任上，故自《晦庵集》卷一中录作补遗。朔旦，旧历每月初一；先陇，即先垄，祖先的坟墓。

[2] 楸槚，即楸树。槚，又名山楸，古人多植于墓前。

步虚词[1]（二首）

扉景廓天津，空同无员方。丹晨僻七气，孕秀东渟房。
餐吐碧琳[2]华，仰噏[3]飞霞浆。竦辔绝冥外，眄目抚大荒。
策我绿轩軿[4]，上际于浪沧。神钧亦寥朗，晻霭晨风翔。
养翮[5]尘波里，纵神非有亡。一乐无终永，千春讵能当？

褰裳八度外，竦辔[6]霄上游。轩观随云起，偃驾东渟丘。
丹荑[7]耀琼冈，三素[8]粲曾幽。蹑景[9]遗尘波，偶想即虚柔。
盻目娱真际，不喜亦不忧。宴罢三椿期，颠徊翳沧流。
千载何足道，太空自然俦。

[1] 此首于《大同集》各本均未收。据陈来考证，该诗作于绍兴二十三年

(1153年)，束景南《朱熹年谱长编》亦考证作于是年秋。故自《晦庵集》卷一中录之作补遗。步虚，道士在醮坛上讽诵词章采用的曲调行腔，传说其旋律宛如众仙飘渺步行虚空，故得名“步虚”。步虚词，根据步虚音乐填写的字词，后成为诗体之一种，或五言，或七言，八句、十句、二十二句不等。大多寄托作者对神仙世界的向往，或者对修道生活的追求。

[2] 碧琳，青绿色的玉。

[3] 噏，吸取。

[4] 轩軿，有帏屏的轻车。

[5] 翮，鸟的翅膀。

[6] 竦辔，骑马。

[7] 丹荑，指初生的赤芝。

[8] 三素，即三素云。道教谓人身中元气有紫、白、黄三色：脾为黄素，肺为白素，肝为紫素，合称“三素云”。亦泛指各色云烟。

[9] 蹑景，亦作“蹑影”，追蹑日影。比喻极其迅速。

寄黄子衡[1]

远宦去乡井，终日无一欢。援琴不能操，临觞起长叹。
我友客京都，肃肃云天翰[2]。别去今几时，各在天一端。
有酒不同斟，中情谁与宣。裁诗一问讯，重使心思传。

[1] 此首于《大同集》各本均未收。据陈来考证，该诗作于绍兴二十三年(1153年)。自诗意看，已是同安任上，故自《晦庵集》卷一中录之作补遗。黄子衡，朱熹于崇安五夫里屏山刘氏家塾受业时的同舍生，与朱熹同龄。

[2] 翰，指书信。

怀山田作[1]（二首）

郊园多所乐，况此岁云暮。寒色澹遥空，清霜变红树。

欲舒林表望，讵识尘中趣？向晚寂无人，氤氲欲成雾。（冬日）

冰溪流已咽，阴岭寒方结。忽值早梅春，未恐芳心歇。
的皪[2]终自妍，殷勤为谁折？千里寄相思，相思政愁绝。

（梅花）

[1] 此首于《大同集》各本均未收。据陈来考证，该诗作于绍兴二十三年（1153年）。自诗意看，时为冬日，已是同安任上，故自《晦庵集》卷一中录之作补遗。

[2] 的皪，明亮，鲜明。

将理西斋[1]

欲理西斋居，厌兹尘境扰。发地得幽芳，斸石依寒筱[2]。
闲暇一题诗，怀冲独观眇。偶此惬高情，公门何日了？

[1] 此首于《大同集》各本均未收。据陈来考证，此诗作于绍兴二十三年（1153年），故自《晦庵集》卷一中录作补遗。据束景南考证，西斋即高士轩，位于同安县署之西。绍兴二十三年朱熹初至同安时，即整理西斋作为居所，命其名曰"高士轩"，并作《高士轩记》。

[2] 斸，挖。筱，细竹。

冬至阴雨[1]

愆阳值岁晏[2]，忽复层阴结。一雨散霏微，千林共骚屑[3]。
端居遗簿领，远意怀幽洁。旷虑守微痾，殊方[4]感新节。
岂伊田庐念，丘垄心摧折。还登东岭冈，瞻伫何由歇？

[1] 此首于《大同集》各本均未收。据陈来考证，该诗作于绍兴二十三年

(1153年)。自诗意看，时为冬日，已是同安任上，故自《晦庵集》卷一中录之作补遗。

[2] 愆阳，冬天温和，有背节令。岁晏，指一年将尽的时候。

[3] 骚屑，风声。汉刘向《九叹·思古》：“风骚屑以摇木兮，云吸吸以湫戾。”王逸注：“风声貌。”

[4] 殊方，远方、异域。

病告斋居作[1]

层阴霭已布，小雨时漂洒。独卧一窗间，有怀无与冩[2]。
高居生远兴，春物弥平野。虑旷景方融，事远情无舍。
聊寄兹日闲，尘劳等虚假。

[1] 此首于《大同集》各本均未收。据陈来考证，该诗作于绍兴二十四年(1154年)，故自《晦庵集》卷一中录之作补遗。

[2] 冩，古同“写”。

感事有叹[1]

荣华难久恃，代谢安可量。宿昔堂上饮，今归荒草乡。
高台一以倾，穗帐[2]施空房。繁弦既阙奏，缓舞亦辍行。
桃李自妍华，春风自飘扬。恋幄靡遗思，更衣有余芳。
身徂名亦灭，事往恨空长。寄语繁华子[3]，古今同一伤。

[1] 此首于《大同集》各本均未收。据陈来考证，该诗作于绍兴二十四年(1154年)，故自《晦庵集》卷一中录之作补遗。

[2] 穗帐，用细而疏的麻布制成的灵帐，泛指布帛制成的帐幕。

[3] 繁华子，容饰华丽的少年。语出《文选·阮籍〈咏怀〉》：“昔日繁华子，安陵与龙阳 。”

夏 日[1]

凉气集幽树，清阴生广庭。偶兹憩烦燠，忽忆郊园行。
婉娩[2]碧草滋，迢递[3]玄蝉鸣。官曹[4]且休暇，自适幽居情。

[1] 此首于《大同集》各本均未收。据陈来考证，该诗作于绍兴二十四年(1154年)，故自《晦庵集》卷一中录之作补遗。
[2] 婉娩，天气温和。
[3] 迢递，婉转。
[4] 官曹，官吏办事处所。

登罗汉峰[1]

休暇曹事简，登高恣窥临。徜徉偶此地，旷望披尘襟。
落日瞰远郊，暮色生寒阴。欢娱未云已，更欲穷幽寻。
行披茂树尽，豁见沧溟深。恨无双飞翼，往诣蓬山[2]岑。

[1] 此首于《大同集》各本均未收。据陈来考证，该诗作于绍兴二十四年(1154年)。又据束景南考证，是年秋，朱熹往漳州之龙溪县按事，闲暇登罗汉山作此诗。故自《晦庵集》卷一中录之作补遗。罗汉山，在福建龙溪县境内。
[2] 蓬山，指蓬莱山，相传为仙人所居。

登面山亭[1]

是日氛雾四塞，独见双髻峰。

新亭夙所闻，登眺遂兹日。极目但苍茫，前瞻如有失。
烟鬟稍呈露，众岭方含郁。长啸天风来，云散空宇碧。

[1] 此首于《大同集》各本均未收。据陈来考证，该诗作于绍兴二十四年（1154 年）。又据束景南考证，是年秋，朱熹往漳州之长泰县按事，再游面山亭而作此诗。故自《晦庵集》卷一中录之作补遗。

谢人送兰[1]（二首）

幽独尘事屏，畹晚[2]秋兰滋。芬馨不自媚，掩抑空相思。
晤对日方永，披丛露未晞。翛然发孤咏，九畹陈悲诗。

又

淹留阅岁序[3]，契阔[4]心怀忧。独卧寄僧阁，一室空山秋。
徘徊起空望，俯仰谁为俦？伊人远赠问，孤根亦绸缪。
芳馨不我遗，三载娱清幽。愧无琼琚报，厚意竟莫酬。
瞻彼南陔[5]诗，使我心悠悠。

[1] 此首于《大同集》各本均未收。据束景南考证，该诗作于绍兴二十六年（1156 年），时朱熹同安任期已满，主簿廨署高士轩敝坏不可居，乃暂寓梵天寺兼山阁。其门人叶学古赠以兰花，因作诗答谢。为此，自《晦庵集》卷二中录之作补遗。
[2] 畹晚，太阳将落山的样子。

［3］淹留，虚度光阴。岁序，指年份更替的顺序。

［4］契，合、聚。阔，分离。契阔，离合，聚散。

［5］南陔，《诗·小雅》篇名。《诗·小雅·南陔序》：“《南陔》，孝子相戒以养也。”后用为奉养和孝敬双亲的典实。

秋兰已悴以其根归学古[1]

秋至百草晦，寂寞寒露滋。兰皋一以悴，芜秽不能治。
端居念离索，无以遗所思。愿言托孤根，岁晏以为期。

［1］此首于《大同集》各本均未收。据束景南考证，该诗与前一首一样，亦作于绍兴二十六年（1156 年）暂寓梵天寺兼山阁之时。为此，自《晦庵集》卷二中录之作补遗。

七言古诗

丁丑冬在温陵陪敦宗李丈[1]

丁丑冬，在温陵陪敦宗李丈[2]与一二道人[3]，同和东坡《惠州梅花》诗，皆一再往反。昨日见梅，追省前事，忽忽五年。旧诗不复可记忆，再和一篇呈诸友兄一笑同赋。

江梅欲破江南村，无人解与招芳魂。
朔云为断蜂蝶信[4]，冻雨一洗烟尘昏。
天怜绝艳世无匹，故遣寂寞依山园。
自欢羌笛娱夜永[5]，未要邹律[6]回春温。
连娟窥水堕残月，的砾泣露晞晨暾[7]。

海山清游记玉面，衰病此日空柴门。
相逢不敢话畴昔，能赋岂必皆成言。
雕镌肝肾[8]竟何益，况复制酒哦空樽。

[1] 元刻本无此首，后之增订者补之。此诗乃追忆绍兴二十七年（1157 年）冬与泉州名士李缜等盘桓唱和之前事。时朱熹秩满离开同安到泉州，寓居于泉州万如居士李缜宅中。

[2] 敦宗李丈，即李缜，字伯玉，号万如居士，济州巨野（山东巨野）人。宋室南渡，随父李邴寓泉州，因家晋江。以父荫，任补承务郎，官至右朝请大夫。

[3] 一二道人，即显庵益公道人和东峰溥公道人。

[4] 朔云，北方的云气。朔云为断蜂蝶信，北方的云气阻断蜜蜂蝴蝶与花的约会。

[5] 夜永，意思是夜长、夜深。

[6] 邹律，相传战国齐人邹衍精于音律，吹律能使地暖而禾黍滋生。后用于比喻带来温暖与生机的事物。

[7] 的砾，指光亮、鲜明的样子；暾，刚升起的太阳。

[8] 雕镌肝肾，即成语“雕肝琢肾”，比喻写作的刻意锤炼。

寿母生朝[1]（七首）

秋风萧爽天气凉，此日何日升斯堂。
堂中老人寿而康，红颜绿鬓双瞳方。
家贫儿痴但深藏，五年不出门庭荒。
灶陉十日九不炀[2]，岂办甘脆陈壶觞？
低头包羞汗如浆，老人此心久已忘。
一笑谓汝庸何伤？人间荣耀岂可常！
惟有道义思无疆，勉励汝节弥坚刚。
熹前再拜谢阿娘，自古作善天降祥。

但愿年年似今日，老莱母子俱徜徉。

又二首

敬为生朝举一觞，短歌歌罢意偏长。
愿言寿考宜孙子，绿鬓朱颜乐未央。

阴淡园林岁欲霜，怪来和气满中堂。
要知积善工夫巧，变得人间作寿乡。

又三首

昨夜秋风凉气归，今朝喜色动帘帏。
细斟潋滟新春酒，戏舞斑斓旧彩衣。
愿上龟莲千岁寿，永令凫藻[3]一家肥。
也知厚德天应报，更说阴功世所希。

暑退秋容欲凛然，北堂佳气倍澄鲜。
旧痾已向新凉失，寿骨应随爽籁[4]坚。
尘外光阴那有尽，尊前风月浩无边。
痴儿六六今如许，惭愧西河[5]不老仙。

仙人昔往紫琳房，一旦飘然下太荒。
久悟客尘无自性，故愿禄福未渠央。
徙居邂逅成嘉遁[6]，捧檄因循愧漫郎[7]。
愿借寒潭千丈碧，年年此日奉华觞[8]。

又一首

竹柏交柯庭院清，西风不动翠帘旌。
高堂正喜新凉入，乐事仍逢寿斝倾。

尽室丹衷归善祷，满头绿发定重生。
年年此日欢娱意，更愿时丰乐太平。

[1] 元刻本无此七首，后之增订者补之。据尹波《〈朱文公大同集〉考略》称，此组诗既非朱熹同安任上之作，也与同安人、事、地不相干，故属于滥收。生朝，即生日。
[2] 灶陉，灶边突出部分。炀，炊。
[3] 凫藻，即凫戏于水藻，比喻欢悦。
[4] 爽籁，清风激物之声。
[5] 西河，长寿之代名词，典出晋葛洪《神仙传·伯山甫》的故事。
[6] 嘉遁，旧时谓合乎正道的退隐，合乎时宜的隐遁。
[7] 漫郎，指唐代道家学者元结。借指放浪形骸不守世俗检束的文人。
[8] 华觞，华丽的酒杯。

七言古诗补遗

秋夜叹[1]

秋风淅沥鸣清商[2]，秋草未死啼寒螿[3]。
幽人幽人起晤叹，仰视河汉天中央。
河汉西流去不息，人生辛苦何终极。
苍山万叠云气深，去炼形魂生羽翼。

[1] 此首于《大同集》各本均未收。据陈来考证，该诗作于绍兴二十四年(1154 年)，故自《晦庵集》卷一中录之作补遗。
[2] 清商，本义是指古代五音中的商音，因音调凄清悲切，被称为“清商”。这里借指萧瑟秋风的凄凉呜咽。

[3] 寒螀，即寒蝉。

和李伯玉用东坡韵赋梅花[1]

北风日日霾江村，归梦正尔劳营魂。
忽闻梅蕊腊前破，楚客不爱兰佩昏。
寻幽旧识此堂古，曳杖偶集僧家园[2]。
岚阴春物未全到，邂逅只有南枝温。
冷光自照眼色界，雪艳未怯扶桑暾。
遥知云台溪上路，玉树十里藏山门。
自怜尘羁不得去，坐想佳处知难言。
但哦君诗慰岑寂，已似共倒花前樽。

[1] 此首于《大同集》各本均未收。据束景南考证，此诗作于绍兴二十七年（1157年）冬。时朱熹秩满离开同安到泉州，寓居于泉州万如居士李缜宅中，与李缜等人盘桓唱和。李伯玉，即缜，字伯玉，里居、阅历见本卷《丁丑冬在温陵陪敦宗李丈》注。
[2] 僧家园，即诸人赏梅唱和的道庵“显庵”。

与诸人用东坡韵共赋梅花[1]

适得元履[2]书，有怀其人，复赋此以寄意焉。

罗浮山[3]下黄茅村，苏仙[4]仙去余诗魂。
梅花自入三叠曲[5]，至今不受蛮烟昏。
佳名一旦异凡木，绝艳千古高名园。
却怜冰质不自暖，虽有步障难为温。
羞同桃李媚春色，敢与葵藿争朝暾[6]。
归来只有修竹伴，寂寞自掩疏篱门。

亦知真意还有在，未觉浩气终难言。
一杯劝汝吾不浅，爱汝共保山林樽。

[1] 此首于《大同集》各本均未收。据束景南考证，此诗作于绍兴二十七年（1157年）冬，与前首同时。

[2] 元履，即魏掞之（1116—1173），字子实，改字元履，号艮斋，又号锦江，南宋建阳招贤里（今徐市乡）人。少年拜胡宪为师，和朱熹友好。到各地游学，然屡试不第。宰相陈俊卿力荐，始以平民身份入朝，向孝宗献策，赐同进士出身，授任太学录，官至台州教授。

[3] 罗浮山，在今广东惠州市博罗境内，素有“岭南第一山”之称，被道教尊为天下第七大洞天、三十四福地，被佛教称为罗浮第一禅林。北宋哲宗绍圣元年（1094年），苏轼被贬官，与儿子往惠州途中，曾顺道游玩罗浮山，写下《游罗浮山一首示儿子过》的诗。

[4] 苏仙，指苏轼。

[5] 三叠曲，指古奏曲之法，全曲共分三大段，在一个基本曲调的基础上加以演绎，将原诗反复咏唱三遍，故称“三叠”。

[6] 葵藿，葵与藿。此单指葵，葵性向日。朝暾，早晨的阳光。

五言律诗

苎溪道中[1]

秋山有红树，忽忆野田中。禾黍收将尽，氛埃晚欲空。
登原悲落景，倚杖怯高风。更有寒塘水，应将此处同。

[1] 元刻本无此首，后之增订者补之。据陈来考证，该诗作于绍兴二十三年（1153年）。苎溪，纵贯今厦门集美区东北部的一条主要溪流。发源于集美北部与长泰县交界的白桐岭，蜿蜒流过旧称石兜的山间谷地，出诸葛

岭后，至后溪镇与西来的考溪（即许溪）交汇，最后经堤岸出山尾，注入杏林湾。

民安道中[1]

祗役东原路，长风海气阴。苍茫生远思，憭慄[2]起寒襟。
午泊僧寮静，昏投县郭深。拙勤终不补，谁使漫劳心。

［1］元刻本无此首，后之增订者补之。据陈来考证，该诗作于绍兴二十三年（1153年）。民安道，当指旧时福建同安通往泉州的古道。南宋绍兴二十五年（1155年），朱熹到此勘察，于同安内厝（今厦门市翔安区管辖）与泉州南安交界的小盈岭古驿道上，见岭两翼高山夹峙，形成漏斗，袭击沙溪一带的田园庄稼。遂建石坊“以补岭缺”，堵截风沙，并手书“同民安”三字于坊匾，亲手植下四棵榕树，祈能抵御沙祸。

［2］憭慄，哀怆、凄凉的样子。

安溪书事[1]

清溪[2]流不极，夕雾起岚阴。虚邑带寒水，悲风号远林。
涵山日欲晦，窥阁景方沉。极目无遗眺，空令愁寸心。

［1］元刻本无此首，后之增订者补之。据陈来考证，该诗作于绍兴二十三年（1153年），当与《安溪道中》同，即奉檄赴安溪按事之时。

［2］清溪，又称西溪，福建安溪县境内东部的河流，属晋江水系的干流，有蓝溪、龙潭溪、坑仔口溪、双溪、金谷溪、龙门溪等支流。清溪溪水清澈，故安溪县古称清溪县。北宋宣和三年（1121年），改清溪县为安溪县。

梵天观雨[1]

持身乏古节[2]，寸禄久栖迟。暂寄灵山寺，空吟招隐诗[3]。

读书清磬[4]外，看雨暮钟时。渐喜凉秋近，沧洲去有期。

[1] 元刻本无此首，后之增订者补之。此诗作于绍兴二十六年（1156 年）七月，时同安任秩已满。主簿廨署高士轩敝坏不可居，乃暂寓梵天寺兼山阁。梵天，即福建同安的梵天禅寺，位于同安大轮山南麓。同安梵天禅寺创建于隋代开皇元年（581 年），为福建省最早佛教寺庙之一。原名兴教寺，有庵七十二所。北宋熙宁二年（1069 年）合为一区，赐名“梵天禅寺”。

[2] 古节，古人立身的节操。

[3] 招隐诗，西晋时以“招隐”为题的诗作蔚然成风，现存“招隐诗”与“反招隐诗”仍存十一首。“招隐”，反映着中古时期社会动荡多变，士人的隐逸观及其隐逸行为。如西晋左思、陆机等人的招隐诗。

[4] 磬，指磬石琴，用天然的磬石制成的乐器。清磬，是指清脆悠扬的磬声。

梵天游集雨霁步东桥玩月[1]（二首）

杰阁翔林杪，披襟此日闲。层云生薄晚，凉雨过空山。
地迥[2]衣裳冷，天高澄霁还。出门迷所适，月色满林关。

又

空山看雨罢，微步喜新凉。月出澄余景，川明发素光。
星河方耿耿，云树转苍苍。晤语逢清夜，兹怀殊未央。

[1] 此二首元刻本入于卷一之“律诗”，题作《梵天游集坐间雨作已复晴霁步至东桥玩月赋诗二首》。据束景南考证，此诗作于绍兴二十六年（1156 年）七月。东桥，即古代同安老城东门外东溪上的石桥，是北宋乾德元年（963 年）清源军节度留从效所建。东桥周边溪山苍翠，景色宜人，恬静优雅的自然风光招徕历代多文人墨客到此披襟行吟。此诗乃朱熹主簿同安时，留下的描绘东桥溪光月色之诗作。

[2] 迥，远。

南安道中[1]

晓涧淙流急，秋山寒气深。高蝉多远韵，茂树有余阴。
烟火居民少，荒蹊[2]草露侵。悠悠秋稼晚，寥落岁寒心。

[1] 元刻本无此首，后之增订者补之。据陈来考证，该诗作于绍兴二十三年（1153 年）。自诗意看，时为秋天，在同安任上。南安，位于福建东南沿海，晋江中游，与同安县接壤。三国东吴永安三年（260 年）置县，隋开皇九年（589 年）始称南安县。
[2] 蹊，小路。

对月思故山夜景[1]

沉沉新秋夜，凉月满荆扉。露泫凝余彩，川明澄素辉。
中林竹树映，疏星河汉稀。此夕情无限，故园何日归？

[1] 此首元刻本入于卷一“律诗”。

夜泛小舟弄月剧饮[1]（二首）

扁舟转[2]空阔，烟水浩将平。月色中流满，秋声两岸生。
杯深同醉剧，啸罢独魂惊。归去空山黑，西南河汉倾。

又

谁知方外客，亦爱酒中仙。共踏空林月，来寻野渡船。
醉醒非各趣，心迹两忘缘。江海情何限，秋来蓬鬓边。

[1] 此二首元刻本入于卷一之“律诗”，题作《夜泛小舟弄月剧饮因作二首

（传知军载酒过某县九日山）》，《晦庵集》卷二中题作《知郡傅丈载酒幞被过熹于九日山夜泛小舟弄月剧饮二首》。据束景南考证，此诗作于绍兴二十六年（1156 年）八月中旬。时秩满到泉州等候批书，住九日山的九日山房，与来访的傅自得同游九日山。傅丈，即傅自得（1116—1183），字安道，祖籍济源人，避居泉州。以荫为福建路提点刑狱司干办公事，主管台州崇道观，通判漳州，知兴化军。召为吏部郎中，出为福建路转运副使，改两浙东路提点刑狱。寻主管武夷山冲佑观，与朱熹为忘年交。著有《至乐斋集》四十卷。

[2] 转，元刻本作“颭”。

登 阁[1]

横堂[2]敞新阁，高处绝炎氛。野迥长飙[3]入，天秋凉气分。
凭栏生逸想，投迹远人群。终忆茅檐外，空山多白云。

[1] 此首元刻本入于卷一之“律诗”。
[2] 横堂，《晦庵集》作“横空”。
[3] 飙，《晦庵集》作“风”。

宿云际寺许顺之将别以诗求教[1]

薄暮投花县，联车入翠微。长林生缺月，永夜照寒扉。
情话欢无斁[2]，离情怅有违。勉哉强毅力，千里要同归。

[1] 元刻本无此首。据束景南考证，此诗作于绍兴二十八年（1158 年）十一月，时随朱熹游学于崇安的始教弟子许升将返回同安，作诗求教，朱熹以诗回赠。因与同安有关联，故后之增订者补之。云际寺，在福建北部闽江上游建溪的青玉峡，宋代诗人释文珦有《建溪青玉峡云际寺》一诗可征。许顺之，即许升，字顺之，里居、阅历见卷首《增订本林序》注。
[2] 无斁，不厌倦。

五言律诗补遗

岩　桂[1]

山中绿玉树，萧洒向秋深。小阁芬微度，书帷气欲侵。
披怀清露晓，遇赏夕岚阴。珍重王孙意，天涯泪满襟。

[1] 此首于《大同集》各本均未收。据陈来考证，该诗作于绍兴二十三年(1153年)。自诗意看，时为秋天，已是同安任上，故自《晦庵集》卷一中录之作补遗。

喜　晴[1]

冲飙动高柳，渌水澹微波。日照秋空净，雨余寒草多。
放怀遗簿领，发兴托烟萝。忽念故园日，东阡时一过。

[1] 此首于《大同集》各本均未收。据陈来考证，该诗作于绍兴二十三年(1153年)。自诗中“放怀遗簿领”句看，亦当是任职同安主簿时作，故自《晦庵集》卷一中录作补遗。

书　事[1]

重门掩昼静，寂无人境喧。严程[2]事云已，端居秋向残。
超摇[3]捐外虑，幽默与谁言。即此自为乐，何用脱笼樊。

[1] 此首于《大同集》各本均未收。据陈来考证，该诗作于绍兴二十三年(1153年)。自诗意看，时为秋天，已是同安任上，故自《晦庵集》卷一中录之作补遗。

[2] 严程，期限紧迫的路程。

[3] 超摇，心神不宁的样子。

八月十七夜月[1]

忽忽秋逾半，清辉万里同。遥知竹林夜，共赏碧云空。
寂寞盈尊酒，凄凉满院风。寒塘空自绿，不似小园东。

[1] 此首于《大同集》各本均未收。据陈来考证，该诗作于绍兴二十三年(1153年)。自诗意看，时为秋天，已是同安任上，故自《晦庵集》卷一中录之作补遗。

再至作[1]

荒城一骋望，落景丽谯门。隐隐钟犹度，依依岚欲昏。
风霜非故里，禾黍但秋原。极目归来晚，兹怀谁与论?

[1] 此首于《大同集》各本均未收。据陈来考证，该诗作于绍兴二十三年(1153年)。自诗意看，时为秋天，已是同安任上，故自《晦庵集》卷一中录之作补遗。

晚　　望[1]

禾黍弥平野，凄凉故国秋。清霜凝碧树，落日翳层丘。
览物知时变，为农觉岁遒。不堪从吏役，憔悴欲归休。

[1] 此首于《大同集》各本均未收。据陈来考证，该诗作于绍兴二十三年（1153年）。自诗中“不堪从吏役”句看，亦当是任职同安主簿时作，故自《晦庵集》卷一中录之作补遗。

西郊纵步[1]

西郊一游步，极目是秋山。积水群峰碧，清霜枫树丹。
故园心不展，投策讵能闲？且适平生意，无令双鬓斑。

[1] 此首于《大同集》各本均未收。据陈来考证，该诗作于绍兴二十三年（1153年）。自诗意看，时为秋天，已是同安任上，故自《晦庵集》卷一中录之作补遗。

濯足万里流[1]

褰裳缘碧涧，濯足憩清幽。却拂千岩石，聊乘万里流。
氛埃随脱屣，步武欲横秋。极目沧江晚，烟波殊未休。

[1] 此首于《大同集》各本均未收。据陈来考证，该诗作于绍兴二十三年（1153年）。自诗意看，时为秋天，已是同安任上，故自《晦庵集》卷一中录之作补遗。

孤鹤思太清[1]

孤鹤悲秋晚，凌风绝太清。一为栖苑客，空有叫群声。
夭矫千年质，飘摇万里情。九皋无枉路，从遣碧云生。

[1] 此首于《大同集》各本均未收。据陈来考证，该诗作于绍兴二十三年（1153年）。自诗意看，时为秋天，已是同安任上，故自《晦庵集》卷一

中录之作补遗。

柚　　花[1]（甲戌）

春融百卉茂，素荣敷绿枝。淑郁丽芳远，悠扬风日迟。
南国富嘉树，骚人留恨词。空斋对日夕，愁绝鬓成丝。

[1] 此首于《大同集》各本均未收。《晦庵集》卷一有此诗，作者自题“甲戌”，即作于绍兴二十四年（1154年），故自《晦庵集》卷一中录之作补遗。

茅舍独饮[1]

出身从吏役，驱车涉穷山。日落阴景晦，天高风气寒。
岂无斗酒资，独酌谁为欢？一杯且复醉，百念中阑干。

[1] 此首于《大同集》各本均未收。据陈来考证，该诗作于绍兴二十四年（1154年）。又据束景南考证，此诗为是年秋朱熹往漳州之龙溪县、长泰县按事时所作，故自《晦庵集》卷一中录之作补遗。

送王季山赴龙溪[1]

故人千石令，便道此之官[2]。契阔三秋水，逢迎一笑欢。
田园知不远，谣俗问非难。已想躬玄默，鸣弦亦罢弹。

[1] 此首于《大同集》各本均未收。据束景南考证，朱熹送王季山赴龙溪上任乃绍兴二十六年（1156年），故自《晦庵集》卷一中录之作补遗。王季山，王维则，字季山，福建晋江人。宋绍兴五年（1135年）进士。
[2] “故人千石令，便道此之官”句，王维则与朱熹相识于绍兴二十三年

(1153 年)，故称“故人”。而绍兴二十六年（1156 年）三月，王维则往龙溪赴任，经同安，是为“便道”。

题囊山寺[1]

晓发渔溪驿[2]，夜宿囊山寺。云海近苍茫，层岚拥深翠。
行役倦修途，投归聊一憩。不学塔中仙，名涂定何事？

[1] 此首于《大同集》各本均未收。据束景南考证，此诗作于绍兴二十七年（1157 年）春。时朱熹奉檄走莆田，送家眷归崇安后，返回同安候代，途经莆田，夜宿囊山寺。故自《晦庵集》卷二中录之作补遗。囊山，在今福建莆田市涵江区江口镇。囊山寺，位于莆田囊山南麓，唐中和元年（881 年）创建，为千年古刹。初名延福寺，五代时易名为慈寿寺，俗称囊山寺。

[2] 渔溪驿，在福建福清县西四十五里处，北依佛座山，东临渔溪水。

七言律诗

上广文[1]

广文何事创楼居[2]，收拾家藏理蠹余。
尚有简编[3]充栋宇，拟陈车马大门闾。
移床[4]客去邀明月，送酒[5]人来递异书。
纵使清贫无长物，犹胜四壁似相如[6]。

[1] 此首元刻本入于卷一之“律诗”。据束景南考证，绍兴二十六年（1156 年），朱熹因候代者而暂居泉州，与傅自得、吕少卫过从吟咏。此诗即当

时赠与泉州儒学教授吕少卫。广文，唐设广文馆，设博士、助教等职，主持国学。后因称教官为“广文”。

[2] 广文何事创楼居，指吕少卫筑藏书楼。参见本卷“七言律诗”之“补遗”《次韵傅丈题吕少卫教授藏书阁》。

[3] 简编，串连竹简的带子，又指书籍。此处指书籍。

[4] 移床，即“江敩移床”之典故。古人待客皆席地而坐，江敩待客，登榻坐，令左右移床让客，意为不拘礼节。

[5] 送酒，即晋王弘遣白衣使送酒酌陶潜的故事。时陶潜辞官归隐，没酒喝，心烦闷，王弘遣人送酒来。比喻自己所渴望的东西朋友正好送来，遂心所愿。

[6] 四壁似相如，典出《史记·司马相如列传》：“文君夜亡奔相如，相如乃与驰成都。家居徒四壁立。”后以“四壁”形容家境贫寒，一无所有。

日用自警[1]

圆融无际大无余，即此身心即太虚。
不向用时频猛省，却于何处味真腴。
寻常应对尤须谨，造次施为更莫疏。
一日洞然无别体，方知不枉费功夫。

[1] 此首元刻本入于卷一之“律诗”。据束景南考证，作于绍兴二十七年（1157 年），其时候代居于畏垒庵。《晦庵集》题作《日用自警示平父》。平父，即刘玶（1138—1185），字平父，福建崇安五夫里人，刘子羽子，过继与刘子翚。历任从事郎、修职郎、邵武军司法参军。后辞官隐居，在武夷山下筑“七者之寮”，种地耕田自给。自号“七者翁”，老于林泉。

和人游西岩[1]

平生壮志浩无穷，老寄寒泉乱石中。
闲去披襟弄清泚，静来合眼听玲珑。

不知涧寺晴时雨，何似溪亭落处风。
吟罢君诗自潇洒，此心端不限西东。

[1] 元刻本无此首，后之增订者补之。《晦庵集》题为《五夫密庵瀑布》，据考证，系中年作于崇安，与同安人、事、地无关。故尹波《〈朱文公大同集〉考略》称，此诗属于滥收。

次主父观鱼韵[1]

平生三伏断追游，谁唤来穿涧树幽。
初讶网横天影破，忽惊人蹴浪花浮。
鸣榔不用齐吴榜[2]，鼓枻何须学楚讴[3]。
便有金盘堆白雪，却怜清泚向东流。

[1] 元刻本无此首，后之增订者补之。据尹波《〈朱文公大同集〉考略》称，此诗属于滥收。
[2] 鸣榔，敲击船舷使作声，用以惊鱼，使入网中。吴榜，即船棹，划船工具。
[3] 鼓枻，指划桨，谓泛舟。楚讴，即楚声，战国秦汉间楚地的音乐，也泛指长江中游、汉水一带以至徐、淮间的音乐。

彦集奉檄归省示及佳编次韵[1]

游子思亲久聚粮，不堪官里簿书忙。
平生况少鹰鹯意[2]，此日尤惭时世妆。
腊雪未消欢奉檄，春风初转喜还乡。
上堂佳庆从容问，一酹[3]何妨累十觞。

[1] 元刻本无此首，后之增订者补之。据尹波《〈朱文公大同集〉考略》称，

此诗属于滥收。彦集，即刘子翔，字彦集，崇安人，朱熹的妹夫。曾任右迪功郎、长汀县主簿。

[2] 鹰鹯，鹰与鹯。比喻忠勇的人。

[3] 釂，饮尽杯中酒。

和张彦辅落星寺之作[1]

嵌空奇石战惊涛，楼殿峥嵘势自高。
四面真成开玉鉴，三山应是失金鳌。
题诗正尔难搜句，举酒何妨共作豪。
倚遍阑干更愁绝，归来白尽鬓边毛。

[1] 元刻本无此首，后之增订者补之。据束景南考证，淳熙七年（1180 年），张栻任京西南路转运判官，应召入朝，路过南康，与朱熹同游紫霄峰、落星寺等，多有吟唱。此诗即作于当时。故尹波《〈朱文公大同集〉考略》称此诗属于滥收。张彦辅，即张栋，字彦辅。宋绍兴三十年（1160 年）任建安知县。

和彦辅雪后栖贤之作[1]

夜来春雪遍林丘，却喜风威晓便收。
好上篮舆闲纵目，莫将衲被苦蒙头。
微官正愧逍遥社，胜日犹堪汗漫游。
欲出林关恋瑶草，不妨樽酒更淹留。

[1] 元刻本无此首，后之增订者补之。如前首注释，此诗属于滥收。

宿密庵分韵赋得衣字[1]

不到仙洲岁月移，携壶特地款岩扉。

已惊素雪清人骨，更喜苍烟染客衣。
新赏不妨频徙倚，旧题何事独唏嘘。
明朝驿骑黄尘里，莫待迷涂始赋归[2]。

[1] 元刻本无此首，后之增订者补之。据尹波《〈朱文公大同集〉考略》称，此诗属于滥收。密庵，即报得庵，在崇安治东五夫里仙洲山上。宋胡寅命名，又匾其轩曰泉石庵，为崇安之胜处，朱熹多有题咏。
[2] 赋归，告归，辞官归里。

承侍郎使君垂示所与少傅国公唱酬西湖佳句次韵[1]（二首）

百年地辟有奇功，创建犹惊鹤发翁。
共喜安车迎国老，更传佳句走邮童。
闲来且看潮头人，乐事宁忧酒盏空。
会见台星与卿月，交光齐照广寒宫。

又

越王城下水融融，此乐从今与众同。
满眼芰荷方永日，转头禾黍便西风。
湖光尽处天容阔，潮信来时海气通。
酬唱不夸风物好，一心忧国愿年丰。

[1] 元刻本无此首，后之增订者补之。本诗又题作《和赵汝愚开西湖》，乃朱熹为赵汝愚疏浚西湖之义举而作。淳熙九年（1182年），赵汝愚以朝奉郎充集英殿修撰，出任福建军帅知州事。翌年，上《请大浚本州西湖奏》获批，遂组织力量开浚西湖，不仅使闽县、侯官等县万余亩农田得以灌溉，且使西湖风光愈加宜人。庆元年间，朱熹作此诗两首，对疏浚西湖之事极表称赞。由此看来，此诗入《大同集》疑似滥收。

七言律诗补遗

梦山中故人[1]

风雨萧萧已送愁，不堪怀抱更离忧。
故人只在千岩里，桂树无端一夜秋。
把袖追欢劳梦寐，举杯相属暂绸缪。
觉来却是天涯客，檐响潺潺泻未休。

[1] 此首于《大同集》各本均未收。据陈来考证，该诗作于绍兴二十三年(1153 年)。自诗意看，时为秋天，已是同安任上，故自《晦庵集》卷一中录之作补遗。

九　日[1]

故国音书阻一方，天涯此日思茫茫。
风烟岁晚添离恨，湖海尊前即大荒。
簿宦驱人向愁悴，旧游惟我最颠狂。
细思万石亭前事，辜负黄花满帽香。

[1] 此首于《大同集》各本均未收。据陈来考证，该诗作于绍兴二十三年(1153 年)，故自《晦庵集》卷一中录之作补遗。

次韵傅丈题吕少卫教授藏书阁[1]

西楼谁与共闲居？茂树婆娑清昼余。

大隐只今同一壑，行吟非昔似三闾[2]。
揣摩心事惟黄卷[3]，料理家传亦素书。
更凿寒泉供漱石，世纷不拟问焉如。

[1] 此首于《大同集》各本均未收。据束景南考证，该诗作于绍兴二十六年（1156年），时朱熹在泉州候批书，与傅自得、吕少卫过从吟咏。此首乃为吕少卫建藏书楼而作，故自《晦庵集》卷一中录作补遗。
[2] 三闾，即湖北秭归县三闾，屈原曾任三闾大夫，故后世以此代指屈原。
[3] 黄卷，即书籍。古人用辛味、苦味之物染纸以防蠹，纸色黄，故称。

绝　句

之德化宿剧头铺夜闻杜宇[1]

王事贤劳只自嗤，一官今是五年期。
如何独宿荒山夜，更拥寒衾听子规[2]。

[1] 元刻本无此首，后之增订者补之。此诗作于绍兴二十六年（1156年）春，时朱熹因公事前往德化县，夜宿剧头铺。因其时朱熹尚任职同安，故增订者将其收入增订的《大同集》。德化，位于福建省中部的闽中屋脊戴云山区，永春县之北部，五代后唐长兴四年（933年）置县，今属福建省泉州市管辖。剧头铺，在今永春县吾峰镇吾中村。又称大剧铺，因在永春吾峰与德化三班交界处的大剧岭而得名。此地是永春往德化交通要冲，地势奇峻险要，宋代在吾中村设立驿站。
[2] 子规，即杜鹃，又叫杜宇、催归。

小盈道中[1]

今朝行役是登临，极目郊原快赏心。

却笑从前嫌俗事，一春牢落[2]闭门深。

[1] 元刻本无此首，后之增订者补之。小盈道，在福建同安县与南安县的交界处的小盈岭上，是古时同安通往泉州的古道。宋绍兴二十五年（1155年），同安主薄朱熹到此勘察，建石坊，并手书“同民安”三字置匾坊上。

[2] 牢落，稀疏零落的样子。

考试感事戏作[1]

海邑三年吏，勤劳不为身。但令官事了，从遣黠儿嗔。

[1] 此首元刻本入于卷一之“律诗”。从诗意看，此诗当作于绍兴二十五年（1155年）同安主簿任上。

和胡先生寻芳[1]

胜日寻芳泗水[2]滨，无边光景一时新。
等闲识得东风面，万紫千红总是春。

[1] 此首元刻本入于卷一之“律诗”。胡先生，即胡宪，里居、阅历见卷首《宋太师徽国文公朱先生年谱节略》。朱熹少时即就学于胡宪，故称“先生”。

[2] 泗水，在今山东。春秋时孔子在泗水北岸讲学授徒。朱熹并未到过泗水，此处乃以泗水指代孔学，也泛指圣贤之学。

题米仓壁[1]

度量无私本至公，寸心贪得意何穷。

若教老子庄周见，剖斗除衡[2]付一空。

[1] 此首元刻本入于卷一之“律诗”。该诗写于宋绍兴二十五年（1155年）二月，是一首劝戒米仓管理人员的警诗。米仓，指为赈济灾民而设的官府粮仓。

[2] 剖斗除衡，斗与衡，均计量器具。老庄认为欲去人之私心，唯有将斗劈掉，把称废除。典出《庄子·外篇·胠箧》：“剖斗折衡，而民不争。”

题安隐壁[1]

征车少憩林间寺，试问南枝开未开？
日暮天寒无酒饮，不须空唤莫愁来。

[1] 此首元刻本入于卷一之“律诗”。

题梵天方丈壁[1]

输尽王租生理微，野僧行乞暮还归。
山空日落无钟鼓，只有虚堂蝙蝠飞。

[1] 此首元刻本入于卷一之“律诗”。据束景南考证，该诗作于绍兴二十六年（1156年），时朱熹暂寓梵天寺兼山阁。

五月五日海上遇风雨作[1]

疾风吹雨满征衫，陆走川行两不堪[2]。
尘事萦人心事远，濯缨[3]何必在江潭。

[1] 此首元刻本入于卷一之“律诗”。据束景南考证，该诗作于绍兴二十六年

（1156 年）五月。乃朱熹奉檄，往金门寻访收集境内先贤碑碣事传，于海上遇风雨而作。

[2] 两不堪，元刻本作“雨不堪”。

[3] 濯缨，即洗濯冠缨。典出《楚辞补注·渔父》，比喻超脱世俗，操守高洁。江潭，江水深处。《楚辞补注·渔父》屈原与渔父对话，即“游于江潭，行吟泽畔”。

送许顺之南归[1]（二首）

门前三径长蒿莱，愧子殷勤千里来。
校罢遗书[2]却归去，此心元是不成（一作“曾”）灰[3]。

又

几年江海事幽寻，偏与云僧话此心。
今日肯来论旧学，岁寒犹恐雪霜侵。

[1] 此二首元刻本入于卷一之“律诗”，题作《两绝句送顺之南归》。该诗作于许升自崇安返归同安之时。据束景南考证，许升随朱熹游学于崇安，并帮助朱熹校对《程氏遗书》。后于绍兴二十八年（1158 年）十一月中旬返回同安。因与同安有关联，故后之增订者补之。顺之，即许升，里居、阅历见卷首之《增订本林序》注。

[2] 遗书，即《程氏遗书》。详见卷首《宋太师徽国文公朱先生年谱节略》注。

[3] “此心元是不成灰”，元刻本作“此心元算不曾灰”。

绝句补遗

寄山中旧知[1]

采药侵晨入乱峰，宿云无处认行踪。
归来应念尘中客，寄与玄芝手自封。

[1] 此首于《大同集》各本均未收。据陈来考证，此诗作于绍兴二十三年(1153年)。且束景南《朱熹年谱长编》称，此题乃朱熹于是年秋之作品，故自《晦庵集》卷一中录之作补遗。《晦庵集》中此题原为一组七首，另六首为五言古诗，已补入本卷“五言古诗”之“补遗”。

试院杂诗[1]

寒灯耿欲灭，照此一窗幽。坐听秋檐响，淋浪殊未休。

[1] 此题于《大同集》各本均未收。据陈来考证，该诗作于绍兴二十三年(1153年)，且自诗意看，当为朱熹初仕时之作品，故自《晦庵集》卷一中录作补遗。《晦庵集》中此题原为一组五首，另四首为五言古诗，已补入本卷“五言古诗”之“补遗”。

忆斋中[1]

蟋蟀乱秋草，故园风露深。何因不归去，坐使百忧侵。

[1] 此首于《大同集》各本均未收。据陈来考证，该诗作于绍兴二十三年(1153年)。自诗意看，时为秋天，已是同安任上，故自《晦庵集》卷一

中录之作补遗。《晦庵集》中此题原为二首，另一首为五言律诗，已补入本卷“五言律诗”之“补遗”。

夜 雨[1]（二首）

拥衾独宿听寒雨，声在荒庭竹树间。
万里故园今夜永，遥知风雪满前山。

又

故山风雪深寒夜，只有梅花独自香。
此日无人问消息，不应憔悴损年芳。

[1] 此首于《大同集》各本均未收。据陈来考证，该诗作于绍兴二十三年（1153年），故自《晦庵集》卷一中录之作补遗。

梅花两绝句[1]

溪上寒梅应已开，故人不寄一枝来。
天涯岂是无芳物，为尔无心向酒杯。

又

幽壑潺湲小水通，茅茨烟雨竹篱空。
梅花乱发篱边树，似倚寒枝恨朔风。

[1] 此首于《大同集》各本均未收。据陈来考证，该诗作于绍兴二十三年（1153年），故自《晦庵集》卷一中录之作补遗。

闻 蝉[1]

悄悄山郭暗，故园应掩扉。蝉声深树起，林外夕阳稀。

［1］此首于《大同集》各本均未收。据陈来考证，该诗作于绍兴二十四年（1154年），故自《晦庵集》卷一中录之作补遗。

宿传舍见月[1]

空堂寒夜月华清，独宿凄凉梦不成。
欲向阶前舞凌乱，手持杯酒为谁倾？

［1］此首于《大同集》各本均未收。据陈来考证，该诗作于绍兴二十四年（1154年）。又据束景南考证，此诗为是年秋朱熹往漳州之龙溪县、长泰县按事时所作，故自《晦庵集》卷一中录之作补遗。

寄诸同寮[1]

把酒江头烟雨时，遥知江树已芳菲。
应怜倦客荒茅里，落尽梅花未得归。

［1］此首于《大同集》各本均未收。据陈来考证，该诗作于绍兴二十四年（1154年）。又据束景南考证，此诗为是年秋朱熹往漳州之龙溪县、长泰县按事时所作，故自《晦庵集》卷一中录之作补遗。

双髻峰[1]

绝壑藤萝贮翠烟，水声幽咽乱峰前。
行人但说青山好，肠断云间双髻仙。

［1］此首于《大同集》各本均未收。据陈来考证，该诗作于绍兴二十四年（1154年）。又据束景南考证，是年秋，朱熹往漳州之长泰县按事作此诗。故自《晦庵集》卷一中录之作补遗。双髻峰，在福建长泰县境内，县治

之东南部。

涉涧水作[1]

幽谷溅溅小水通，细穿危石认行踪。
回头自爱晴岚好，却立滩头数乱峰。

[1] 此首于《大同集》各本均未收。据陈来考证，该诗作于绍兴二十四年（1154年），故自《晦庵集》卷一中录之作补遗。

观黄德美延平春望两图为赋[1]（二首）

川流汇南奔，山豁类天辟。
层甍[2]丽西崖，朝旦群峰碧。（剑阁望南山）

方舟越大江，凌风下飞阁。
仙子去不还，苍屏倚寥廓。（冷风望演山）

[1] 此首于《大同集》各本均未收。据陈来考证，该诗作于绍兴二十四年（1154年），故自《晦庵集》卷一中录之作补遗。
[2] 层甍，指高楼的屋脊。语出《文选·江淹〈苦雨〉》："水鹳巢层甍，山云润柱础。"张铣注："层，高也；甍，屋栋木也。"

祠事斋居听雨呈刘子晋[1]

刀笔常时箧笥盈，斋祠今喜骨毛清。
与君此日俱无事，共爱寒阶滴雨声。

[1] 此首于《大同集》各本均未收。据陈来考证，该诗作于绍兴二十五年

（1155 年）。且自诗意看，当为朱熹初仕时之作品，故自《晦庵集》卷一中录之作补遗。

兼山阁雨中[1]

两山相接[2]雨冥冥，四牖东西万木清。
面似冻梨头似雪，后生谁与属遗经。

[1] 此首于《大同集》各本均未收。据诗意，该首当作于绍兴二十六年七月。时朱熹任职秩满，因主簿廨署高士轩敝坏不可居，乃暂寓梵天寺兼山阁。此诗应为当时所作。故自《晦庵集》卷二中录之作补遗。

[2] 两山相接，兼山阁在梵天寺内，而梵天寺在同安县北的大轮山。民国《同安县志》卷四称："大轮山，与应城山相接。"而兼山阁即取"两山相接"之意。

夜[1]

独宿山房夜气清，一窗凉月共虚明。
邻鸡未作人声绝，时听高梧滴露鸣。

[1] 此首于《大同集》各本均未收。据束景南考证，此诗作于绍兴二十六年（1156 年）八月，时朱熹到泉州候批书，寓九日山房。因在簿同期间，故自《晦庵集》卷十中录之作补遗。

卷之二　书

贺陈丞相书[1]

恭闻制书[2]延拜，进秉国钧，凡在陶熔，孰不欣赖？伏惟明公以大忠壮节，早负天下之望，自知政事，赞襄密勿[3]，凡所论执，皆系安危。至其甚者，辄以身之去就争之，虽未即从，而天子之信公也益笃，天下之望公也益深，懔懔然惟惧其一旦必去而不可留也。夫明公所以得此于上下者，岂徒然哉！今也进而位乎天子之宰，中外之望莫不欣然，咸曰陈公前日之言，天下之言也。争之不得，危于去矣。而今乃为相，则是天子有味乎陈公之言，而将卒从之也。陈公其必以是要说上前，而决辞受之几矣。且天下之事，其大且急者，又不特此。陈公果不得谢而立乎其位，必且次第为上言之，为上行之，其不默然而受，兀然而居也明矣。熹虽至愚，亦有是说。然今也听于下风，亦既余月，政令之出，黜陟[4]之施，未有卓然大异于前日。则是明公盖未尝以中外之望于公者自任，而苟焉以就其位矣。熹受知之深，窃所愧叹，未知明公且将何以善其后也。请得少效其愚，而明公择焉。

盖闻古之君子居大臣之位者，其于天下之事知之不惑，任之有余，则汲汲乎及其时而勇为之。知有所未明，力有所不足，则咨访讲求以进其知，扳援汲引以求其助，如救火追亡，尤不敢以少缓。上不敢愚其君，以为不足与言仁义；下不敢鄙其民，以为不足以兴教化；中不敢薄其士大夫，以为不足共成事功。一日立乎其位，则一日业乎其官；一日不得乎其官，则不敢一日立乎其位。有所爱而不肯为者，私也；有所畏而不敢为者，亦私也。屹然中立，无一毫私情之累，而惟知为其职之所当为者。夫如是，是以志足以行道，道足以济时，而于大臣之责可以无愧。不审明公图所以善其后者，其有合于此乎？其有近于此乎？无乃复有进于此者，而熹之愚不足以知之乎？愿亟图之，庶乎犹足以终慰天下之望，毋使前日之欣然者，更为今日之悒然也。

抑熹又有请焉：盖熹尝辱明公赐之书矣，其言有曰："前辈为大臣，不过持循法度，主张公道，知无不言，履君以德，公行赏罚，进贤退不肖而已。今日事有至难，风俗败坏，官吏苟且，强敌在前，边备未立，如之何其可为也？"熹愚不肖，深有所疑。盖凡明公之所易者，皆古人之所难。而明公所难者，乃古人之所易也。反复思虑，不得其说，将以质之左右而未暇也。今者敢因修庆而冒以为请，伏惟明公试反诸心，而以事理之轻重本末权之。诚知夫真难易之所在，而有以用其心焉，则亦无难之不易矣。《诗》曰："伐柯伐柯，其则不远。"[5]愿明公留意，则天下幸甚！

[1]《大同集》元刻本（以下简称"元刻本"）无此篇，后之增订者补之。本篇于《晦庵先生朱文公文集》（以下简称《晦庵集》）原注为"戊子冬"作。戊子，即宋乾道四年（1168年），故此信原与同安人、事无关。然朱子簿同期间，陈丞相对其"诱掖良厚"，两人相与游历于漳泉间。朱熹离开同安时，陈丞相曾举荐朱熹。或为此缘故，后之增订者将本文补入《大同集》。陈丞相，即陈俊卿，里居、阅历见卷首《宋太师徽国文公朱先生年谱节略》注。陈俊卿于乾道四年（1168年）拜尚书右仆射、同平章事兼枢密使，本篇乃朱熹贺其荣任丞相并进言。

[2] 制书，诏令文书中最重要的一种，用以颁布某些制度和政策。宋代制书多用于任免高级官吏，由侍从官翰林学士起草，通称内制。

[3] 密勿，机要、机密。

[4] 黜陟，指人才的进退，官吏的升降。

[5] 伐柯伐柯，其则不远，源出《诗经·豳风》。意思是照你手里那把斧头柄的样子，去砍树做另一把斧头柄，样板就在你手里，并不远啊。

与陈丞相书[1]

熹启：中夏毒热，恭惟仆射平章枢使[2]相公，钧候起居万福。熹昨奉咫尺之书，修致庆问[3]，因以愚虑上渎高明，自揣妄庸，宜得谴斥之罪。乃蒙钧慈，还赐手教，抚存开纳[4]，礼意勤厚。伏读三叹，有以见明公位愈高而心愈下，德弥盛而礼弥恭，果非小人之腹所能料也。台司礼绝，不敢复致启谢，惟是区区归心黄阁[5]之下，未始一日而忘。

忽又奉承堂帖[6]，戒以祗事之期，囊封疾置[7]，似亦非常制所当得者。自顾何人可以当此？尤窃恐惧，不能自安。然熹之狂狷[8]朴愚，不堪世用，明公知之盖有素矣。顷自祠官叨被除目，闻命之初，即惕然有不敢当之意。顾以近制不应辞避之科，因欲复求祠官，几得斗升之禄，以供水菽之养。则又以待次尚远，惧有贪躁之嫌，是以因仍寝嘿[9]，以至于今。幸官期已及，而庙堂又特为下书以招徕之，则熹之不获已而有求，似亦不为甚无谓者。已具别札子一通，道其所欲。伏惟明公哀怜而幸听之，不使轻犯世故，以贻亲忧，则明公之赐于熹厚矣。或恐未即遽蒙矜许[10]，则熹请得复罄其说。

盖熹虽愚不肖，无所短长。然区区用力于古人之学，阅天下之义理，亦庶几不为懵然者，岂不知外有君臣之义，内有母子之情。而平生知己如明公，待之又不为不厚，岂不愿及明时效尺寸以报君亲、酬知遇，而直逡巡退缩，以求守此东冈[11]之陂乎？此其中必有甚不得已者，帷明公幸察焉。而听其所欲，使得窃祠官之禄以养其亲，而自放于荒闲寂寞之境，以益求其所志，庶乎动心忍性，涵泳中和[12]，赖天之灵，得遂变化其狂狷朴愚之质。则异时明公未忍终弃，犹欲薰沐而器使之，其或可以奉令承教而不敢辞也。

明公亦宜自谋所以清化原、革流弊者，使乾刚[13]不亢，而君道下济；忠谠竞劝，而臣道上行。则天地交泰，上下志同，而天下之士虽有嚣嚣然处畎亩[14]而乐尧舜者，犹将为明公出，况如熹者，又岂足道也哉！伏惟明公勉焉，则天下幸甚。自余加获鼎食，以慰其瞻。熹不胜恳祷拳拳之至。谨奉手启以闻，伏惟照察。

[1] 元刻本无此篇，后之增订者补之。本篇于《晦庵集》中原注为“己丑”作。己丑，即乾道五年（1169年），其时朱熹闲赋在家。据三联书店出版的陈来《朱子书信编年考证》（以下简略为“陈来考证”），此篇乃省札催促朱熹供职枢院编修，而朱熹则寄书陈丞相求祠养供亲。此信原与同安人、事无关，后之增订者补遗，当与上篇同原因。

[2] 仆射平章枢使，即尚书右仆射、同平章事兼枢密使的简称，为宰相职。

[3] 庆问，庆贺聘问，泛指祝贺存问。

[4] 抚存，安抚、抚慰。开纳，广泛采纳。

[5] 黄阁，又作“黄阁”，汉代丞相、太尉和汉以后的三公官署避用朱门，厅门涂黄色，以区别于天子。后因以黄阁指宰相官署，又借指宰相。

[6] 堂帖，古代宰相签押下达的文书。

[7] 囊封，即密封，古代公文为防泄漏，用皂囊封缄。疾置，指古时为供紧急传递公文的使人途中停宿、换乘马匹等而设置的驿站。囊封疾置，指密封且紧急传递的公文。

[8] 狂狷，狂妄褊急，书疏中常用作谦辞。

[9] 嘿，同“默”。寝嘿，止而不言，沉默。

[10] 矜许，夸耀而自负。

[11] 东冈，向阳的山冈。

[12] 涵泳，浸润、沉浸，深入领会。中和，中庸之道的主要内涵。

[13] 乾刚，天道刚健，亦用以称帝王的刚健决断。

[14] 嚣嚣，傲慢的样子。畎亩，田间，引申指民间。

与汪尚书书[1]

自顷拆号[2]，日望登庸[3]，尚此滞留，不省所谓。海内有识之士，盖莫不为明公迟之，而熹之愚，独有为明公喜者。盖以省闱之取舍观之，则疑明公于天下之义理，尚有当讲求者，而喜其犹及此闲暇之时也。

自道学不明之久，为士者狃于偷薄浮华之习，而诈欺巧伪之奸作焉。上之人知厌之矣，然欲遂变而复于古，一以经行迪之，则古道未胜，而旧习之奸已纷然出于其间而不可制。世之人本乐纵恣而惮绳检，于是乘其隙而力攻之，以为古道不可复行，因以遂其自恣苟简[4]之计。俗固以薄，为法者又从而薄之，日甚一日，岁深一岁，而古道真若不可行矣。譬之病人，下寒而客热炽于上，治其寒则热复大作。俗工不求所以治寒之术，遂以为真热而妄以寒药下之，其不杀人也者几希矣。苏氏贡举之议[5]正如此。

至其诋东州二先生为矫诞无实，不可施诸政事之间，则其悖理伤化，抑又甚焉。而省闱盗用此文者两人，明公皆擢而置之众人之上，是明公之意，盖不以其说为非也。生于其心，害于其政；发于其政，害于其事。明公未为政于天下，而天下之士已知明公之心，争诵其书，以求速化。耳濡目染，以陷溺其良心而不自知。遂以偷薄浮华为真足尚，而敢肆诋欺于昔之躬行君子者不为非也。况于一旦坐庙堂之上，而以宰相行之，其害又当如何哉？明公前者驳正张纲之谥，深诋王氏之失，识者韪之。而今日之取舍乃如此，死者有知，得无为纲所笑？不审明公亦尝悔之否乎？

熹愚无知，辱知奖甚厚，往者亦尝关说及此，而今略验矣。故独不敢以延拜之迟为恨，而以犹得及此暇时，讲所未至为深喜。明公若察其愿忠之意，而宽其忘分之诛，则愿深考圣贤所传之正，非孔子、子思、孟、程之书不列于前，晨夜览观，穷其指趣而反诸身，以求天理之所在。既以自正其心，而推之以正君心，又推而见于言语政事之间，以正天下之心。则明公之功名德业，且将与三代王佐比隆，而近世所谓名相者，其规模盖不足道，况苏氏浮靡机变之术，又其每下者哉！

熹忽被堂帖，戒以官期，本不欲行，今乃得遂初心。有书恳丞相，求祠禄以供水菽之奉。恐或怒其不来，未易遽得，即乞从容一言之赐，早遂所求，幸甚。参政梁公[6]之门，初无洒扫之旧，不敢以书请。又恐疑于简己也，有札子一通，乞转致之，且及此意，则又幸甚。熹不敢复论时事，盖亦有不待论而白者，明公尚勉之哉！

[1] 元刻本无此篇，后之增订者补之。本篇于《晦庵集》中原注为“己丑”作。己丑，即乾道五年（1169年）。故此信原与同安人、事无关，当为朱子簿同期间，与汪尚书应辰相识，故后之增订者将本文补入《大同集》。汪尚书，即汪应辰（1118—1176），初名洋，字圣锡，信州玉山（今江西玉山县）人。绍兴五年（1135年）状元，授镇东军签判，官至吏部尚书，兼翰林学士并侍读。朱熹得以登上政治舞台，乃因汪应辰及陈俊卿等人的荐引，方得应诏入对垂拱殿，向宋孝宗面奏三札。

[2] 拆号，拆开试卷糊名的弥封号码。

[3] 登庸，即选拔任用和科举考试应考中选的意思。

[4] 自恣，放纵自己。苟简，草率简陋。

[5] 苏氏贡举之议，熙宁二年（1069年）五月，殿中丞、直史馆、判官告院苏轼上状奏《议学校贡举状》，论述贡举之法行之百年，不可轻改，以反对王安石的科举改革。

[6] 参政梁公，梁克家（1127—1187），字叔子，泉州晋江（今福建泉州）人。宋绍兴三十年（1160年）状元，授平江府签判，历官至右丞相，封仪国公。卒追赠少师，谥号“文靖”。

答陈同父书[1]

熹所遣人度月半前后到都城，不知岁前便得归否？但迂滞之见，书中已说尽。自看一过，亦觉难行次第，八九分是且罢休矣。万一不如所料，又须别相度，今亦不可预定耳。

来教所云，心亦虑之，但鄙意到此转觉懒怯，况本来只是间界学问，更过五七日，便是六十岁人。近方措置，种得几畦杞菊，若一脚出门，便不能得此物吃，不是小事。奉告老兄，且莫相撺掇，留取闲汉在山里咬菜根，与人无相干涉，了却几卷残书，与村秀才子寻行数墨，亦是一事。古往今来，多少圣贤豪杰韫经纶，事业不得做，只恁么死了底何限？顾此腐儒，又何足为轻重！况今世孔孟、管葛[2]自不乏人也耶！来谕“恐为豪士所笑”，不知何处更有豪士笑得？老兄勿过虑也。

[1] 元刻本无此篇，后之增订者补之。据陈来考证，此篇作于戊申十二月。戊申，即淳熙十五年（1188 年）。考其文之辞，则与同安人、事无关，或为滥收。陈同父，即陈同甫（1143—1194），字同甫，原名汝能，后改名陈亮，人称龙川先生。婺州永康（今属浙江）人。淳熙五年（1178 年）诣阙，上书论国事。绍熙四年（1193 年）策进士，授建康军节度判官厅公事，未到任而卒。为南宋思想家，著有《龙川文集》等。
[2] 管葛，管仲和诸葛亮的并称。两人皆古代名相。

答陈同父书[1]

熹恳辞召命，不蒙开允，反得除用，超异非常。内省无堪，何以胜此已？上免奏，今二十余日矣，尚未闻可报，踧踖[2]不自胜。来书警诲，殊荷爱念。然使熹不自料度，冒昧直前，亦只是诵说章句，以应文备数而已，如何便担当许大事？况只此挠［侥］冒[3]，亦未敢承当，老兄之言，无乃太早计乎？然世间，事思之非不烂熟，只恐做时不似说时，人心不似我心。孔子岂不是至公至诚？孟子岂不是粗拳大踢？到底无着手处。况今无此伎俩，自家勾当一个身心，尚且奈何不下，所以从前不敢容易出来，盖其自知甚审。而世间一种不相识、有公论底人，亦莫不知之。只是吾党中有相知日久、相爱过深者，好而不知其恶，误相假借，以为粗识廉耻。而又年纪老大，节次推排，遂有无实之名，以至上误君父之听。有此叨窃，每中夜以思，悚惧惭怍，无以少答上下之望，未尝不发汗沾衣也。不意以老兄之材气识略，过绝流辈，而亦下同流俗，信此虚声，将欲强僬侥[4]以千钧之重，而不忧其覆跌狼狈，以误知人之明也。

辞免人行已久，旦夕必有回报。似闻后来庙论又有新番，从官已有以言获罪而去者，未知事竟如何？封事虽无高论，然恐无降出之理。万一果如所传，则孤踪尤是不复可出。自今以往，牢关固拒，尚恐不免于祸，况敢望人帝王之门乎？彼去都城不远，想已见得近日爻象矣。万一再辞不得，即不免束装裹粮，为生行死归之计。

承许见访于兰溪[5]，甚幸！但恐无说话处，向来子约到彼，相守三日，竟亦不能一吐所怀。或先得手笔数行，略论大意，使未相见间，预得细绌绎而面请其曲折，庶几犹胜匆匆说话不尽，只成闲追逐也。

[1] 元刻本无此篇，后之增订者补之。据陈来考证，此篇作于己酉年初。己酉，即淳熙十六年（1189 年）。考其文之辞，则与同安人、事无关，或为滥收。

[2] 踧踖，恭敬而局促不安的样子。

[3] 侥冒，是指贪冒、贪图。

[4] 僬侥，指身材矮小的人。

[5] 兰溪，位于浙江省中西部，地处钱塘江中游。唐上元元年（674 年）建县，宋属婺州。邑虽褊小而实当四冲，地灵人杰，名流辈出。陈同甫亦婺州人，故朱熹多次造访兰溪。

与留丞相书[1]（十月十二日）

熹区区贱悬，已具前幅，必蒙矜念，俾遂退闲，不敢重出，以烦公听。惟是昨因致谢，辄罄鄙怀，狂妄僭率，不胜皇恐。然自遣人之后，即得朝士私书，语及近事。恭闻丞相忠诚感格，天意为回，重阴[2]之底，复有阳复之渐，乃窃自幸其言之不效。既又反覆以思，则恐今日之事未足为喜，而前日之论，犹有可思者也。

盖自古君子、小人杂居并用，非此胜彼，即彼胜此，无有两相疑而终不决者，此必然之理也。故虽举朝皆君子，而但有一二小人杂于百执事之间，投隙抵巇[3]，已足为患，况居侍从之列乎？况居丞弼[4]之任而潜植私党，布满要津乎？盖二三大臣者，人主之所与分别贤否，进退人材，以图天下之事，自非同心一德，协恭和衷，彼此坦然，一以国家为念，而无一毫有己之私间于其间，无以克济。若以小人参之，则我之所贤而欲进之者，彼以为害己而欲退之；我之所否而欲退之者，彼以为助己而欲亲之。且其可否异同，不待勉争力办而后决，但于相与进退之间，小为俯仰前却之态，而已足以败吾事矣。是岂可不先以为虑，而轻为他计，以发其害我之机哉？此犹姑以钧敌之常势言之耳，况今亲疏、新旧之情，本自不侔，忠邪逊逆之趣又各有在，彼已先据必胜之地，而挟群党以塞要冲，凡一举手、一摇足，皆足以为吾之害。下至近习、纤人[5]，亦或为之挟持简牍，关通内外，以助其势。而吾乃兀然孤居，孑然特立，绝无蚍蜉蚁子之援，可与用力于根本之地，以觉上心而清言路。其可望以为公道之助者，不能留之跬步之间，而欲求之千里之外。彼方为主，而我方为客；彼方为刀，而我方为肉。此固天下之危机败证，而又时取彼所甚恶之人，置之不能为助之处，徒益其疑而无补于事。愚恐虽能遍起天下之贤人、君子，置之内外，彼亦不必动其声气，但阴拱而微伺其势，以能害己。则便一眴目而群吠四起，使来者或未及门，至者或未暖席，而已狼狈仓皇，奔迸四出矣，尚何国事之可图哉？

今日之事，丞相以为但去一人，班列便无小人，台阁便无异论乎？胡不观于郑尚书、王著作、孙司业[6]之遂去而不留，袁温州之已除而中寝，此皆谁实为之也哉？以愚观之，但见其操心益危，虑患益深，而为祟益甚耳。语曰："治水不自其原，末流弥增其广。"

又曰："射人先射马，擒贼当擒王。"盖虑此也。去年刘副端[7]初除，抗论震动朝野，善类相庆，而熹独深忧之。今日之势，何以异此？伏愿丞相试熟计之，而亟阴求学士大夫之有识虑气节者，相与谋之。先使上心廓然，洞见忠邪之所在，而自腹心以至耳目喉舌之地，皆不容有毫发邪气留于其间，然后天下之贤可以次而用，天下之事可以序而为也。如其不然，则自今以往，丞相之忧乃有甚于前日。是以熹窃危之，而未敢以为喜也。

辱知之厚，不敢不尽愚，惟高明察之。抑天下之事固多以欲速而致败，然见几不蚤，犹豫留时，亦智者所甚惧也。今日在我之势，固为甚危，然乘隙疾攻，正在此时，投机之会，间不容息。惟丞相深计而亟图之，则不惟善类之幸，实宗社生灵之幸。熹死罪、死罪！

[1] 元刻本无此篇，后之增订者补之。据陈来考证，朱熹与留丞相之书信往来，最早为淳熙十六年（1189年），故此篇写作时间不早于此。补入《大同集》，有滥收之嫌。留丞相，即留正（1129—1206），字仲至，永春留湾（今福建永春县留安村）人。绍兴十三年（1143年）进士，授南恩州阳江尉，官至签书枢密院事、左丞相、少师、观文殿大学士等，封魏国公。卒追赠太师，追谥忠宣。

[2] 重阴，两种阴性同时出现。如冬季属阴，寒亦为阴，冬季感受寒邪即为重阴。

[3] 巇，险恶、险峻。投隙抵巇，指伺机钻营。

[4] 丞弼，指辅佐的职位。

[5] 近习，指君主宠爱的人。纤人，指气质柔弱的人。

[6] 著作，即著作郎，官名，东汉末始置，属中书省，为编修国史之任。宋代著作郎仅参与汇编"日历"（每日时事）等。司业，设于国子监的一种官衔，为监内的副长官，协助祭酒主管监务。

[7] 副端，殿中侍御史的别称。殿中侍御史乃掌纠弹百官朝会时失仪者。

答汪尚书论家庙[1]（癸巳）

熹伏蒙垂问庙制[2]之说，熹昨托陈明仲[3]就借古今诸家祭仪，正以孤陋寡闻，无所质正。因欲讲求，俟其详备，然后请于高明，以定其论耳。不谓乃蒙下询，使人茫然不知所对。然姑以所示两条考之。

窃谓至和之制，虽若不合于古，而实得其意，但有所未尽而已。政和之制[4]，则虽稽于古者，或得其数，而失其意则多矣。盖古者诸侯五庙，所谓二昭二穆者，高祖以下四世有服之亲也。所谓太祖者，始封之君，百世不毁之庙也。今世公侯有家而无国，则不得有太祖之庙矣。故至和四庙，特所谓二昭二穆，四世有服之亲，而无太祖之庙。其于古制虽若不同，而实不害于得其意也。又况古者天子之三公八命[5]，及其出封，然后得用诸侯之礼。盖仕于王朝者，其礼反有所厌而不得伸，则今之公卿，宜亦未得全用诸侯之礼也。

礼家又言，夏四庙，至子孙而五。则是凡立五庙者，亦是五世以后，始封之君正东向之位，然后得备其数，非于今日立庙之初便立太祖之庙也。政和之制，盖皆不考乎此，故二昭二穆之上，通数高祖之父以备五世。夫既非始封之君，又以亲尽而服绝矣，乃苟以备夫五世而祀之，于义何所当乎？

至于大夫三庙，说者以为天子、诸侯之大夫皆同。盖古者天子之大夫与诸侯之大夫，品秩之数不甚相远，故其制可以如此。若今之世，则唯侍从官以上乃可以称天子之大夫，至诸侯之大夫，则州镇之幕职官而已尔。（横渠先生[6]止为京官，而温公云官比诸侯之大夫则已贵。）是安可以拘于古制而使用一等之礼哉？故至和之制，专以天子之大夫为法，亦深得制礼之意。但其自东宫三少[7]而上，乃得为大夫，则疑未尽。而适士二庙、官师一庙之制，亦有所未备焉耳。政和之制，固未必深考古者天子、诸侯之大夫同为一等之说，然其意实近之。但自大侍从至升朝官并为一法，则亦太无隆杀[8]之辨矣。盖官职高下，则有古今之不同，但以命数准今品数而论之，则礼之等差可得而定矣。然此亦论其得失而已，若欲行之，则政和之礼行于今日，未之有改，凡仕于今日而得立庙者，岂得而不用哉？但其所谓庙者，制度草略，已不能如唐制之盛，而况于古乎？此好礼之士所以未尝不叹息于斯也。

然考诸程子之言，则以为高祖有服，不可不祭。虽七庙五庙，亦止于高祖。虽三庙一庙，以至祭寝，亦必及于高祖，但有疏数[9]之不同耳。疑此最为得祭祀之本意，今以祭法考之，虽未见祭必及高祖之文，然有月祭享尝之别，则古者祭祀以远近为疏数亦可见矣。礼家又言，大夫有事，省于其君，干祫[10]及其高祖，此则可为立三庙而祭及高祖之验。而来教所疑私家合食之文，亦因可见矣。但干祫之制，它未有可考耳。

墓祭之礼，程氏亦以为古无之，但缘习俗。然不害义理，但简于四时之祭可也。凡此皆直据鄙见与其所闻而论之，以奉教于门下。伏惟高明裁择，因风还赐一言，以决其是非焉，则熹不胜幸甚。

熹又尝因程氏之说，草其祭寝之仪，将以行于私家。而连年遭丧，未及尽试，未敢辄以拜呈之。俟其备，当即请教也。

[1] 元刻本无此篇，后之增订者补之。此篇作于癸巳，即乾道九年（1173年），时居于崇安。此篇补入《大同集》，当与《与汪尚书书》原因相同。

[2] 庙制，即宗庙制度，是指儒家为已故祖先建立灵魂依归之所设立的次序和祭祀制度。庙制规定，天子立七庙，诸侯立五庙，大夫立三庙，士立一庙，庶人无庙，以此区分亲疏贵贱。其次序是始祖居中，左昭右穆。一世为昭，二世为穆，余类推。

[3] 陈明仲，即陈旦（1122—1180），亦作陈焯，字明仲，建宁府建阳（今福建南平建阳区）人。绍兴十八（1148年）进士，与朱熹同榜。淳熙五年

(1178 年) 曾任福州侯官宰。专注理学，与朱熹交游深厚。朱熹尝为其画像作赞，列入道学人物。

[4] 政和之制，指北宋政和元年 (1111 年) 颁布的《政和五礼新仪》，是由宋议礼局官知枢密院郑居中等奉敕撰、宋徽宗御制序文的官民仪礼常制，包括冠礼、吉礼、宾礼、军礼、嘉礼。是书颇为朱子所不取，自《中兴礼书》既出，遂格不行，故流传绝少。

[5] 三公，古代地位最尊显的三种官职的合称。周代指司马、司徒、司空。八命，周代官爵分为九等级，称九命。其中王之三公及州牧为八命。三公八命，泛指朝廷重臣。

[6] 横渠先生，即张载 (1020—1077)，字子厚，凤翔郿县 (今陕西眉县) 横渠镇人，世称横渠先生。北宋嘉祐二年 (1057 年) 进士，历官崇文院校书。因与王安石意见相左，辞官回家，读书讲学，写下大量著作。为北宋思想家、教育家、理学创始人之一。

[7] 东宫三少，太子少师、太子少傅、太子少保的通称，为东宫三师的辅官。

[8] 隆杀，即尊卑、厚薄、高下之意。

[9] 疏数，指远近、亲疏。

[10] 干祫，意为无庙祫祭。祫祭，集合远近祖先神主于太庙合祭，原于天子诸侯丧事完毕时举行。干祫是祫祭的一种特例。

与张敬夫[1] (四月一日)

《春秋》正朔事，比以《书》考之。凡书月皆不著时，疑古史记事例只如此。至孔子作《春秋》，然后以天时加王月，以明上奉天时、下正王朔之义。而加春于建子之月，则行夏时之意亦在其中。观伊川先生[2]、刘质夫[3]之意，似是如此。但“春秋”两字，乃鲁史之旧名，又似有所未通。幸更与晦叔订之，以见教也。

[1] 元刻本无此篇，后之增订者补之。据陈来考证，此篇作于乾道六年 (1170 年)，时居于崇安。张敬夫，即张栻，字敬夫，里居、阅历见卷首《宋太师徽国文公朱先生年谱节略》注。

[2] 伊川先生，即程颐（1033—1107），字正叔，出生于黄州府黄安县（今湖北红安县），祖籍河南府伊川县（今嵩县），世称“伊川先生”。自幼与其兄程颢同受学于理学创始人周敦颐。北宋嘉祐四年（1059 年），廷试落第，遂不科试。熙宁五年（1072 年），偕兄于嵩阳讲学。曾应诏入京，受命为崇政殿说书。元祐三年（1088 年）起，辞官从事讲学活动。与其兄程颢共创“洛学”，为理学奠定了基础，世称“二程”。

[3] 刘质夫，即刘绚，字质夫，浙江常山人。《二程遗书》称缑氏（今河南偃师）人。以荫为寿安主簿，长子县令。元祐初，荐经明行修，为京兆府教授。又荐为太学博士，卒于官。

答张敬夫[1]（三月十四日）

熹昨承诲谕五王[2]之事，以为但复唐祚而不立中宗，则武曌可诛，后患亦绝，此诚至论。但中宗虽不肖，而当时幽废，特以一言之失，罪状未著，人望未绝。观一时忠贤之心，与其募兵北讨之事，及后来诸公说李多祚之语，则是亦未遽为独夫也。乃欲逆探未形之祸，一旦舍之而更立宗室，恐反为计校利害之私，非所以顺人心、乘天理，而事亦未必可成也。愚虑如此，然而此外又未见别有长策，不知高明以为何如？若维州事[3]，则亦尝思之矣。唐与牛、李[4]，盖皆失之也。夫不知《春秋》之义而轻与戎盟，及其犯约，攻围鲁州，又不能声罪致讨，绝其朝贡。至此乃欲效其失信叛盟之罪，而受其叛臣，则其义有所不可矣。

然还其地可也，缚送悉怛谋，使肆其残酷，则亦过矣。若论利害，则僧孺固为人言以恐文宗。如致堂之所论，而吐蕃卒不能因维州以为唐患，则德裕之计不行，亦未足为深恨也。计高明于此必有定论，幸并以见教。（牛论正而心则私，李计谲而心则正。）

“何有于我哉”，后来思尹子说，诚未安，窃意只是不居之词。圣人之言此类甚多，不以俯就为嫌也。“恶知其非有也”，顷时亦尝为说，正如晦叔之意。后来又以为疑，乃如尊兄所谕。今细思之，却不若从晦叔之说，文意俱顺，法戒亦严，不启末流之弊也。如何如何？

[1] 元刻本无此篇，后之增订者补之。据陈来考证，此篇作于淳熙二年(1175 年)，时居于崇安。朱熹与张敬夫往来书信甚多，后之增订者独将以上“四月一日”篇及此篇补入《大同集》，疑为滥收。

[2] 五王，特指的是唐代神龙政变中的五位功臣，即张柬之、敬晖、崔玄暐、桓彦范、袁恕己五人，是此次政变的主要策划者和实施者，因而在唐中宗李显登基后不久，被封为郡王。然不久即先后贬为各州的刺史、司马。张柬之、崔玄暐途中病死，敬晖、桓彦范、袁恕己途中被杀。睿宗李旦即位后平反，追复官爵，配享中宗庙庭。

[3] 维州事，指李德裕、牛僧孺争维州事。唐太和五年（831 年）九月，吐蕃维州（今四川理县东北）副使悉怛谋请降。维州城系西川控扼吐蕃要地，故节度使李德裕入据维州后，请求深入吐蕃境内，收复失地。文宗诏百官集议，众皆请按德裕所奏处置。宰相牛僧孺以为不可，称近来双方修好，约定罢兵，应以诚为信。文宗听信其言，诏德裕将维州归还吐蕃，其降将悉怛谋等亦皆送还。吐蕃尽诛悉怛谋等人，极为残酷。李德裕由此深忌牛僧孺。

[4] 牛、李，指唐文宗时大臣牛僧孺、李德裕。从唐宪宗时期开始，两派结党，形成以牛僧孺、李宗闵等为领袖的牛党与李德裕、郑覃等为领袖的李党之间的争斗。斗争直到唐宣宗时期以牛党最终获胜结束，持续时间将近四十年。

补　遗

与范直阁[1]

熹向尝与“忠恕”、“一贯”之说质疑于函丈，伏蒙镌晓[2]切至，但于愚见尚有未安。比因玩索[3]，遂于旧说益有发明，乃知前者请教之时虽略窥大义。然涵泳[4]未久，说词未莹[5]，致烦辨析之勤如此。今再录近所训义一段拜呈，乞赐批凿可否示下，容更思索，续具咨请也。去岁在同安独居，几阅岁看《论语》近十篇，其间疑处极多，笔札不能载以求教。伏纸但切驰仰[6]。

[1] 此篇于《大同集》各版本皆无收，据束景南考证，此文作于绍兴二十八年（1158年），时在家研读《论语》，与范如圭、胡宪书信往返讨论“忠恕”、“一贯”之旨。因其文中略及朱熹于同安读《论语》之事，与同安事、地有关，故自《晦庵集》卷三十七中录之作补遗。范直阁，即范如圭（1102—1160），字伯逵，建州建阳人。少从舅氏胡安国，受《春秋》。登进士第，授左从事郎，召试秘书省，官至直秘阁提举江西常平茶监，移利州路提点刑狱。著有文集十卷，皆书疏议论之语，传于世。

[2] 镌晓，规劝晓谕。

[3] 玩索，体味探求。

[4] 涵，潜入水中，有沉潜之义。泳，游于水中，有游泳之义。涵泳，喻仔细读书、深入领会之意。

[5] 说词，言辞。莹，明白。

[6] 驰仰，书信表敬语。表示对对方的向往仰慕。

卷之三　书

答吕伯恭[1]

前日因还人上状，不审达否？暑气浸剧，伏惟道养有相，尊候万福。

《易传》[2]六册，今作书托刘衢州达左右。此书今数处有本，但皆不甚精。此本雠正稍精矣，须更得一言喻书肆，令子细[3]依此誊写，勘复数四为佳。曲折数条，别纸具之。或老兄能自为一读，尤善也。

前书所禀语录，渠若欲之，令来取尤幸。近世道学衰息，售伪假真之说肆行而莫之禁。比见婺中所刻《无垢日新》之书，尤诞幻无根，甚可怪也。已事未明，无力可救，但窃恐惧而已。不知老兄以为如何？因书幸语及。前此附便所予书，至今未拜领也。未即承教，万望以时为道加重。

[1]《大同集》元刻本（以下简称“元刻本”）无此篇，后之增订者补之。据三联书店出版的陈来《朱子书信编年考证》（以下简略为“陈来考证”），此篇作于乾道五年（1169 年）。吕伯恭，即吕祖谦，字伯恭，里居、阅历见卷首《宋太师徽国文公朱先生年谱节略》注。

[2]《易传》，是战国时期解说《易经》的论文集，由七篇文章构成，是解释说明经文的最原始、最权威的文字。对《易经》的基本原理进行了创造性的阐述和发挥。

[3] 子细，同“仔细”。

答吕伯恭[1]

窃承进学之意甚笃，深所望于左右。至于见属过勤，则非区区浅陋所堪。然不敢不竭所闻，以塞厚意。

熹旧读程子之书有年矣，而不得其要。比因讲究《中庸》首章之指，乃知所谓“涵养须用敬，进学则在致知”者。两言虽约，其实入德之门无喻［逾］[2]于此。方窃洗心以事斯语，而未有得也。不敢自外，辄以为献。以左右之明，尊而行之，不为异端荒虚浮诞之谈所迁惑，不为世俗卑近苟简之论所拘牵，加以岁月，久而不舍，窃意其将高明光大不可量矣。

承谕所疑，为赐甚厚。所未安者，别纸求教。然其大概，则有可以一言举者。其病在乎略知道体之浑然无所不具，而不知浑然无所不具之中，精粗本末，宾主内外，盖有不可以毫发差者。是以其言常喜合而恶离，却不知虽文理密察，缕析毫分，而初不害乎其本体之浑然也。往年见汪文举张子韶[3]语明道“至诚无内外”之句，以为“至诚”二字有病，不若只下个“中”字。大抵近世一种似是而非之说，皆是此个意见，惟恐说得不鹘突，真是谩人自谩，误人自误。士大夫无意于学，则恬不知觉；有志于学，则必入于此。此熹之所以深忧永叹，不量轻弱而极力以排之，虽以得罪于当世而不敢辞也。

注中改字，两说皆有之。盖其初正是失于契勘凡例，后来却因汪文之说，更欲正名，以破其惑耳。然谓之因激增怒则不可。且如孟子平时论杨墨[4]，亦平平耳。及公都子[5]一为好辨之问，则遂极言之，以至于禽兽。盖彼之惑既愈深，则此之辩当愈力。其禽纵低昂，自有准则，盖亦不期然而然。然禽兽之云，乃其分内，非因激而增之也。

来教又谓吾道无对[6]，不当与世俗较胜负。此说美则美矣，而亦非鄙意之所安也。夫道固无对者也，然其中却着不得许多异端邪说，直须一一剔拨出后，方晓然见得个精明纯粹底无对之道。若和泥合水，便只着个“无对”包了，窃恐此“无对”中却多藏得病痛也。孟子言杨墨之道不熄，孔子之道不著，而大易于君子、小人之际，其较量胜负，尤为详密，岂其未知无对之道邪？盖无对之中，有阴则有阳，有善则有恶。阳消则阴长，君子进则小人退，循环无穷，而初不害其为无对也。况熹前说已自云：“非欲较两家已往之胜负，乃欲审学者今日趣向之邪正。”此意尤分明也。康节所著《渔樵对问》[7]，论天地自相依附，形有涯而气无涯，极有条理。当时想是如此说，故伊川[8]然之。今欲分明，则更注此段于其下，如何？

科举之教无益，诚如所喻。然谓欲以此致学者而告语之，是乃释氏所谓“先以欲勾牵，后令入佛智”者，无乃枉寻直尺之甚，尤非浅陋之所敢闻也。伊川学制，固不必一二以循其迹。然郡学以私试分数较计餔啜[9]，尤为猥屑，似亦当罢之。若新除已下，则上说下教，使先生之说不遂终废于时，乃吾伯恭之责，又不特施于一州而已也。

[1] 元刻本无此篇，后之增订者补之。据陈来考证，此篇作于乾道六年（1170 年）间。考其文之辞，与上篇一样，与同安人、事无关，或为滥收。

[2] 无逾，清刻本作“无喻”，较不通，故据《晦庵集》改为“无逾”。

[3] 汪文，当指汪应辰，里居、阅历见卷二《与汪尚书书》注。张子韶，即张九成（1092—1159），字子韶，号无垢，海宁盐官（今浙江海宁）人。南宋绍兴二年（1132 年）状元，授镇东军签判，官至侍讲、权礼部侍郎兼刑部侍郎。因反对议和，谪居南安十四年。卒追赠太师，封崇国公，谥文忠。致力经学，杂以释，著有《横浦集》，于经学有独创见解，后形成“横浦学派”。

[4] 杨翟，战国时的杨朱与墨翟并称。战国中期，杨朱、墨翟的学说非常流

行，与儒家鼎峙而立。在《孟子》一书中，记载孟子对杨朱及墨翟的批判论述。

[5] 公都子，春秋时期诸子百家人物之一，孟子的弟子，有些迂腐。

[6] 无对，意思为无双、无敌。

[7] 康节，即邵雍（1011—1077），字尧夫，自号安乐先生，林县上杆庄（今河南林州市）人。少有志，刻苦读书，并游历天下。后师从李之才，学《河图》、《洛书》与伏羲八卦，学有大成，并著有《皇极经世》、《观物内外篇》、《先天图》等。为北宋著名理学家，与周敦颐、张载、程颢、程颐并称“北宋五子”。卒谥号康节。《渔樵对问》，邵雍撰，以形式问答，发明义理。

[8] 伊川，即程颐，里居、阅历见卷二《与张敬夫（四月一日）》注。

[9] 餔，吃。餔啜，指吃喝。

答陆子寿[1]

先王制礼，本缘人情。吉凶之际，其变有渐，故始死全用事生之礼。既卒哭祔庙[2]，然后神之。然犹未忍尽变，故止复乎寝而以事生之礼事之。至三年而迁于庙，然后全以神事之也。此其礼文见于经传者不一，虽未有言其意者，然以情度之，知其必出于此无疑矣。其迁庙一节，郑氏用《穀梁》练[3]而坏庙之说，杜氏用贾逵、服虔[4]说，则以三年为断。其间同异得失，虽未有考，然《穀梁》但言坏旧庙，不言迁新主。则安知其非于练而迁旧主，于三年而纳新主邪？至于《礼》疏所解郑氏说，但据《周礼》“庙用卣[卣]”[5]一句，亦非明验。故区区之意，窃疑杜氏之说为合于人情也。来谕考证虽详，其大概以为既吉则不可复凶，既神事之则不可复以事生之礼接尔。窃恐如此非惟未尝深考古人吉凶变革之渐，而亦未暇反求于孝子慈孙深爱至痛之情也。

至谓古者几筵不终丧[6]，而力诋郑、杜之非，此尤未敢闻命。据《礼》，小敛有席，至虞而后有几筵，但卒哭而后不复馈食[7]于下室耳。古今异宜，礼文之变，亦有未可深考者。然周礼自虞至祔曾不旬日，不应方设而遽彻之如此其速也。

又谓终丧彻几筵，不闻有入庙之说，亦非也。诸侯三年丧毕之祭，鲁谓之“吉禘”[8]，晋谓之“禘祀”[9]，《礼》疏谓之特禘者是也。但其礼亡，而士大夫以下则又不可考耳。夫今之《礼》文，其残缺者多矣，岂可以其偶失此文而遽谓无此礼邪？

又谓坏庙则变昭穆[10]之位，亦非也。据礼家说，昭常为昭，穆常为穆，故《书》谓文王为“穆考”，《诗》谓武王为“昭考”。至《左传》，犹谓毕、原、酆、郇[11]为文之昭，邘、晋、应、韩[12]为武之穆，则昭穆之位，岂以新主祔庙而可变哉？但昭主祔庙，则二昭递迁；穆主祔庙，则二穆递迁尔。（此非今者所论之急，但谩言之，以见来说，考之未精类此。）

又谓古者每代异庙，故有祔于祖父祖姑之礼。今同一室，则不当专祔于一人。此则为合于人情矣。然伊川先生尝讥关中[13]学《礼》者有役文之弊，而吕与叔[14]以守经信古，学者庶几无过而已，义起之事，正在盛德者行之。然则此等苟无大害于义理，不若且依旧说，亦夫子存羊爱礼[15]之意也。熹于《礼经》不熟，而考证亦未及精，且以愚意论之如此，不审高明以为如何？然亦不特如此，熹常以大凡读书处事，当烦乱疑惑之际，正当虚心博采，以求至当。或未有得，亦当且以阙疑阙殆[16]之意处之。若遽以己所粗通之一说，而尽废己所未究之众论，则非惟所处之得失或未可知，而此心之量亦不宏矣。闲并及之，幸恕狂妄。

[1] 元刻本无此篇，后之增订者补之。据陈来考证，此篇作于淳熙四年（1177年）。考其文辞，则与同安人、事无关，或为滥收。陆子寿，即陆九龄，字子寿，里居、阅历见卷首《宋太师徽国文公朱先生年谱节略》注。

[2] 卒哭，意为止哭。为古代丧礼仪式之一。古代丧礼，百日祭后，止无时之哭，变为朝夕一哭，名为卒哭。祔，泛指配享、附祭。祔庙，祔祭后

死者于先祖之庙。

[3] 练，古代一种祭祀。因于父母去世十三月时，戴练冠祭于家庙而得名。

[4] 贾逵（30—101），字景伯，扶风平陵（今陕西咸阳西北）人。东汉著名经学家，所撰经传义诂及论难达百余万言，被称为“通儒”。服虔，字子慎，初名重，又名祇，后更名虔，河南荥阳东北人，东汉经学家。少年励志，尝入太学受业，举孝廉，官至尚书侍郎、高平令。中平末，迁九江太守。因故免官，遭世乱，病卒。

[5] 卣，先秦时期的盛酒器。庙用卣，按郑注云：“庙用卣者，谓始禘时，自馈食始。”

[6] 几筵，即几席，乃祭祀的席位。《周礼·春官》有司几筵，专掌五几五席的名称种类，辨其用处与陈设的位置。终丧，指服满父母去世后三年之丧。

[7] 馈食，指献熟食、食物。

[8] 禘，本义为在始祖庙里对祖先的盛大祭祀。吉禘，古时除丧，奉死者神主入祭于宗庙，谓之“吉禘”。

[9] 禘祀，三年丧毕之吉禘祭。

[10] 昭穆，是宗法制度对宗庙或墓地的辈次排列规则和次序。二世、四世、六世，在始祖之左方，称“昭”；三世、五世、七世，在始祖之右方，称“穆”。

[11] 毕，指毕公高，即周文王第十五子姬高，封于毕（今陕西咸阳、西安附近）；原，即原伯贯，即周文王第十六子，封于原（今河南济源）。酆，指酆侯，周文王第十七子，封于酆（陕西山阳）。郇，指郇伯，即周文王第十八子姬葡，封于郇（今山西临猗西）。

[12] 邗，指邗叔，即周武王次子姬诞，封于邗（今河南沁阳西北一带）。晋，指唐叔虞，即周武王三子姬虞，封于晋（今山西、河北南部一带）。应，指应侯，即周武王四子姬达，封于应（今河南省宝丰以东、鲁山东南城一带）。韩，指韩侯，为周武王的小儿子，封于韩（今山西河津东北）。

[13] 关中，指陕西中部秦岭以北，子午岭、黄龙山以南，陇山以东，潼关以西的区域。理学大师张载最初讲学始于关中，在蓝田吕氏兄弟的拥戴下，逐渐形成关中学派，与二程洛学及王安石新学构成鼎立之势。

[14] 吕与叔，即吕大临（1040—1092），字与叔，号芸阁，京兆蓝田（今陕

西蓝田）人。出身世代书香之家，兄弟四人皆登及第，张载倡道于关中，尊其为师，成为关学之代表性人物。著有《易章句》、《礼记解》等。

[15] 爱礼存羊，出自《论语·八佾》，意思为：由于爱惜古礼，不忍使它废弛，因而保留古礼所需要的祭羊。比喻为维护根本而保留有关仪节。

[16] 阙疑，对疑惑不解的东西不妄加评论。阙殆，不做危险的事。阙疑阙殆，乃谦虚谨慎的治学态度。

答陈同甫[1]

夏中朱同人归，辱书[2]，始知前事曲折，深以愧叹。寻亦尝别附问，不谓尚未达也。兹承不远千里，专人枉书，尤荷厚意。且审还舍以来，尊候万福，足以为慰。而细询来使，又详归路戒心之由，重增叹骇也。事远日忘，计今处之帖然矣。

熹衰病杜门，忽此生朝，孤露之余，方深哽怆，乃蒙不忘，远寄新词，副以香果佳品。至于裘材，又出机杼，此意何可忘也！但两词豪宕清婉，各极其趣，而投之空山樵牧之社，被之衰退老朽之人，似太不着题耳。

示谕缕缕，殊激懦衷，以老兄之高明俊杰，世间荣悴得失，本无足为动心者。而细读来书，似未免有不平之气。区区窃独妄意，此殆平日才太高、气太锐、论太险、迹太露之过。是以困于所长，忽于所短，虽复更历变故，颠沛至此，而犹未知所以反求之端也。尝谓“天理”、“人欲”二字，不必求之于古今王伯之迹，但反之于吾心义利邪正之间。察之愈密，则其见之愈明；持之愈严，则其发之愈勇。孟子所谓“浩然之气”者，盖敛然于规矩准绳不敢走作之中，而其自任以天下之重者，虽贲育[3]，莫能夺也。是岂才能血气之所为哉？

老兄视汉高帝、唐太宗之所为，而察其心，果出于义耶，出于利耶？出于邪耶、正耶？若高帝，则私意分数犹未甚炽，然已不可谓之无。太宗之心，则吾恐其无一念之不出于人欲也。直以其能假仁借义以行其私，而当时与之争者，才能知术既出其下，又不知有仁义之可借。是以彼善于此，而得以成其功耳。若以其能建立国家，传世久远，便谓其得天理之正。此正是以成败论是非，但取其获禽之多，而不羞其诡遇之不出于正也。千五百年之间，正坐如此，所以只是架漏牵补[4]，过了时日。其间虽或不无小康，而尧、舜、三王、周公、孔子所传之道，未尝一日得行于天地之间也。

若论道之常存，却又初非人所能预。只是此个自是亘古亘今常在不灭之物，虽千五百年被人作坏，终殄灭他不得耳。汉、唐所谓贤君，何尝有一分气力扶助得他耶？至于儒者成人之论，专以儒者之学为出于子夏，此恐未可悬断。而子路之问成人，夫子亦就其所及而告之。故曰"亦可以为成人"，则非成人之至矣。为子路，为子夏，此固在学者各取其性之所近。然臧武仲、卞庄子、冉求[5]中间插一个孟公绰[6]，齐手并足，又要文之以礼乐，亦不是管仲、萧何以下规模也。

向见《祭伯恭文》，亦疑二公何故相与聚头作如此议论。近见叔昌[7]、子约书中说话，乃知前此此话已说成了。亦尝因答二公书，力辨其说。然渠来说得不索性，故鄙论之发，亦不能如此书之尽耳。老兄人物奇伟英特，恐不但今日所未见。向来得失短长，正自不须更挂齿牙，向人分说。但鄙意更欲贤者百尺竿头进取一步，将来不作三代以下人物，省得气力为汉、唐分疏，即更脱洒磊落耳。李、孔、霍、张，则吾岂敢？然夷吾、景略之事，亦不敢为同甫愿之也。

大字甚荷不鄙，但寻常不欲为寺观写文字，不欲破例。此亦拘儒常态，想又发一笑也。寄来纸却为写张公集句坐［座］右铭去，或恐万一有助于积累涵养、粹［睟］面盎背[8]之功耳。

闻曾到会稽，曾游山否？越中山水气象终是浅促，意思不能深远也。武夷亦不至甚好，但近处无山，随分占取做自家境界。春间至彼，山高水深，红绿相映，亦自不恶。但年来窘束殊甚，诗成屋未就，亦无人力可往来，每以为念耳。

[1] 元刻本无此篇，后之增订者补之。据陈来考证，此篇作于淳熙十一年(1184年)。考其文辞，则与同安人、事无关，或为滥收。陈同甫，亦作陈同父，即陈亮，字同甫，里居、阅历见卷二《答陈同父书》注。

[2] 辱，谦辞，表示承蒙。辱书，承蒙来信。

[3] 贲育，战国时勇士孟贲和夏育的并称。

[4] 架漏，指房屋漏雨架上东西遮挡。牵补，即牵萝补屋，指拿藤萝补房屋的漏洞。架漏牵补，乃“架漏过时，牵补度日”一语的缩略。本形容生活困难，挪东补西，或勉强应付，后多比喻将就、凑合。

[5] 臧武仲，姬姓，臧氏，名纥，谥武，春秋时期鲁国政治人物。聪慧多智，德才兼备，辅佐鲁成公、鲁襄公。卞庄子，春秋时期鲁国著名的勇士。冉求，字子有，通称“冉有”，尊称“冉子”，春秋时期鲁国人，孔门七十二贤之一，受儒教祭祀。多才多艺，以政事见称。

[6] 孟公绰，春秋时期鲁国大夫，廉静寡欲，但短于才智。《史记》称其为孔子所敬重者。子路曾问如何做一个完美的人，孔子说：“如果具有臧武仲的智慧，孟公绰的克制，卞庄子的勇敢，冉求那样多才多艺，再用礼乐加以修饰，也就可以算是一个完人了。”

[7] 叔昌，即潘景愈，字叔昌，叔度之弟。吕东莱之门人，尝为太学解魁。

[8] 睟，面色润泽；盎，广泛流行，引申为显现。睟面盎背，成语，意思是德性表现于外，而有温润之貌，敦厚之态。指有德者的仪态。

答陈同甫[1]

人至忽奉诲示，获闻即日春和，尊候万福，感慰并集。

且闻葺治园亭，规模甚盛，甚恨不得往同其乐而听高论之余也。“楼台侧畔杨花过，帘幕中间燕子飞”，只是富贵者事，做沂水舞雩意思不得，亦不是躬耕陇亩、抱膝长啸底气象。却是自家此念未断，便要主张将来做一般看了。窃恐此正是病根，与平日议论同一关捩也。

二公诗皆甚高，而正则[2]摹写尤工，卒章致意尤笃，令人叹息。所惜不曾向顶门上下一针[3]，犹落第二义也。君举得郡可喜，不知阙在何时？正则闻甚长进，比得其书甚久，不曾答得。前日有使，已写下，而复遗之。今以附纳，幸为致之。观其议论，亦多与鄙意不同。此事尽当商量，但卒乍[4]未能得相聚，便得相聚，亦恐未便信得及耳。坐［座］右铭固知在所鄙弃，然区区写去之意，却不可委之他人，千万亟为取以见还为幸，自欲投之水火也。他所诲谕，其说甚长。偶病眼，数日未愈，而来使留此颇久，告归甚亟，不免口授小儿，别纸奉报。不审高明以为如何？

［1］元刻本无此篇，后之增订者补之。据陈来考证，此篇作于淳熙十二年（1185年）。考其文辞，则与同安人、事无关，或为滥收。

［2］正则，即叶适（1150—1223），字正则，号水心居士，温州永嘉（今浙江温州）人，宋淳熙五年（1178年）榜眼。历官吏部侍郎，兼直学士院，累迁至江淮制置使。为永嘉学派集大成者，主张功利之学，与当时朱熹的理学、陆九渊的心学并列为“南宋三大学派”。与陈亮交友，曾相聚论学。

［3］顶门上下一针，即顶门一针，针灸时自脑门所下的一针。比喻切中要害而能使人觉醒的言语举动。

［4］卒乍，仓促、突然。

答许平仲[1]

仁人之心，未尝忘天下之忧，固如此也。漳、泉、汀三州经界[2]未行，许公条究甚悉，监司、郡守未有举行者。

［1］此篇元刻本入于卷七“杂说”，题作《答许平仲衍》。据上海古籍出版社出版珠顾宏义《朱熹师友门人往还书札汇编》考证，该篇作于绍兴二十

四年（1154 年）。许平仲，即许衎，字平仲（《同安县志》作“平子”），福建同安人。宋乾道八年（1172 年）进士。尝进《本论》二十篇，言四民利害及上供银揽记之弊。于漳、泉、汀三州经界甚悉。通判建宁府，未赴，卒。

[2] 经界，指土地、疆域的划分。推行经界，确定田亩，目的在于整顿赋税，增加朝廷财政收入。宋绍兴十二年（1142 年），朝廷全国范围内推行经界。独福建以山贼未平息为由，取消推行。朱熹刚到同安，发现三州未曾推行，州县坐失常赋，不顾此前禁令，自行清查版籍田税。然遭上下既得利益者的反对，只得中途作罢。

上钟侍郎经总制钱书[1]

此据文集，视“旧集”尤详[2]。

二月一日，具位朱某谨东向再拜，致书侍郎右司执事。

某昨得见执事于省户下，忽忽五年矣。中间执事来使闽部，某是时方退伏田里，有俯仰出入之故，虽不得瞻望履舄[3]之余光，亦尝以章少卿丈所致书，辄为数字之记以通于左右。是后乃不复敢有所关白[4]，不自知其果能达视听否也？比来（一作年）同安，跧伏簿书尘土中，乃闻执事复为天子出使巴蜀万里之外，弛去逋负缗钱[5]之在官者，以数百巨万计。弭节[6]来还，天子嘉之，下所议奏于四方，擢执事置尚书省为郎，以计六曹二十四司之治，可谓宠且荣矣。又以执事通于军民两足之义，俾执事摄贰于版曹，务以均节财用，便安元元[7]为职。除目［日］流闻四方，幽隐[8]无不悦喜，以为执事必能以所尝施于蜀者，惠绥此民，宽其财力之所不足[9]，以助天子仁厚清静之政也。今执事之莅事数月矣，四方之听未有所闻也。某不佞，窃有所怀，敢以请于下执事。

盖某闻之，天子悯怜斯民之贫困，未得其职，故数下宽大诏书，弛民市征口算与逃赋役者之布，又诏税民毋会其踦赢以就成数，又诏遣执事使蜀，弛其逋负，如前所陈者。某愚窃以为此皆民所当输，官所当得。制之有义，而取之有名者，而犹一切蠲除，不复顾计，又出御府金钱以偿有司，是天子爱民之深，而不以利为利也明矣。而况于民所不当输，官所不当得[10]，制之无艺而取之无名，若所谓亏少（一作欠）经总制钱者乎？某以谓有能开口一言于上，以天子之爱民如此，所宜朝奏而暮行也。而公卿以下共事媕阿[11]，莫肯自竭尽以助聪明，广恩惠。前日之为户部者，又为之变符檄[12]、急邮传，切责提刑司。提刑司下之州，州取办于县，转（一作传）以相承，急于星火。奉行之官，如通判事者，利于赏典，意外督趣[13]，无所不至。此钱既非经赋常入，为民所逋负，官吏所侵盗，而以一岁偶多之数制为定额，责使偿之。（又如合零就整，全是经总制钱。今年二税放免，今年亏欠必多，亦不可不知也。）[14]自户部四折而至于县，如转圜于千仞之坂，至其址而其势穷矣。县将何取之？不过巧为科目，以取之于民耳。而议者必且以为朝廷督责官吏补发，非可（一作有）与于民也。此又与盗铃掩耳之见无异。盖其心非有所蔽而不知，特藉此为说，以诖误朝听耳。计今天下州县，以此为号而率取其民者，无虑什之七八。幸其犹[15]有未至于此者，则州日月使人持符来逮吏，系治挞击，以必得为效。县吏不胜其苦，日夜相与撼其长官以科率[16]事，不幸行之，则官得其一，吏已得其二三，并缘为奸，何所不有！

是则议者所谓督责官吏者，乃所以深为之地，而重困天子所甚爱之民也。夫（一作未）吏依公以侵民，又阳自解曰："此朝廷所欲得，非我曹过也。"夫愚民安知其所以然者何哉？亦相聚而怨曰："朝廷不恤我等耳。"呜呼！此岂民之所当输，官之所当得者耶？其制之无艺，取之无名甚矣。夫以天子之爱民如此，彼所当输当得，有艺而有名者，犹一切出捐而无所吝，况如此者？惟其未之知耳，一有言焉，其无不听且从矣。而独爱其言者，何哉？是执政任事之臣负天子也。

执事诚能深察而亟言之，使所谓亏欠经总制钱者一日而罢去，则州县之吏无以藉其口，而科率之议寝矣。然后坚明约束，痛加惩治，敢以科率疲民者，使民得自言尚书省、御史台，则昔之尝为是者，其罪亦无所容矣。于以上广仁厚清静之风，下副四方幽隐之望，无使西南徼外巴、賨、邛、筰[17]之民夷独受赐也，岂不休哉！岂不休哉！[18]

某疏远之迹，于执事有先君子之好，而亦尝得一再见，辱教诲焉。今也执事适在此位，为可言者，诚不自知其愚且贱，思有以补盛德之万分，故敢献书以闻，惟执事之留意焉。方春向温，伏惟益厚爱以俟真拜。不宣，某再拜。

[1] 此篇元刻本入于卷八之“书简”，题作《上钟侍郎书》。据陈来考证，此篇作于绍兴二十五年（1155 年），时朱熹任同安主簿。钟侍郎，即钟世明，字士显，福建将乐人。宋建炎二年（1128 年）进士，历官户部员外郎、两浙转运使等，绍兴二十五年任尚书右司员外郎兼权户部侍郎，官至兵部侍郎。经总制钱，宋代杂税经制钱和总制钱的合称，为宋代的附加杂税。经制钱，始于北宋宣和四年（1122 年），系经制江淮荆浙福建七路诸司财计（简称经制使）陈遘所创，故名。包括权添酒钱、量添卖糟钱、人户典卖田宅增添牙税钱等。总制钱，为绍兴五年（1135 年）孟庾提领措置财用所创。其名目更为细微。由于经总制钱岁无常入而有常额，额一不登，必然巧立名目横敛，使民间受害。

[2] 文集，当指《晦庵先生朱文公文集》。“旧集”，即宋陈利用嘉定至咸淳年间编刻的《大同集》。清刻本此篇用屡经修订的《文集》之文，替换元刻本的陈利用“旧集”之文，有湮没朱熹早年思想痕迹之遗憾。

[3] 履，指鞋子。舄，指双底又加木底的鞋子，为最尊贵的鞋，多为帝王大臣穿。履舄，延伸为“足下”，常用于写信敬称对方。

[4] 关白，陈述、禀告。

[5] 逋负，拖欠赋税。缗钱，指以千文结扎成串的铜钱，汉代作为计算税课的单位。后泛指税金。

[6] 弥节，少顷，一会儿。

[7] 元元，平民、老百姓。

［8］幽隐，指隐居未仕的人。

［9］“幽隐无不悦喜……宽其财力之所不足”句，元刻本无此句。

［10］“制之有义……官所不当得”小段，元刻本无此小段。

［11］媕阿，依违阿曲，无主见。

［12］符檄，官符移檄等文书的统称。

［13］督趣，督责催促。

［14］“又如合零就整……亦不可不知也”句，元刻本此句作为正文。

［15］“计今天下州县……幸其犹”句，元刻本无此句。

［16］科率，官府于民间定额征购物资。

［17］巴，指巴人，在商周时期一直活跃于今四川重庆等地区的土著人。賨，指賨人，春秋时期的土著人，又称寅人、板楯蛮，主要分布于嘉陵江畔。今土家族的“主源”。邛，指邛人；筰，指筰人。都是先秦时期西南地区的土著人。

［18］“岂不休哉”，元刻本无重句。

答陈宰元雩[1]

某顿首上复经宿，伏惟尊候起居万福。

昨夕坐间，蒙出示广文[2]公书，似未见察者，聊陈其一二。李君兄弟之贤，闻于闽中。某少时见诸老先生道语其故，心甚慕之。及来此，道过三山，乃识其兄迂仲[3]，即之粹然而温，无矜争之色。时未识李君，以谓犹其兄也。至官未久，闻其分教是邦，心甚喜，以为所领县学事有相关者，当大得其力助。故事有可不可，未尝不因书文以喻意指，而不意其怒至此也。某所辨七事如左［下］：

李君书以某为有少年鋭气。某尝谓论事者，当以事理之长短曲直，而不当以其年之先后。若直以年长者为胜，则是生后于人者，理虽直而终不可以自伸也。

又谓某奚不于监司、郡守前论列，此李君之所能而某诚不敢也。所以然者，直不欲以监司、郡守之势胁持上下耳。此李君之所能，而某诚不敢也。

李君又自谓本无欲胜人之心，止是推车欲前耳。异哉！李君之欲前其车也，独不思夫郡、县之学本一车耶？譬则郡其轸盖，而县其衡轭也。后其衡轭，而独以盖轸者驱驰之，曰吾欲前此耳，此某所不晓也。

又谓四分钱乃郡、县学通得用，某既留其二，而归其二于郡学矣，尚何言使县不得用其二分，是犹州不得用其二分也。

假粮于道，是乃前所谓自备钱粮者，奚独县学则可，而郡学则不可乎？推此言之，前李君所自谓无胜人之心者，某不信也。

又谓郡学，泉州学也；县学，同安学也。各尽力于其中耳。此又不然。某前疏所陈云云者，非以自高，乃所以极论究心一二，而求见哀于李君耳。岂有一州之教官，上为丞相所自择用，下与大府部刺史分庭抗礼，而某铨曹所拟一县小吏，而敢有胜之之心乎？今李君所云，无乃与某之私指谬也。

又谓某不能有所养，而于此未能自克，此则中其病。但某所争，乃公家事，无毫发私意于其间。此固官长之所深知，而其所戒，某敢不思也！

某已谢学事，但此邑官钱终不可失。盖此乃同安一县久远利害，非吾人所得用以徇一旦之私。伏惟持之不变，以幸此县之人，而以某所陈者晓李君无深怒也。李君书与某前所为札子并封纳呈，他尚容面究。不宣。

某顿首上覆知县、学士长官陈文[4]

[1] 此篇元刻本入于卷八之“书简”，题作《答陈宰元雩》。据陈来考证，此篇约作于绍兴二十五年（1155年），时朱熹任同安主簿。陈宰元雩，即陈宋霖，字元雩，一字元滂，福建长乐岱边人。宋绍兴五年（1135年）进士，绍兴二十一年（1151年）任同安知县，与朱熹共事，多有商磋。为政廉平，后升秘监。

[2] 广文，即儒学教官。此处指时任泉州州学教授李棡。

[3] 迂仲，即李樗，字迂仲，自号迂斋，福建侯官（今福州）人。曾与其兄李楠（字和伯）从道学家吕本中学，于闽中俱有盛名。文中所称李君，为其弟李棡，朱熹主簿同安时，其主泉州学事。朱熹因使用赡学钱之事，与其意见相左，特致书李棡及陈宋霖抗论。参见卷七《上李教授札》。

[4] 此句据元刻本补入。

答吕侁[1]

惠书谕以所守审如是，足下之所存诚远且大，非某所能及也。顾不能不以贫自累，而求有以得于人，何足下之忍其大而不忍其细？又非某之所能知也。抑某之官于此，禄不足以仁其家，而何以副足下之意？敢以所闻为谢，冀足下之坚其守也。贫者，士之常，惟无易其操，则甚善。

[1] 此篇元刻本入于卷八之“书简”。据陈来考证，此篇约作于绍兴二十五年(1155年)，时朱熹任同安主簿。吕侁，福建同安人，阅历不详。于朱熹任同安主簿时投其门下，《儒林学派》卷十称其为朱熹门人。

答杨宋卿[1]

前辱示手启一通及所为诗一编，吟讽累日，不能去手。足下之赐甚厚。吏事匆匆，报谢不时，足下勿过。某闻诗者志之所之，在心为志，发言为诗。然则诗者，岂复有工拙哉？亦视其志之所向者高下如何耳。是以古之君子隐居以求其志，必极于高明纯一之地，其于诗固不学而能之。至于格律之粗精，用韵、属对、比事、遣辞之善否。今以魏晋以前诸贤之作考之，盖未有用意于其间者，而况于古诗之流乎？近世作者乃始留情于此，故诗有工拙之论，而葩藻之辞[2]胜，言志之功隐矣。某不能诗，而闻其说如此，无以报足下意，姑道一二。盛编谨再拜封纳，并以此为谢。

［1］此篇元刻本入于卷八之“书简”。据陈来考证，此篇约作于绍兴二十五年（1155年）时朱熹任同安主簿。杨宋卿，福建同安人，阅历不详。于朱熹任同安主簿时投其门下，《儒林学派》卷十称其为朱熹门人。

［2］辞，元刻本作“词”。

补遗

答戴迈[1]

熹来此，得足下于众人之中，望其容色，接其议论，而知足下之所存若有所蓄积。而未得其所以发之者，心独期足下可共进于此道。及以《论语》之说授诸生，诸生方愕眙[2]不知所向，而足下独以为可信也，手抄口诵，而心惟之。熹谓足下将得其所以发之者矣，甚慰所望！

今辱书及以所抄四大编示之，而责其浅陋之辞托名经端，则非熹之任，而足下之过也。夫执经南面，而以其说与门人弟子相授受，此其非熹之任明矣。熹无所复道，独敢窃议足下之所以过，愿宽其僭易而幸听之。

夫学，期以自得之而已，人知之、不知之，无所与于我也。今足下自谓其已自得之耶，则宜无汲汲于此，而熹之言亦何为足下重？不然，虽熹妄言之，于足下何有？足下之为甚过。足下勉自求之，期有以自得之而后已，熹虽荒落矣，尚能与足下上下其说而讲评之。四编且以归书室，而具其所以然者报足下，幸察。

［1］此篇元刻本与清刻本均未收入。据陈来考证，此篇约作于绍兴二十五年（1155年），时朱熹任同安主簿，故据《晦庵集》卷三十九补入。戴迈，福建同安人，阅历不详。于朱熹任同安主簿时投其门下，《儒林学派》卷

十称其为朱熹门人。

[2] 愕眙，惊视。

答林峦[1]（一）

辱示书及所为文三篇，若以是质于熹者。熹少不喜辞，长复懒废，亡以副足下意。然尝闻之，学之道非汲汲乎辞也，必其心有以自得之。则其见乎辞者，非得已也。是以古之立言者，其辞粹然，不期以异于世俗，而后之读之者，知其卓然非世俗之士也。今足下之词富矣，其主意立说高矣，然类多采摭先儒数家之说以就之耳。足下之所以自得者，何如哉？夫子所谓德之弃者，盖伤此也。足下改之，甚善。示谕推所闻以讲学闾里间，亦甚善。《记》曰："教然后知困。"[2]知困则知所以自强矣。熹所望于足下者在此，足下勉旃。

[1] 此篇元刻本与清刻本均未收入。据陈来考证，此篇约作于绍兴二十五年（1155年），时朱熹任同安主簿，故据《晦庵集》卷三十九补入。林峦，福建晋江人，阅历不详。于朱熹任同安主簿时投其门下，《儒林学派》卷十称其为朱熹门人。

[2]《记》，即《礼记·学记》，全句为"学然后知不足，教然后知困"，意思是：经过学习才知道自己知识的不足，经过教授才知道自己知识的困惑。

答林峦[1]（二）

"率性之谓道，修道之谓教"。

伊川先生说："率性之谓道。"通人物而言，更以其说思之。"修道之谓教"，二先生及侯氏说却如此，然恐不如吕、游、杨说。尤溪集解[2]想已见之。

"喜怒哀乐之未发，谓之中"。

伊川先生云："涵养于未发之时则可，求中于未发之前则不可。"宜更思之，检此段熟看。

"'民鲜能久矣'与'甚矣，吾衰也久矣'之'久'同"。

"久矣"之意得之。

"夫妇之愚"。

伊川先生论之已详。大抵自夫妇之所能知能行，直至圣人天地所不能尽，皆是说"费"处。而所谓隐者，不离于此也。

"道不远人"。

此段文义未通，又多用佛语，尤觉走作。且更熟玩其文义为佳。

"正己而不求人，则无怨"。

凡读书，且虚心看此一段文义，令语意分明，趣味浃洽乃佳。切不可妄引他处言语来相杂，非惟不相似，且是乱了此中正意血脉也。

[1] 此篇元刻本与清刻本均未收入。据陈来考证，此篇约作于乾道九年(1173年)。因其涉及同安人事，故据《晦庵集》卷三十九补入。

[2] 尤溪集解，当指石墪的《周易集解》、《大学集解》、《中庸集解》。石墪(1128—1182)，字子重，台州临海人。绍兴十五年(1145年)进士，三年后授郴州桂阳主簿。绍兴二十三年(1153年)，任同安县丞，与朱熹同官，成为好友，常相互切磋学问。乾道初，调任尤溪知县。乾道七年(1171年)，朱熹回尤溪省亲，与石墪相见。此后两人仍通过书函保持联系。淳熙九年(1182年)六月，石墪病故，朱熹为石墪作墓志铭。石墪著有《周易集解》、《大学集解》、《中庸集解》数十卷，《文集》十卷。今仅存《中庸辑略》二卷，收入《四库全书》。《中庸辑略》是朱熹从石墪的《中庸集解》中删定出来的。

卷之四　书

答许顺之十条

校注者按：此十条，除第三条外，其余皆为《大同集》元刻本所无，当为林希元因“朱子簿同时及门人许顺之辈答问甚多，旧集所收仅十之五六”之故，自《晦庵集》等朱熹文集中辑录。可参见《晦庵集》卷三十九。清刻本原文各条皆无标题，用“又”字标识。为便于注释及读者引用时识别，编者为各条添加序号。许顺之，即许升，字顺之，福建同安人，朱熹门人。朱熹主簿同安时即从朱熹学。

〈一〉[1]

示谕记中语病，的当改云“知用其力，而不知所以用力之方，则未有不反为之累”，如何？大抵见道未明，揣摩求合，自然有漏绽处。得公如此琢磨，为益大矣。后便见报，幸甚。两书皆有来意，其［甚］慰所望。当在何时耶？

近读何书？工夫次第如何？某《论语》说方了第十三篇，小小疑悟时有之，但终未见道体亲切处。如仁者浑然与物同体之类，皆未有实见处，反思茫然，为将奈何？熹比因堂札[2]促行，再入文字，乞候终秩。万一诸公不欲如此，得一教官之属南去，即相见之期近矣。但分别之事岂可预料耶？山间无他事，岁丰米贱，农家极费力。然细民饱食，遂无他志，亦一幸也。

[1] 据三联书店出版的陈来《朱子书信编年考证》（以下简略为“陈来考证”），此条作答于绍兴二十九年（1159年）。

[2] 堂札，即堂帖，泛称下行公文。

〈二〉[1]

某衰老，幸向安。然气体虚弱，非复昔时，心力亦未复，都不敢思虑，旧业荒废，无所发明。反而求之，似于存养用力处未有地位，甚以自惧耳。如吾友于此却已有余，第未能达于词命之间，恐其间亦有未彻底处，却宜于事物名数上着少工夫。盖既无精粗本末之异，即此亦不可忽也。

丧礼留意甚佳，但其度数亦不易晓。若哀敬之实，则吾友素知之矣，当益有余味也。近得横渠[2]语录有云：“曲礼乃天地五藏，魂魄心府寓于其事。”试思此语，亦足以发耳。记文如所改，甚善，但所辨未能尽晓。某意欲云“心之为体亦微矣，彼不知用力于此者，固徇于物欲而不自知”，余即悉如来示。盖“不能用其力”之语，亦似有病了。真如众盲摸象，达者见之，可付一笑。

[1] 据陈来考证，此条作答于绍兴二十九年（1159年）。

[2] 横渠，即张载，世称横渠先生，里居、阅历见卷二《答汪尚书论家庙》注。

〈三〉[1]

此二条，旧集有兼答子重。

鲜只是少，圣贤之言，大概宽裕，不似今人蹙迫，便说杀了此章。且看伊川[2]说，深有意味。

《檀弓》[3]篇云：“殷既练而祔，周卒哭而祔。孔子善殷。”[4]据孔子以殷礼为善，则当从殷礼练而祔无疑矣。然则今难遽［据］[5]从者，盖今丧礼皆周礼也。葬而虞[6]，虞而卒哭，卒哭而祔，是一项事，首尾相贯。若改从殷礼，俟练而祔，即周人之虞，亦不可行。欲求殷礼而证之，又不可得。是以虽有孔子之言，而不敢改也。（温公只依《周礼》，唐《开元礼》[7]及近世亦有改者，然终不安。）礼文极是密察，不可儱侗[8]。故圣人致详于此，毫发不差。盖未详未尽，则于己之心且不能安，民之不从尚未论也。疑夫子于二代之礼，必有类此者，阙其一二，则无所证矣。

前书因见读《礼》，故劝以致详微细，因有“损所有余，勉所不足”之言。来书乃谓：“本末、精粗本无二致，何用如此分别?”此又误矣。若每每如此，则更无用功处，更无开口处矣。子夏对子游之语，以为“譬之草木，区以别矣”，何尝如此儱侗来？惟密察于区别之中，见其本无二致者，然后上达之事可在其中矣。如吾子之说，是先向上达处坐却，圣人之意正不如是。虽至于尧、舜、孔子之圣，其自处常只在下学处也。上达处不可着工夫，更无依泊处。日用动静语默，无非下学，圣人岂曾离此来？今动不动便先说个本末、精粗无二致，正是鹘仑吞枣。向来李丈说铁笼罩却之病，恐未免也。

[1] 此条元刻本入于卷七“杂说”，列为《答子重顺之问诸说》之一、二段，而《晦庵集》只收入第二条，即“《檀弓》篇云……恐未免也”两段。据陈来考证，此两段作答于绍兴二十九年（1159年）。

[2] 伊川，即程颐，里居、阅历见卷二《与张敬夫（四月一日）》注。

[3]《檀弓》，《礼记》中的一篇。

[4] 练，即练祭，为古代亲丧一周年的祭礼。祔，送死者的神主入祖庙，与其先祖共享祭祀。卒哭，古代丧礼，百日祭后，止无时之哭，变为朝夕一哭，名为卒哭。此句意思是：殷人在周年练祭以后才送神主入祖庙，周人则在卒哭以后就入祖庙，孔子认为殷人的做法较好。

[5] 据，依元刻本改。

[6] 虞，即虞祭，是既葬之后的祭祀。

[7]《开元礼》，史称《大唐开元礼》，取法唐贞观和显庆两代礼仪，并对汉魏

以来的礼制做较系统的总结，与以往的礼典相比较，具有内容广博而全面的特点，使唐朝礼制臻于完备。

[8] 儱侗，浑然无分别，模糊而不具体。

〈四〉[1]

承在县庠为诸生讲说，甚善，甚善。但所寄诸说，求之皆似太过。若一向如此，恐骎骎然遂失正途，入于异端之说，为害亦不细。差之毫厘，谬以千里，况此非特毫厘之差乎！

三复来示，为之怅然，已辄用愚见附注于下。然其曲折，非笔端可尽，恐当且以二先生及范、尹二公之说为标准，反复玩味，只于平易悫实之处，认取至当之理。凡前日所从事，一副当高奇新妙之说，并且倚阁，久之见实理，自然都使不着矣。盖为从前相聚时，某亦自有此病，所以相渐染成此习尚。今日乃成相误，惟以自咎尔。如子韶[2]之说，直截不是正理，说得尽高尽妙处，病痛愈深。此可以为戒而不可学也。何由面话，究此精微？临风郁结，无有穷已。

国材、元聘[3]为况如何？昨寄得疑难来，又是一般说话。大抵齐仲[4]、顺之失之太幽深，（顺之尤甚）而三公失之太执着，（执着者有时而通，幽深者荡而不反矣。）中间一条平坦官路却没人行着，只管上山下水，是甚意思？因书可录此意及二序送之，为致不及思之意。范伯崇[5]学大进，刘德明者亦稍识理趣，皆可喜耳。伯崇杂说一纸附去，可见其持守不差，见理渐明之大概矣。然其有少未尽，更求之，却以见喻。

伯崇去年春间得书，问《论语》数段，其说甚高妙，因以呈李先生。李先生以为不然，令其悫实做工夫，后来便别。此亦是一格也。然其当时高妙之说，亦只是依诸先生说而推言之过当处耳，非如顺之所示，硬将文义拗横说却也。切宜速改，至祝，至祝。大抵文义先儒尽之，盖古今人情不相远，文字言语只是如此。但有所自得之人，看得这意味不同耳，其说非能顿异于众也。不可只管立说求奇，恐失正理，却与流俗诡异之学无以异也。只据他文理，反复玩味，久之自明。且是胸中开泰，无许多劳攘，此一事已快活了。试依此加工，如何？

[1] 据陈来考证，此条作答于隆兴元年（1163年）。

[2] 子韶，即张九成，字子韶，里居、阅历见卷三《答吕伯恭》注。

[3] 国材，即柯翰，字国材，里居、阅历见卷首《增订本林序》注。元聘，即徐元聘，号芸斋，福建同安人，朱熹簿同时与之交游，于书信中常与柯翰相提并论，称为“二丈”。其名讳不详，或即县进士徐应中。

[4] 齐仲，即陈齐仲，福建同安人。朱熹门人，于同安从学于朱熹。资性高明，于理道多解析。

[5] 范伯崇，即范念，字伯崇，建宁府福建阳（今福建建安）人。娶刘勉之次女，为朱熹之姻弟，从学于朱熹。曾历官龙泉县主簿、尤溪县丞、长洲县令、宜黄县令等。

〈五〉[1]

读书大抵只就事上理会，看他语意如何，不必过为深昧之说，却失圣贤本意，自家用心亦不得其正，陷于支离怪僻之域，所害不细矣。切宜戒之，只就平易悫实处理会也。“必有事焉”之书不曾接得，不知如何？上蔡[2]云：“出入起居，无非事者。正以待之，则先事而迎。忘则涉乎去念，助长则近于留情。圣人之心如镜，所以异于众人也。”观此所谓“事”者，只是“事事”之“事”，遇此一事，则事此一事，本体昭然，此便见所谓“操则存，舍则亡”也。见此理极平易，只在目前，人自贪慕高远，所以求之过当而自失之也。近再看《论语》尹先生说，句句有意味。可更玩之，不可以为常谈而忽之也。伊川先生云：“立言当含畜意思，不可使知德者厌，无德者惑。”此言深有味，更思之如何？

[1] 据陈来考证，此条作答于隆兴元年（1163 年）。

[2] 上蔡，指谢良佐（1050—1103），字显道，蔡州上蔡（今河南）人，世称“上蔡先生”生，或谢上蔡。师从程颢、程颐，与游酢、吕大临、杨时号称程门四先生。北宋著名理学家，创立了上蔡学派，在程朱理学的发展史上起到桥梁作用。著有《论语说》，其核心思想由门人曾恬、胡安国辑录为《上蔡先生语录》，经朱熹编辑为《上蔡语录》三卷。

〈六〉[1]

山间有一二学者相从，但其间绝难得好资质者。近得一人，似可喜，亦甚醇厚，将来亦可望也。斋舍迫狭，已迁在圭甫屋后佛顶庵中相聚矣。向闻与齐仲在净隐，不知得多少时？看何文字？如何作工夫？今岁复相聚否？所有发明、条示数端，得反复焉，亦胜空书往来耳。

所示《孟子》说，备见用意之精。然愚意窃谓如此反似求索太过，援引太杂，使圣贤立言之本意汩没不明。已逐段妄以己意，略论其一二梗概矣。可以类推，其余不能一一备论也。语录中有一节正论此，今亦录去，可详味之，便见病痛处亦非小疾，不可执吝以为无伤而不之改也。齐仲、元聘书中各有定辨论，大抵亦止是理会近时学者过高之失，可并取观也。

[1] 据陈来考证，此条作答于乾道二年（1166 年）。

〈七〉[1]

石丈[2]惠书，以“夫子”见谓。详此二字，古人用之本非尊称，如伐颛臾之季氏、毁仲尼之叔孙，皆得以称，盖犹曰“夫夫”、“之人”之比耳。然以孔门弟子称仲尼以此，故后之人往往避其号。盖不惟不敢使人以是加诸己，亦不敢以是加诸人也。某初通书，不欲纷纭及此，幸为一言，继此惠音削去二字，乃所愿望。不然，不敢拜而受也。幸为深陈之，至恳，至恳。且既以道相知，凡百礼文之过其宜者，恐亦有可刊落者。得并及之，幸甚，幸甚！

[1] 据陈来考证，此条作答于乾道二年（1166年）。时许升与石墪都在同安。石墪与朱熹通书，称其为“夫子”，朱熹不敢受，借与许升之书而谢之。

[2] 石丈，即石墪，字子重，里居、阅历见卷三《答林峦〈二〉》注。

〈八〉[1]

此间穷陋，夏秋间伯崇来，相聚得数十日，讲论稍有所契。自其去，此间几绝讲矣。幸秋来老人粗健，心间无事，得一意体验，比之旧日渐觉明快，方有下工夫处。目前真是一盲引众盲耳，其在石丈书中，更不缕缕。试取观之为何如，却一语也。更有一绝云：“半亩方塘一鉴开，天光云影共徘徊。问渠那得清如许？为有源头活水来。”[2]试举似石丈，如何？湖南之行，劝止者多，然其说不一。独吾友之言为当，然亦有未尽处。后来刘帅遣到人时已热，遂辍行。要之，亦是不索性也。

[1] 据陈来考证，此条作答于乾道二年（1166年）。

[2] 此即朱熹著名的诗，乾道二年（1166年）作于崇安。

〈九〉[1]

书中所谕，皆的当之论，所恨无余味耳。更向平易着实处子细玩索，须于无味中得味，乃知有余味之味耳。“之所譬焉”，如石丈所说反求诸身，亦是要切。但经文指意，恐不必如此。修身等事，前章已说了，此章正是理会修身齐家中间事。若不如此，则爱憎予夺皆不得其所矣。“譬”字只是度量拟议之意，义以方外之事，然义初不在外也。如何？如何？

《敬斋记》[2]所论极切当，近方表里看得无疑。此理要人识得，识得即虽百千万亿不为多，无声无臭不为少。若如所疑，即三纲五常都无顿处，九经三史皆为剩语矣。此正是顺之从来一个窠臼，何故至今出脱不得？岂自以为是之过耶？闻有“敬字不活”之论，莫是顺之敬得来不活否？却不干“敬”字事，惟敬故活，不敬便不活矣。此事所差毫厘，便有千里之谬，非书札所能尽。切仔细思，会当有契尔。先觉之论只着得“诚”字、“感”字，亦是赘语。只如文字不敢与柯丈见，便是逆诈亿不信了。吾人心中岂有许多事耶？夜气之说，近得来答，始觉前说之有病也。

[1] 据陈来考证，此条作答于乾道三年（1167 年）。

[2] 《敬斋记》，陆九渊撰，载于《陆九渊集》卷十九中。该文是为其朋友、贵溪县令吴博古新建书斋而作的“记”。文中以其“心学”解朋友的“敬意”，较为集中地阐述其心学思想。

〈十〉[1]

今岁却得择之[2]在此，大有所益，始知前后多是悠悠度日，自兹策励，不敢不虔。但道力衰薄，未知能终不退转否耳？《大学》之说，近日多所更定。旧说极陋处不少，大抵本领不是，只管妄作，自误误人，深为可惧耳。向所论“敬字不活”者如何？近日又见此字紧切处，从前亦只是且如此说。择之必相报矣。

[1] 据陈来考证，此条作答于乾道三年（1167 年）。

[2] 择之，即林用中，字择之，一字敬仲，号东屏，又号草堂，学者称草堂先生，福州古田（今福建古田）人。朱熹门人，朱熹重其“志操”，视为畏友，与蔡元定齐名。庆元二年（1196 年）特奏名，终不求仕进。著有《草堂集》。

卷之五　书

答许顺之十三条

校注者按：此十三条，除第六、七、十一、十二条外，其余为《大同集》元刻本所无，当为林希元因“朱子簿同时及门人许顺之辈答问甚多，旧集所收仅十之五六”之故，自《晦庵集》等朱熹文集中辑录。可参见《晦庵集》卷三十九。清刻本原文各条皆无标题，用“又”字标识。为了便于注释及读者引用时识别，编者为各条添加序号。许顺之，即许升，字顺之，福建同安人，朱熹门人。朱熹做同安主簿时即从朱熹学。

〈一〉[1]

某一出几半年，学问思辩之益，警发[2]为多。大抵圣门求仁格物之学，无一事与释氏同。所以寻常议论间，偶因记忆自然及之，非是特然立意，与之争胜负、较曲直也。想见孟子之辟杨墨，亦是如此，故其言曰：“予岂好辩哉！予不得已也。”今观所与祝弟书，乃有“谤释氏”之语，殊使人惊叹[3]。不知吾友别后所见如何而为是语也。及细读二书，则所可怪者不特此尔。且论其大者，如所谓“栖心淡泊，与世少求，玩圣贤之言可以资吾神、养吾真者，一一勘过”，只此二十余字，无一字不有病痛。夫人心是活物，当动而动，当静而静，动静不失其时，则其道光明矣。是乃本心全体大用如此，须要栖之淡泊然后为得，且此心是个什么，又如何其可栖也耶？圣贤之言，无精粗巨细，无非本心天理之妙。若真看得破，便成己成物，更无二致，内外本末一以贯之，岂独为资吾神、养吾真者而设哉？若将圣贤之言作如此看，直是全无交涉。圣门之学所以与异端不同者，灼然在此。若看不破，便直唤作“谤释氏”，亦何足怪？吾友若信得及，且做年岁工夫，屏除旧习，案上只看《六经》、《语》、《孟》及程氏文字。着开扩心胸，向一切事物上理会，(第一不得唤作尘事昏心也。) 方知“体用一源，显微无间”是真实语。不但做两句好言语说，为资神养真、胡荼自己之说而已也。

又承见警，此则甚荷相爱之深。然儒者之学，于此亦只是顺理而已，当显则显，当默则默，若涵养深醇，则发必中节，更无差互。既未到此地位，自是随其气习，所发不同。然若一向矫枉过直，则柔弱者必致狂暴，刚强者必为退缩，都不见天理之当然。惟圣门之学，以求仁格物为先，所以发处自然见得是非、可否，不差毫发。其工夫到与不到，却在人。今吾友见教，要使天下之人不知有自家方做得事，且道此一念从何处来？唤做本心得否？唤做天理得否？直是私意上又起私意，纵使磨挫掩藏得全不发露，似个没气底死人，亦只是计较利害之私，与圣门求仁格物、顺理涵养气象大致悬隔。信知儒释只此毫厘间，便是谬以千里处。却望吾友更深思之，仍将此书遍呈诸同志，相与反复商确［榷］，不可又似向来说“先觉”之义，更不与徐、柯二丈见也。朋友商论，正要得失分明，彼此有益，何必于此掩覆[4]？只此是私意根株，若不拔去，使之廓然大公[5]，何缘见得义理真实处耶？所论好善优于天下，只是一个“公”字，此等处何不公之甚也？

［1］据三联书店出版的陈来《朱子书信编年考证》（以下简略为“陈来考证”），此条作答于乾道四年（1168 年）。

［2］警发，警醒启发。

［3］“乃有‘谤释氏’之语……”句，许升将圣贤视佛老为异端称作“谤释氏”，朱熹不禁大为惊叹，于下文中提醒许顺之“儒释只此毫厘间，便是谬以千里处”，嘱其与释氏之说划清界限。

[4] 掩覆，遮蔽、掩盖、掩饰。

[5] 廓然，旷远寂静的样子。大公，是无私的意思。廓然大公，出自程颢《定性书》："君子之学，莫若廓然而大公，物来而顺应。"意思是：君子之学，关键在于消除自我的私欲，以达到廓然大公，放弃个人的用智，以达到情顺万物。

〈二〉[1]

尤溪书来，议论极佳。不知平日讲论于此等处有异同否？若无异同，则亦可疑耳。择之[2]所见日精，工夫日密，甚觉可畏。如某辈，今只是见得一大纲如此，不至堕落邪魔外道耳。若子细工夫，则岂敢望渠也？徐、柯二丈[3]及汝器、近思[4]诸友相聚，说何等话？向者私舶来求语录本子[5]去刊，因属令送下邑中，委诸公分校。近得信却不送往，只令叶学古就城中独校，如此成何文字？已再作书答之，再送下复校。千万与二丈、三友子细校过。[6]但说释氏处不可上下其手，此是四海九州千年万岁文字，非一己之私也。近闻越州洪适[7]欲刊张子韶[8]《经解》，为之忧叹，不能去怀。若见得孟子正人心、承三圣意思，方知此心不是苟然也。二先生集一部纳去，可与二丈及林、王、陈诸友同看。已有一本并《通书》[9]送县学。《通书》偶尽，且寄此去，亦适值只有此一本，不能遍寄耳。（闻已吃肉，甚善。推此类而扩充，则异不能惑矣。）

[1] 据束景南考证，此条作答于乾道四年（1168 年）二月。时朱熹编订《程氏遗书》成，嘱同安门人分校，于泉州刻版。

[2] 择之，即林用中，字择之，里居、阅历见卷四《答许顺之十条》的第十条注。

[3] 徐、柯二丈，当指徐元聘、柯翰。徐元聘，福建同安人。柯翰，里居、阅历见卷首《增订本林序》注。

[4] 汝器，即陈汝器，朱熹门人，在同安随朱熹游。近思，即王力行，字近思，里居、阅历见卷首《增订本林序》注。

[5] 语录本子，即《程氏遗书》。时朱熹门人程宪将刊印朱熹整理的《程氏遗书》。

[6] “因属令……子细校过”，此段文字乃朱熹在刻书中重视校勘之实证。朱熹吩咐须找几个学友一起校对，但程宪“只令叶学古就城中校对”，为此朱熹勃然大怒，斥责“如此成何文字”？

[7] 越州，浙江绍兴的古称。洪适（1117—1184），字景伯，又字温伯、景温，号盘州，又自号盘州老人，饶州鄱阳（今江西鄱阳）人。绍兴十二年（1142年）中博学宏词科榜眼，官至右丞相。封太师、魏国公，卒谥文惠。其任绍兴知府时，刊刻不少书籍。

[8] 子韶，即张九成，字子韶，里居、阅历见卷三《答吕伯恭》注。

[9]《通书》，周敦颐撰。该书提出了儒家心性论、伦理学、工夫论等许多概念命题。

〈三〉[1]

承上巳日书，知尝到城中校书曲折，甚慰！甚慰！但且据旧本为定，若显然谬误，商量改正不妨。其有阙误可疑，无可依据者，宁且存之，以俟后学，切不可以私意辄有更改。盖前贤指意深远，容易更改，或失本真以误后来，其罪将有所归，不可容易。千万！千万！旧来亦好妄意，有所增损。近来或得别本证之，或自思索看破，极有可笑者，或得朋友指出。所幸当时只是附注其傍，不曾全然涂改耳。亦尝为人校书，误以意改一两处，追之不及，至今以为恨也。

[1] 据束景南考证，此条作答于乾道四年（1168年）三月，紧随上条。

〈四〉[1]

文字镂板有次第否？无异论否？徐、柯二丈通问否？学之不讲，似是而非之论肆行而莫之禁。所欲言，非书可记。

[1] 据陈来考证，此条作答于乾道四年（1168 年）。

〈五〉[1]

石兄[2]书来，云顺之旦夕到。彼深欲去相聚，以此间事绪牵系，动不得。屈指月日，直到来年春夏间始得少间耳。幼儿未有读书处，甚以为挠。地远不能遣去尤溪，甚可恨也。经阁所要之书，偶未有本，候有寄去。

[1] 据陈来考证，此条作答于乾道四年（1168 年）。
[2] 石兄，即石𡼖，字子重，里居、阅历见卷三《答林峦〈二〉》注。

〈六〉[1]

所论操舍存亡[2]之说，大概得之。然有未分明处，须他日面论[3]也。〈如〉在山头理会数条，始知旧说太高之弊。如"君子不谓命"，止是以所值于外者而言。如舜之于瞽瞍[4]，文王之于纣，晏婴之于孔子[5]，孔子之不得时位之类，不须说气质不同。盖为下两句说不行故也。凡若此类甚多，皆好高之弊。〈尔〉大抵读书以此为戒，且于平易切近分明处理会为佳耳。

[1] 此条元刻本入于卷七"杂说"，列为《答子重顺之问诸说》第四条。
[2] 操舍存亡，出自《孟子·告子上》："孔子曰：'操则存，舍则亡。出入无时，莫知其乡。'惟心之谓与？"
[3] 面论，元刻本作"面谕"。
[4] 瞽瞍，亦作"瞽叟"，古帝虞舜之父。舜自小孝顺父母，孝心感动上天。
[5] 晏婴，春秋时期齐国国相，辅佐齐景公。孔子访问齐国，齐景公与其论治国之道，甚为投机，欲赏其封地。晏婴则劝说齐景公，称孔子推行的礼乐制度繁琐而不切实际，齐国需要国富民强的治国之策，而非此繁文缛节。齐景公终未用孔子之说。

〈七〉[1]

春来吊丧问疾，略无少暇。前月末间，元履[2]又不起疾，交游凋落，可为伤叹。而岁月如流，悔吝日积，亦将无闻而死，为可惧耳。所喻《孟子》疑处甚善，鄙意寻常，正以（一作亦）疑此。若如诸家之说，即每事只说得一边，要须说口之于味云云。此固性之所欲，然在人则有所赋之分，在理则有不易之则，皆命也。是以君子不谓之性，而赋命于天仁之于父子云云。在我则有厚薄之禀，在彼则有遇不遇之殊，是皆命也。然有性焉，是以君子不谓之命，而责成于己。须如此看意思方圆无欠阙处，请试思之。更与石丈诸公参较，喻及为幸。

[1] 此条元刻本入于卷七“杂说”，列为《答子重顺之问诸说》第三段，但缺“春来吊丧问疾……为可惧耳”句和“更与石丈诸公参较，喻及为幸”句。而在《晦庵集》中，此条于“春来吊丧问疾”名前，更有“熹顿首，祝弟归，承书，知来尤川日有讲习之乐，甚慰。信后暄暖，伏惟忆德履佳胜。熹此如昨，但”一段。在“喻及为幸”之后，又有“同安想时得书，贱累一二承问，感感。儿辈附拜问意。余惟以时自爱，不宜。熹再拜上状”一段。据陈来考证，此条作答于乾道九年（1173 年）。

[2] 元履，即魏掞之（1116—1173），字子实，改字元履，号艮斋，又号锦江，建州建阳招贤里（今徐市乡）人。师胡宪，与朱熹同游。曾以布衣召对，极陈时务。赐同进士出身，守太学录。

〈八〉[1]

尤川[2]学政甚肃，一方向风，极可喜。择之书来，云古田宰闻之，亦欲效颦。果尔则石宰[3]之化，不止行于尤川矣。天下事无不可为，但在人自强如何耳。观此可见也。顺之既有室家，不免略营生理。书中所说，不知当如何措画？此固不得不尔也。粗有衣食之资，便免俯仰于人，败人意思，此亦养气之一助也。但不可汲汲皇皇，役心规利[4]耳。想顺之于此必有处决[5]，不至如此也。

[1] 据陈来考证，此条作答于乾道九年（1173年）。时许顺之娶薛氏之女为妻，为赡养家室，转为经商。朱熹提醒他不可见利忘义。

[2] 尤川，即福建尤溪县。

[3] 石宰，即石墪，字子重，里居、阅历见卷三《答林峦（二）》注。石墪于乾道初，调任尤溪知县。乾道七年（1171年），朱熹回尤溪省亲，与石墪相见。此后两人仍通过书函保持联系。前面数篇中提及"尤溪书来"、"石兄书来"，即指石墪之书函。

[4] 役心，为心所役使。规利，谋求利益。役心规利，一心只为谋求利益。

[5] 处决，裁决、处置。

〈九〉[1]

《斋记》子细看未甚活络，未须刊刻，如何？学不到此地位，强勉斗凑，不通检点如此。如此便是灵验处也。

[1] 据陈来考证，此条作答于乾道九年（1173年）。

〈十〉[1]

阁中[2]安好，想亦能甘淡泊，相助经家务也。修身齐家，只此是学，更欲别于何处留心耶？某因循苟且，今将老矣，而进修之功略不加进，于此每有愧焉。相见似无可说，别后又觉得有无限说话合商量。以此临风，每深怀想耳。

[1] 据陈来考证，此条作答于乾道九年（1173年）。在《晦庵集》中，此条于"阁中安好"之前，有"熹顿首，便中承书，粗慰向往。比日已复秋风，不审秘履如何？伏想佳胜"一段，在"于此每有愧焉"与"相见似无可说"之间，又有"冬间或欲一至尤溪省舅母，不知彼时能来彼相聚否"一句。

[2] 阁，有楼阁、内室、卧室之意。阁中，指家里人。

〈十一〉[1]

某为朝廷不许辞免，州府差官逼迫，甚无好况。然亦只得力伸己志，他无可言者。示谕“是吾忧也”，杨、谢之说固未为得，顺之所论亦过当。唯尹公乃是发明程子之意。试更思之，似亦只是称己勉人之意，圣人本意似只如此也。[2]

[1] 此条元刻本入于卷七“杂说”，列为《答子重顺之问诸说》第五段。但缺“某为朝廷不许辞免……他无可言者”句。据陈来考证，此条作答于淳熙元年（1174 年）。

[2] “似亦只是称己勉人之意，圣人本意似只如此也”句，元刻本作“圣人本意似只如此也，似亦只是称己勉人之意”。

〈十二〉[1]

所示数条，鄙意有未安者，已具纸尾。大抵旧来多以佛老之似乱孔孟之真，故每有过高之弊。近年方觉其非，而亦未能尽革，但时有所觉，渐趋平稳耳。顺之此病尤深，当痛省察矫揉也。邓尉持己爱人如此，甚不易得。但今时学者轻率大言，先将恭敬退让之心坏了，不是小病。若实有为己之意，先去此病而后可耳。

[1] 此条元刻本入于卷七“杂说”，列为《答子重顺之问诸说》第六、七段，但缺“所示数条……已具纸尾”和“顺之此病尤深，当痛省察矫揉也”两句。而在《晦庵集》中，此条内容更多，故于本条后以附录形式列出。据陈来考证，此条作答于淳熙元年（1174 年）。

附　录

答许顺之

熹顿首，久不闻问，承书甚慰。信后冬温，远惟德履佳胜，阁中令郎均安。熹此粗安，无足言者也。

所示数条，鄙意有未安者，已具纸尾。大抵旧来多以佛老之似乱孔孟之真，故每有过高之弊。近年方觉其非，而亦未能尽革，但时有所觉，渐趋平稳耳。顺之此病尤深，当痛省察矫揉也。

国材在甚处？久不得书，甚念之。因书烦致意也。邓尉持己爱人如此，甚不易得。但今时学者轻率大言，先将恭敬退让之心坏了，不是小病。若实有为己之意，先去此病而后可耳。天台近得书，《易》说不知如何理会，亦未闻其详也。向来游山之兴屡谋屡失，今且杜门静坐矣。未由会见，千万珍重。不宣。

十月十日，熹再拜

〈十三〉[1]

潮州有一许敬之者，闻尝相过甚好，不知谢簿识之否？烦为问云今在何处，因书报及。陈君诗亦佳，大凡学者勉其务实，少近名为佳耳。

[1] 据陈来考证，此条作答于淳熙元年（1174年）。

答许顺之十七条

校注者按：此十七条，除第一、三、五、六、十五、十六条外，其余为元刻本所无，当为林希元因“朱子簿同时及门人许顺之辈答问甚多，旧集所收仅十之五六”之故，自《晦庵集》等朱熹文集中辑录。可参见《晦庵集》卷三十九。清刻本原文各条皆无标题，亦无分条标识。为便于注释及读者引用时识别，编者为各条添加序号。在各条中，第一段引号内文字为许升的提问或其观点，第二段文字为朱熹评论。

〈一〉[1]

“空空如也，或者多引真空义，如何？”

二程先生说此段甚分明，横渠说似过当了。愚谓且以二程先生之说为主，理会正当文义，道理自在里许。只管谈玄说妙，却恐流入诐淫邪遁里去。

[1] 此条元刻本入于卷七“杂说”，题为《答许顺之问空空如也说》，但其问句“空空如也……如何”一句略去。据陈来考证，此条作答于隆兴二年（1164年）。

〈二〉

“‘贫而乐’云云，善莫病于有为，学莫病于自足。有为则无为而或辍，自足则不足而或止。此学者之大病，而贤达之必期于进德也。盖善自已之当然，而学须至于不厌。知所当然，则贫而乐，富而好礼，骄与谄无所事也。知所不厌，则切磋以道学，琢磨以自修，学问明辨之不可已也。是宜引《诗》以自况，亦明道学之无穷也。”

此段虽无病，然语脉中窒碍处亦多。大凡不必如此立说，此先儒之说已略具矣。李光祖[1]说甚善。

[1] 李光祖，即李郁（1086—1150），字光祖，学者称西山先生。光泽乌洲人。少从杨时游，深得真传，又招为女婿。以布衣召对，授右迪功郎，改任敕令所删定官。后筑室于西山，读书讲学。晚年复起佐闽帅幕官，病卒于任上。

〈三〉[1]

"'不逆诈，不亿不信'[2]，此有以见圣人，皆欲天下后世归于宽厚长者之域处。盖天下不能皆君子，不能皆小人，私淑艾之可也。今设有诈与不信之人，彼未必不心知其非。第此以诚实之道处之，亦未必不观感而化，不亦善乎？何用逆亿为？然君子可欺以其方，难罔以非其道。彼以小人之道来，使此而不先觉，岂不为所罔乎？故亦在所先觉方为贤耳。"

逆诈亿不信，恐惹起自家机械之心，非欲彼观感而化也。胡明仲[3]云："逆亿在心，是自诈自不信也。"只是此意。若如此说，便支离了，不亲切。"抑亦先觉者，是贤乎？"李光祖曰："理地明白，则私智无所用之矣。"此说极善。齐仲[4]云："抑亦"二字当玩味，有深意。固是如此。"莫须也着先觉方是贤乎"，"乎"者，疑问之词。以上意未尽，故疑问也。

[1] 此条之第一段元刻本无，第二段入于元刻本卷七"杂说"，题为《批王近思说后》，但其"齐仲云……以上意未尽故疑问也"一句，元刻本亦缺。

[2] 逆诈，事前或者预先怀疑别人的欺诈。不逆诈，不亿不信，出自《论语·宪问篇》。子曰："不逆诈，不亿不信，抑亦先觉者，是贤乎？"意思是：不在事前预测人诈我，不在事前揣想人对我有不信，但临事遇人有诈与不信，亦能先觉到，这也是贤人啊！

[3] 胡明仲，即胡寅（1098—1156），字明仲，学者称致堂先生，建州崇安（今福建武夷山市）人，后迁居衡阳。宋宣和三年（1121年）进士，除秘书省校书郎，官至礼部侍郎兼侍讲、徽猷阁直学士。与弟胡宏一起倡导理学，为湖湘学派的奠基人之一。著作有《论语详说》、《斐然集》等。

[4] 齐仲，即陈齐仲，里居、阅历见卷四《答许顺之十条》之四注。

〈四〉

“社[1]，夫子曾语宰我[2]：‘明命鬼神，以为黔首则，百姓[众]以畏，万民以服。’[3]则知古人立社岂虚设哉？亦以土地所宜之木，而使民知戒惧，其为教莫大焉。然哀公[4]问社宰我，宰我受学圣人之门，岂无格言以正其心术？直以是而长之逢之，宜得罪于圣人，故反覆重言而深罪之。如‘我战则克’[5]，夫子非不知阵，而对灵公必以俎豆[6]；晋《乘》、楚《梼杌》、鲁《春秋》[7]，孟子非不知闻，而对威、文以无传[8]。凡此皆引君于当道。曾谓宰我久学于圣人而不之知，岂有补于名教者耶？”

此段只依古注为是。又谓古人立木于社，使民知所存着，知社之神必有所司，则国君所以守社稷其严乎！三桓擅政[9]而鲁之政失所司，则哀公之问社，宰我因其问而言“使民战栗”。惜乎其说之不详，故夫子叹之曰“成事不说”，谓不为之详说也；“遂事不谏”，谓不因事而谏也。使宰我之知不足以知之，则无责可矣。知而言之不尽，此圣人之所以惜之也。“既往不咎”，盖因其问而可以言而不言。既往之失，今则无及矣。无可咎也，犹曰“今无可言矣”。

[1] 社，古代指土地神和祭祀土地神的地方、日子以及祭礼。

[2] 宰我，即宰予（前522—前458），字子我，春秋末鲁国人，孔子著名弟子，“孔门十三贤”之一，“孔门十哲”言语科之首。

[3] 明命，恭敬地命名。黔首，古代称平民、老百姓。则，法则。“明命鬼神……万民以服”句，典出《礼记·祭义》，意思是恭敬地尊奉鬼神，作为老百姓之法则，令其畏惧而信服。

[4] 哀公，即鲁哀公（前521—前468），姬姓，名将，春秋时期鲁国第二十六任君主。

[5] 我战则克，典出《礼记》：“我战则克，祭则受福。盖得其道矣。”意思是：懂得礼的人碰到战事，一定能够得到胜利，祭祀时一定能够获得福

佑。这是因为得到了至道。

[6] 俎豆，古代祭祀、宴飨时盛食物用的礼器，后引申为祭祀和崇奉之意。对灵公必以俎豆，即卫灵公向孔子问军队列阵之法。孔子回答说："祭祀礼仪方面的事情，我还听说过；用兵打仗的事，从来没有学过。"

[7] 晋《乘》，晋国的史书。楚《梼杌》，楚国的史书。鲁《春秋》，鲁国的史书。

[8] 威，当为桓，即齐桓公，春秋五霸之首，春秋时齐国第十五位国君，公元前685年至前643年在位。文，即晋文公，姬姓，名重耳，先秦五霸之一，春秋时期晋国的第二十二任君主，前636年至前628年在位。"孟子而对威、文以无传"句，典出《孟子·梁惠王上》："齐宣王问曰：'齐桓、晋文之事，可得闻乎?'孟子对曰：'仲尼之徒无道桓文之事者，是以后世无传焉，臣未之闻也。'"

[9] 三桓擅政，即指鲁哀公时，鲁国卿大夫孟氏、叔孙氏和季氏。在鲁国三足鼎立，挟君擅政，形成君弱臣强的局面。三家皆出自鲁桓公之后，故称"三桓"。

〈五〉[1]

"与四时俱者无近功，所以可大受而不可小知也[2]，谓他只如此。"

一事之能否不足以尽君子之蕴，故不可小知；任天下重而不惧，故可大受。小人一才之长亦可器使[3]，但不可以任大事耳。

[1] 此条元刻本入于卷七"杂说"，题为《答许顺之问大受小知说》，但其问句"与四时俱者……只如此"一句略去。据陈来考证，此条作答于隆兴二年（1164年）。

[2] 小知，从细事上察知。大受，指承担重任。典出《论语·卫灵公》："君子不可小知而可大受也，小人不可大受而可小知也。"

[3] 器使，量材使用。

〈六〉[1]

"'和顺道德而理于义，穷理尽性以至于命'[2]，'莫非命也，顺受其正’[3]，则君子于此将如何哉？亦曰修其在我者，以听其在天者而已矣。”

和顺于道德，是默契本原处；理于义，是应变合宜处。物物皆有理，须一一推穷。性则是理之极处，故云尽；命则性之所自来处。以此推之，自不重复，不必如前所说。（旧集有，只无问。）

[1] 此条元刻本入于卷七“杂说”，题为《答许顺之问道德性命之说》，但其问句“和顺道德……在天者而已矣”一句略去。

[2] “和顺道德而理于义……”句，出自《周易·说卦》。

[3] “莫非命也，顺受其正”，出自《孟子·尽心章句上》。意思是：一切都是命运，顺应它就承受正常的命运。

〈七〉[1]

“亦将以利吾国乎？”

以利心为仁义，即非仁义之正。不待有不利，然后仁义阻也。

[1] 据陈来考证，此条作答于乾道二年（1166 年）。

〈八〉

“孟子见梁襄王[2]，出语人曰云云。”

“定于一”[3]只是混“一”之“一”，与“德惟一”之“一”不同，不必过为此说。出而语人亦是偶然说及，不必言“公天下之善”以下云云之说。

[2] 梁襄王，即魏襄王，名嗣，魏惠王的儿子，公元前 318 年至前 296 年在位。孟子见梁襄王，出自《孟子》：“（梁襄王）问曰：‘天下恶乎定？’吾对曰：‘定于一。’“‘孰能一之？’对曰：‘不嗜杀人者能一之。’”

[3] 定于一，天下安定在于统一。

〈九〉

“齐宣王问曰：‘齐桓、晋文之事[1]，可得闻乎’云云。君子之道，譬如行远必自迩，譬如升高必自卑，推之有本，用之有序，初非有甚高难行之事，但病不求之耳。归而求之有余师，安在乎行险以侥幸，区区于霸者之为而昧于遵王之道哉？故孟子特指恻怛爱牛[2]之一端，以启其行不著而习不察之病，欲齐王之知吾有是心，亦曾于爱牛处见之，吾安得而自失之耶？反之吾身，急于百姓，何止及乎禽兽而已。正纳约自牖[3]之论，因其明以投之也。惜乎齐王终身由之而不知其道，且曰：‘夫我乃行之，反而求之，不得吾心。’是岂亦真知反而求之哉？第不过见孟子之论，而一时消尽鄙吝之心，故有是云耳。使真知求之，则明益明而圣益圣，能自已乎？不得吾心，无有是也。”

此段甚好，然语亦有过当处。

[1] 齐桓晋文之事，出自《孟子·梁惠王上》。该文乃记述孟子游说齐宣王放弃霸道，施行王道的经过，比较系统地阐发了孟子的仁政主张。

[2] 恻怛，恻隐。恻怛爱牛，典出《孟子·梁惠王上》：“王坐于堂上，有牵牛而过堂下者，曰：‘何可废也，以羊易之。’”

[3] 纳约自牖，语出《周易·坎》，原意是献祭简约到在窗下进行。程颐《伊川易传》解释说：“纳约，谓进结于君之道。牖，开通之义。室之暗也，故设牖所以通明。自牖，言自通明之处，以况君心所明处……谓人臣以忠信善道结于君心，必自其所明处乃能入也。”

〈十〉

“齐宣王问曰：‘交邻国有道乎？’”

汤事葛[1]之事，见于《孟子》。详味其曲折，则知圣人之心矣。

[1] 汤事葛，即商汤曾侍奉葛国。出自《孟子·梁惠王下》：“齐宣王问曰：

'交邻国有道乎？'孟子对曰：'有。惟仁者为能以大事小，是故汤事葛，文王事昆夷。'"

〈十一〉

"'君子不以天下俭其亲'[1]云云。此极言仁人孝子之心亲切处。当其亲亲之重，虽大而天下，苟得用心，亦不以为大而俭于其亲而不用也，况其余乎？非必天下也。推其心是如此。"

此说甚好，某旧说此句"以"犹"为"也。不为天下惜一棺椁之费，而俭于其亲也。更参酌看如何为稳，却示报也。

[1] 君子不以天下俭其亲，出自《孟子·公孙丑下》。该文表达孟子关于"孝"的看法。

〈十二〉

"'有余不敢尽[1]'云云。在我虽有余，然犹不敢以为尽，谓只如此了。盖道体无穷，虽文王，亦只得云'望道而未之见'耳。"

"有余不敢尽"，似止是过者俯而就之之意。故下文云"言顾行，行顾言，君子胡不慥慥[2]尔"，其文意可见也。

[1] 有余不敢尽，意思是言谈却不敢放肆而无所顾忌。出自《中庸》："庸德之行，庸言之谨，有所不足，不敢不勉，有余不敢尽。言顾行，行顾言，君子胡不慥慥尔！"
[2] 慥慥，忠厚诚恳的样子。

〈十三〉

"'人而不仁，如礼何？人而不仁，如乐何？'[1]仁也者，人也。合而言之，道也。既已不仁，痒疴疾痛已尚不知，顽冥之甚，安知其礼乐之为礼乐也？是其无如之何也宜矣。"

大略如此，更宜玩味，看教着实。

[1]“人而不仁……”句，出自《论语·八佾篇》，意思为：人无仁爱之心，遵守礼仪有何用？人无仁爱之心，奏乐有何用？

〈十四〉

“‘何有于我哉’[1]，自圣人观众人，则遍为尔德，无不可者；自众人观圣人，则犹天之不可阶而升也。故圣人因事发见，示之以无有也。犹曰‘女奚不曰’云云，皆其本分事尔。”

此意固好，然圣人之词不如是之夸也，恐只是谦退不居之词。《论语》有两处“何有于我哉”，须并观之。

[1] 何有于我哉，意思为“对我来说还有什么（要做的）呢”？《论语·子罕篇》：“出则事公卿，入则事父兄。丧事不敢不勉，不为酒困，何有于我哉？”《论语·述而》：“默而识之，学而不厌，诲人不倦，何有于我哉？”两处均出现此句。

〈十五〉[1]

“‘夜气不足以存’[2]，始论‘岂无仁义之心哉’[3]，无之，是生不得。惟其物交物，则惟知有物，遂与隔绝。孟子于夜气言之，当其万虑澄寂之中体之，虚明自别，引而丧之者无有矣。故欲以《复》之初爻及之，庶几有以用力，如何？”

人皆本有仁义之心，但为物欲所害，恰似都无了。然及其夜中休息之时，不与物接，其气稍清，自然仁义之良心却存得些子。所以平旦起来，未与物接之际，好恶皆合于理。然才方如此，旦昼之所为便来梏亡之，此仁义之心便依前都不见了。至其甚也，夜间虽得休息，气亦不清，存此仁义之心不得，便与禽兽不远。学者正当于旦昼之所为处，理会克己复礼，惩忿窒欲，令此气常清，则仁义之心常存。非是必待夜间万虑澄寂，然后用功也。若必如此，则日间干当甚事也。（不远复更检《易传》看，与所论亦不相似。）

[1] 此条元刻本入于卷七“杂说”，题为《答许顺之夜气不足以存说》，但其问句“夜气不足以存……如何”一句略去。

[2] 夜气，儒家指晚上静思所产生的良知善念。夜气不足以存，出自《孟子·告子上》：“梏之反覆，则其夜气不足以存；夜气不足以存，则其违禽兽不远矣。”

[3] 岂无仁义之心哉，出自《孟子·告子上》：“虽存乎人者，岂无仁义之心哉？其所以放其良心者，亦犹斧斤之于木也。”

〈十六〉[1]

“‘操则存，（仁能守之。）舍则亡，（仁不能守之。）出入无时，莫知其乡，惟心之谓与’？[2]（仁之不可已也如是。）似以‘操则存，舍则亡’为‘人心惟危’，‘出入无时，莫如其乡’为‘道心惟微’。妄意推测，惭怍之甚，乞赐提诲一二，庶知所向，幸甚幸甚。”

孟子此四句，只是人心是个活物，须是操守，不要放舍，亦不须如此安排也。心一也，操而存则义理明，而谓之道心；舍而亡则物欲肆，而为之人心。（亡不是无，只是走出逐物去了。）自人心而收回，便是道心；自道心而放出，便是人心。顷刻之间，恍惚万状，所谓出入无时，莫知其乡也。所引仁字尤不是，正是倒说了。且更平心玩味，不要说得太高妙，无形影非唯教他人理会不得，自家亦理会不得也。大率讲学本为圣贤之言难明，故就下面说出教分明，若是向上面说将去，即转见理会不得矣，如建州人未识泉州，须直教他从南剑州问路去，岂可教他过漳州寻耶？此是大病，不可不知。（旧集止“莫知其乡也”。）

[1] 此条元刻本入于卷七“杂说”，题为《答许顺之操则存说》，但其问句“操则存……幸甚”一句略去。而“所引仁字尤不是……大病不可不知”一段，元刻本亦无，即其段末原注所称“旧集‘止莫其乡也’”。

[2] “操则存，舍则亡……惟心之谓与”句，出自《孟子》的《告子章句上》。意思是孔子说过：“把握住就存在，放弃就失去；进出没有一定的时候，

也不知道它去向何方。”这就是指人心而言的吧？

〈十七〉

“乾之为卦，上下纯乾，天之动也，人欲不与焉。潜只得潜，见合当见。三则过矣，君子尤当致谨。四则德盛仁熟，磨不磷，涅不缁，不可以常情测。进退去就，时不可失，皆所以进吾德、修吾业也。先儒多以舜居深山之中，及其为天子之事明之，其弊恐必至于王氏。谓九三之知、九五之位可至而至之[1]，得非以利而言乎？”

乾卦[2]皆圣人之德，六爻[3]乃其所处之位也。如以舜明之，深得其象，舜亦非知尧之位可至而往至之也。熟读《程传》[4]可见，不须别立说。若专以进德为言，则九五、上九[5]两爻皆如何解？

[1] 王氏谓九三之知、九五之位可至而至之，指王安石以君位可取而代之的论断来解释“九三之知、九五之位”。而程朱理学认为《周易》本身是讲求学修养的方法问题，故称王氏之说为“其弊”。

[2] 乾卦，是《周易》第一卦。卦象是天，特性是强健。乾卦讲的是一个事物从发生到繁荣的过程，即春生夏长。

[3] 爻，是《易经》八卦的两个符号，一个是“—”，另一个是“——”。其本义是“交”，纵横之交、阴阳之交。六爻，既可以指从下向上排列的六个阴阳符号的组合，也泛指借用这种组合进行占卜的方法。

[4]《程传》，即《周易程传》，乃易学名著，是程颐的重要代表著作，创造性的用义理对《周易》进行解说。

[5] 九，谓阳爻；五，第五爻，指卦象自下而上第五位。上九，《易》卦在第六位的阳爻叫上九。

卷之六　书

答王近思十五条

校注者按：此十五条，均为元刻本所无，当为林希元因“朱子簿同时及门人许顺之辈答问甚多，旧集所收仅十之五六”之故，自《晦庵集》等朱熹文集中辑录。可参见《晦庵集》卷三十九。清刻本原文各条皆无标题，用“又”字标识。为便于注释及读者引用时识别，编者为各条添加序号。王近思，即王力行，字近思，福建同安人，朱熹门人。朱熹主簿同安时即从朱熹学。

〈一〉[1]

向所寄论，笔势甚可观，但少主宰，着眼目多被题目转曲，已是大病。又多用庄子语，浮华无骨肋。试取孟、韩子、班马[2]书大议论处熟读之，及后世欧曾、老苏[3]文字，亦当细考，乃见为文用力处。今人多见出《庄子》题目，便用《庄子》语，殊不知此正是千人一律文章。若出《庄子》题目，自家却从别处做将来，方是出众文字也。老钝久不为文，如此主张未知是否？更思之，更思之。抑人之为学，亦不专为科举而已，不审吾友比来于为己之学亦尝致意否？汝器诸友相聚，日所讲者何事？因来更详及此为佳。

[1] 据三联书店出版的陈来《朱子书信编年考证》（以下简略为“陈来考证”），此条作答于乾道四年（1168年）。

[2] 班马，汉代班固与司马迁的并称。

[3] 欧曾，北宋散文大家欧阳修与曾巩的并称。老苏，即苏轼。

〈二〉[1]

穷居且尔，忧苦之余，无复仕进意，杜门修身，以毕此生而已。累书所问，缘多出入，无人收拾，往往散落，以此不及奉报。然其大略，只是要做文字、应科举、夸世俗而已。年来懒废，于此尤悉弃置，不能有所可否于其间也。

[1] 据陈来考证，此条作答于乾道六年（1170 年）。

〈三〉[1]

示喻学之难易及别纸所疑，足见好问之意。本欲一一答去，然熟观之，似未尝致思而泛然发问者。若此又率然奉答，窃恐只为口耳之资，而无益问学之实。今且请吾友只将所问数条，目［自］加研究，自设疑难，以吾心之安否验众理之是非。纵未全通，亦须可见大略，然后复以见谕。计其间当有不待问而决者矣。所云或者竞生新意，不知此是何人？并幸喻及。

[1] 据陈来考证，此条作答于乾道六年（1170 年）。

〈四〉[1]

别纸所示，适此冗冗，不及细观。大抵似有要说高妙、作文章之意，此近世学者之大患也。但日用之间以敬作主，而于古昔圣贤及近世二先生之言，逐一反覆，子细玩味，勿遽立说以求近功。则久之当有贯通处，而胸次了然无疑矣。

[1] 据陈来考证，此条作答于乾道六年（1170 年）。

〈五〉[1]

所论缕缕已悉。大抵吾友明敏有余，而少持重韬晦气象，此是大病。今秋若与荐送[2]，能迂道一见过，幸幸。所怀当面布之，乃可尽尔。闻祝弟持《大学》说及“观过知仁”[3]辩论去，皆是向来草稿往返未定之说。渠乃不知本末，持去误人，甚不便，可为焚之。

[1] 据陈来考证，此条作答于乾道八年（1172 年）以后。

[2] 荐送，保举、举荐。

[3]“观过知仁”，是孔子提出的“观人之法”，历代诠释纷争不断。南宋朱熹与湖湘学派展开激烈辩论，使其纷争达至顶峰。朱熹认为“观过知仁”之意就是从人的过失处观之，看其过是厚还是薄，若是过于厚，虽错也仍属仁者之类，而是过于薄便不是仁，如此则可知道其是仁还是不仁。

〈六〉[1]

前此欲铭先夫人之墓，以未尝习为之，无以应命。亦自念君子之事亲以诚，正不在此。但能笃志力行，使人谓之君子之子，则其为亲荣也大矣。祭文尤所未解。凡丧，父在父为主，今自主之，一失也。古者将葬祖奠，遣奠[2]祝以事告而无文辞，一失也。古者居丧则言不文，盖哀戚胜之，不能文也。今文甚矣，又将振而矜之，此二失也。孔子曰：“丧，与其易也，宁戚。”[3]吾友其未思之欤？大抵吾友诚悫之心似有未至，而华藻之饰常过于哀，故所为文，亦皆辞胜理、文胜质，有轻扬诡异之态，而无沉潜温厚之风。不可不深自警省，讷言敏行，以改故习之谬也。

[1] 据陈来考证，此条作答于乾道八年（1172 年）以后。

[2] 遣奠，古代称将葬时的祭奠。

[3]“丧……宁戚”句，意思是丧事，与其追求周备的仪式，不如内心真正哀

伤。出自《论语·八佾》。

〈七〉[1]

校书闻用力甚勤，近作一序，略见编纂之意。若但欲旦夕自警，则亦何必求其辞之美耶？精思力行于送往事居之际，而识其所由来，是则学者之急务也。

[1] 据陈来考证，此条作答于乾道四年（1168年）。

〈八〉[1]

所示疑问，深见好学之笃，已辄具注所见于下。且更于先达所言之中，择取其精要者一说，反复玩味，久而不忘，当自有心解处。不可妄以私意穿凿，恐失之浸远，难收拾也。如“必闻其政”[2]之说，亦骎骎然[3]走作了也。戒之，戒之！

[1] 据陈来考证，此条作答于乾道八年（1172年）以后。

[2] “必闻其政”之说，出自《论语·学而》：“子禽问于子贡曰：‘夫子至于是邦也，必闻其政。求之与？抑与之与？’子贡曰：‘夫子温、良、恭、俭、让以得之。夫子之求之也，其诸异乎人之求之与。’”说的是孔子以温和、善良、恭敬、俭朴、谦让的态度，以求得向国君推销自己的治国之道。

[3] 骎骎然，急迫的样子。

〈九〉[1]

到此忽忽三月，政不得施，教不得行，日有愧怍而已。所论已悉，《洪范》[2]说未暇细看。此间相去不远，不知能略见访，相聚数日否？此事须款曲讲论，方见意味，非文字言语可寄也。人还草草，余俟面道。

[1] 据陈来考证，此条作答绍熙元年（1190年）。是年四月，朱熹抵漳州就任漳州知府。漳州与同安相近，故信中称“此间相去不远”。

[2]《洪范》，《尚书》篇名。旧传为箕子向周武王陈述的“天地之大法”。今人或认为系战国后期儒者所作，或认为作于春秋。是以原始五行说解释自然和社会的重要文献。

〈十〉[1]

“平时无事，是非之辩似不能惑。事至而应，则陷于非者十七八。虽过即追悔，后来之失又只如故。今欲临事时，所谓可喜、可怪、可畏、可沮者，不能移其不时之心，其道何由？”

此是本心陷溺之久、义理浸灌未透之病。且宜读书穷理，常不间断，则物欲之心自不能胜，而本心之义理安且固矣。

[1] 据陈来考证，此条作答于乾道八年（1172年）以后。

〈十一〉

“颜[1]子在陋巷，而颜路甘旨有阙[2]，则人子不能无忧。颜子方不改其乐，必有处此矣。”

此亦只是上条意思，此重则彼自轻，别无方法，别无意思也。

[1] 颜子，即颜回（前521—前481），字子渊，春秋末期鲁国人。十四岁拜孔子为师，终生师事之，是孔子最得意的门生。

[2] 颜路（前545—?），即颜无繇，字路，春秋鲁国（今属山东省）人。颜回的父亲，孔子早期的弟子之一。甘旨有阙，缺乏美味的食物。

〈十二〉

“孔子谓夷齐不念旧恶[1]，则是其父子兄弟之间犹有可议也。苏氏‘违言’之说，果可据乎？孔子之言必有见矣。”

伯夷既长且贤，其父无故舍之而立叔齐。此必有故，故苏氏疑之。观子贡问“怨乎”之意，似或有此意。然不必疑，但看后来“求仁得仁”，便无怨处。则可以见圣贤之心，便有甚死仇，亦只如此消融了也。

[1] 孔子谓夷齐不念旧恶，出自《史记·伯夷列传》：“孔子曰：‘伯夷、叔齐不念旧恶，怨是用希。’‘求仁得仁，又何怨乎？’”

〈十三〉

“孙思邈[1]‘胆欲大’之说[2]有所未喻。”

彼丈夫也，吾丈夫也，吾何畏彼哉！

[1] 孙思邈（541—682），京兆华原（今陕西铜川耀州区）人，唐代医药学家，被后人尊称为“药王”。

[2] “胆欲大”之说，出自唐刘肃《大唐新语·隐逸》：“（孙思邈）又曰：‘胆欲大而心欲小，智欲圆而行欲方。……”乃孙思邈为后世医家提出的临证思想方法，而其作为熟语，乃胆大心细之意。

〈十四〉

“霍光[1]小心谨厚，而许后之事不可以为不知；马援[2]戒诸子以口过，而裹尸之祸乃口过之所致。二人之编在《小学》，无亦取其一节耶？”

“采葑采菲，无以下体”[3]，取人之善为己师法，正不当如此论也。

[1] 霍光（？—前68年），字子孟，河东平阳（今山西临汾）人。西汉权臣，为官小心谨慎，历经汉武帝、汉昭帝、汉宣帝三朝，官至大司马大将军，卒谥号“宣成”。而卒后两年，霍家因谋反被族诛。

[2] 马援（前14—49年），字文渊，扶风茂陵（今陕西杨凌西北）人。西汉末至东汉初年著名军事家，官至伏波将军，因功封新息侯。其南征交趾

时，听说侄儿马严、马敦乱发议论，便写信劝诫。其信中涉及之人为此怀恨，于马援殒命疆场、裹尸而还时上奏诬陷，致马家景况凄凉。

[3] 葑，指菰的根。菲，萝卜。两种都是根茎植物，根茎可食用，而叶子并不好看，也不好吃。采葑采菲，无以下体，出自《诗经·邶风·谷风》，诗中用以比喻丈夫只重颜貌而不重品德。

〈十五〉[1]

昨在郡，匆匆不能款曲[2]，至今为恨尔。别纸疑义已悉奉答，亦恨向来不得面论也。某归来数日，卜葬未定，湖南误恩[3]，不容祗赴。又闻经界报罢，不见信于朝廷如此，如何更可任一道之寄耶？初辞未允，近已上章自劾，次第必得请矣。

[1] 据陈来考证，此条作答于绍熙二年（1191 年）十二月。

[2] 款曲，细诉。

[3] 误恩，误施恩泽。

批弟子解尊德性致广大极高明说[1]

“尊德性而不道于问学[2]，则见善不明，德性亦无自而尊。欲致广大而不尽精微，则务大而忽细，广大亦无自而致极。高明而不道中庸，则贤知过之，不能无偏胜之患，故高明亦无自而极。”

前三句说好。吕博士云，温故而知新，所以进吾知也。敦厚[3]以崇礼，所以尊吾行也。只味此句便检，恐有误字。（“所”字本为“将”。）

[1] 此篇元刻本入于卷七“杂说”，不见于《晦庵集》等朱熹著作。元刻本在第二段朱熹批语前有“先生批云”字样。

[2] 尊德性而不道于问学，语出《礼记·中庸》：“君子尊德性而道问学”，意思是君子既要尊重与生俱有的善性，又要经由学习、存养发展善性。

［3］敦厚，元刻本作“惇厚”。

批弟子解贤者亦乐此说[1]

“善善而恶恶者，人心之所同，惟真知善之为善而不可失，恶之为恶而不可为，此君子之所独也。夫梁惠王此[2]日安于沼上之乐[3]，非不知非也，私欲有以蔽之也。一旦瞻贤者之清光，而知其所乐为不可，概之于心，能无愧乎？则善善而恶恶明矣。推是而往，然而不王者未之有也。故孟子因举文王、夏桀而征之[4]，使知能乐如文王之与民同，则其乐也在贤者，亦何为而不可哉？反是则丧亡无日矣。虽欲乐之，亦安得而乐之？”

详味本文，恐无此意。推而言之，略说则可，深说则未当。盖如此支离，走却正意也。

［1］此篇元刻本入于卷七“杂说”，不见于《晦庵集》等朱熹著作。元刻本在第二段朱熹批语前有“先生批云”字样。

［2］此，元刻本作“比”。

［3］“夫梁惠王比日安于沼上之乐”句，语出《孟子·梁惠王章句上》：“孟子见梁惠王。王立于沼上，顾鸿雁麋鹿，曰：‘贤者亦乐此乎？’孟子对曰：‘贤者而后乐此，不贤者虽有此，不乐也。’”

［4］文王，即周文王，姓姬名昌（前1152—前1056），季历之子，西周奠基人。夏桀（？—前1600），姒姓，夏后氏，名癸，一名履癸，谥号桀，帝发之子，夏朝最后一位君主，是历史上有名的暴君。孟子曾举周文王和夏桀两个例子来说明，只有得到人民的拥护，与民同乐，才能够得到真正的快乐。

与柯国材讲《礼记》[1]

某闻之，学者博学乎先王六艺之文，诵焉以识其辞，讲焉以通其意，而无以约之，则非学也。故曰博学而详说之，将以反说约也。何谓约？礼是已。礼者，履也。谓昔之诵而说者，至是可践而履也。故夫子曰："君子博学于文，约之以礼。"[2]颜子之称夫子，亦曰："博我以文，约我以礼[3]。礼之为义，不其大哉。"[4]然古礼非必有经，盖先王之世，上自朝廷，下达闾巷，其仪品有章，动作有节，所谓礼之实者皆践而履之矣。故曰礼仪三百，威仪三千，待其人而后行，则岂必简策而后传哉！其后礼废，儒者惜之，乃始论著为书，以传于世。今《礼记》四十九篇，则其遗说已博而求所以约之者，不可以莫之习也。

今柯君直学，将为诸君诵其说而讲明之。诸君其听之毋忽。《易》曰："智崇礼卑。"礼以极卑为事，故自饮食、居处、洒扫、欬唾之间，皆有仪节。闻之若可厌，行之若琐碎而不纲，然惟愈卑故愈约，与所谓极崇之智，殆未可以差殊观也。夫如是，故成性存存而道义出矣。此造约之极功也，诸君其听之毋忽。

新安朱某书

[1] 此篇元刻本入于卷七"杂说"，《晦庵集》入于卷七十四"杂著"，题作《讲〈礼记〉序说》。据束景南考证，此文作于绍兴二十四年（1154 年），时朱熹请直学柯翰为同安县学诸生讲《礼记》，因有此作。柯国材，即柯翰，字国材，里居、阅历见卷首《增订本林序》注。

[2] 君子博学于文，约之以礼，出自《论语》。约，约束。

[3] 博我以文，约我以礼，出自《论语·子罕》，意思是：用文化知识让弟子的知识渊博，用礼仪规范约束弟子的行为。

[4] 不其大哉，元刻本为"其不大哉"。

批柯国材辩孟[1]

文集无此

《辩孟》[2]不知何处得？仁庙[3]时有一孙抃，仕至枢密副使、参知政事，不知便是此人否？据《温公记闻》[4]说，此人淳厚，无他才，以进士高第，累官至两府。今读此书，气象似是，兼纸亦是百十年前物。所论虽无甚奇，《孟子》意亦正不如此，似可以见其淳质之风。不审左右以为如何？前辈不可得而见，其遗物要可宝，岂必其贤哉！

[1] 此篇元刻本入于卷七“杂说”，而《晦庵集》未收，后补遗辑入《朱熹遗集·卷二》，题为《书答柯国材》。辩，元刻本作“辨”。

[2] 《辩孟》，孙抃撰。孙抃（996—1064），字梦得，初名贯，眉州眉山（今四川省眉山市）人。举进士，历任开封府推官、尚书吏部郎中、右谏议大夫、权御史中丞。嘉祐五年（1060年），拜参知政事。辩，元刻本作“辨”。

[3] 仁庙，指宋仁宗。

[4] 《温公记闻》，即《司马温公记闻》，原名《涑水记闻》，是北宋时期著名的历史学家司马光所革的笔记体史书。

答柯国材[1]

此与旧集各有详略，今全刻文集补入旧集

蔡强来，领三月、六月、九月三书，急拆疾读，如奉诲语，良慰久别不闻问之怀，幸甚！幸甚！信后岁已晚矣，不审为况何如？伏惟味道有相，尊候万福。

熹奉亲粗遣，武学[2]阙尚有三年，势不能待。目今贫病之迫已甚，旦夕当宛转请祠也。亲年益老，生事益聊落，虽吾道固如此，然人子之心不能不慨然耳。

时事竟为和戎所误，今岁金人〈大〉入[3]，据有淮南，留屯不去。监前事之失，不汲汲于渡江，欲图万全之举，此可为寒心。而我之所以待敌者，内外本末一切刓弊，又甚于往年妄论之时矣。奈何？奈何？远书日不能详言也。

某自延平[4]逝去，学问无分寸之进，汩汩度日，无朋友之助，未知终何所归宿。年来虽病躯粗健，然心力凋弱，目前之事十亡八九。至于观书，全不复记，以此兀兀于致知格物之地，全无所发明。思见吾国材精笃之论，而不可得临书怅然也。

所示易卦次序，此未深究，不敢轻为之说。但本图自初爻而阴阳判，（左三十二卦共一阳，右三十二卦共一阴。）次爻一变而阴阳交，（左下十六卦之阳，右下十六卦之阴，上交于右上之阴，下交于左上之阳。）次爻又一变而又交，（兑与艮交，震与巽交。）而八卦小成矣。其上因而重之，而成六十四卦。（此次序甚明，共所以为易者，盖因阴阳往来相易而得名，非专谓震、巽四五相易而然也。此理在天地间无时不然，仰观俯察，暑往寒来，莫非运用，恐不待考诸图像而后明也。然古人制作之妙，显发乾坤造化之机有如此者，是亦可乐而玩之尔。）[5]

不合无愧之说，在我固然。第所不能无恨者，精神言语不足以感悟，万一为恨尔，若人人持不合无愧之说，则君臣之大伦废矣。如何？如何？李君好学礼贤，其志可嘉。国材想亦推诚与之讲论，有可采处。若得同为此来，真寡陋之幸也。

《春秋》工夫未及下手，而先生弃去。盖亦以心志凋残，不堪记忆。此书虽云本根天理，然实与人事贯通。若不稽考事迹，参以诸儒之说，亦未易明也。故未及请其说。然尝备闻其一二，以为春秋一事，各有发明一例，如看风水，移步换形。但以今人之心求圣人之意，未到圣人洒然处，不能无失尔。此亦可见先生发明之大旨也。《论语》比年略加工夫，亦只是文义训诂之学，终未有脱然处。更有《诗》及《孟子》各有少文字。地远不欲将本子去，又无人别写得，不得相与商榷为恨尔。若遂此来之约，则庶几得讲之尔。

三序示及，想见用心之精。但每每推与过当，恐未得为不易之论。又《论语》序云“学为仁”一节，不知见得“仁”字如何分明？后面节次如何成说？此义须句句有下落，始得不可只如此含糊也。

近衢州一江元适[6]登仕（泳），以书来云：“顷岁独学，常窥求仁之端，又谓须明识所谓元者，体诸中而无疑。则道之进也化也，基诸此矣。”此论似非苟然默识，试一思之如何？江君未相识，书多好议论，亦是一老诚前辈也。《易序》[7]中云：“此以无思〈相〉似以至〈有思〉[8]”，此恐亦不能无病。试更思之。近方再读此经，建阳一学者亦欲讲之，因招之。来年教儿辈，得与共学，用年岁工夫，看如何。

昨齐仲[9]寄疑义来，乃不知是石丞[10]者，妄意批凿，非所施于素昧平生之人。然渠既以此道相期，必不相怪，但在某有僭幸之咎尔。

所欲言者无穷，以久不得书，无所发端。今得来示，又以来人立俟，天寒手冷，作字不成，不能究悉胸中所欲言。千里相望，岂胜慨叹！但愿果能乘便一来，庶得倾倒。不然，终非纸札所能具也。阁正孺人、令郎各安佳，老人以下幸安。每勤问念，至感。未［末］由会晤之前，千万以时进道自爱。不宣。

闰月晦日，某顿首再拜国材丈执事。

欲识“仁”字大概，且看不仁之人可见。盖其心顽如铁石，不问义理，专任己私，是以谓之不仁。识此气象，则仁之为道可推而知矣。因书试言所得，以答合否如何尔。

[1] 此篇元刻本入于卷七“杂说”，然未全文刊载，其中第一、二段略去，又第九段“近衢州一江元适登仕”之后，至第十二段“再拜国材丈执事”，亦皆略去。清刻本则改用《晦庵集》之全文收入。据陈来、束景南考证，此文作于隆兴二年（1164年）。

[2] 武学，古代的军事学校，北宋庆历三年（1043年）始置于武成王庙，不久停办。北宋熙宁五年（1072年）复置，设武学博士等官教授。朱熹于隆兴二年（1164年）诏任国子监武学博士。

[3] 今岁金人入，元刻本作“今岁虏人大入”，据元刻本补“大”字。

[4] 延平，即李侗，学者称延平先生。里居、阅历见卷首《宋太师徽国文公朱先生年谱节略》注。李侗逝世于隆兴二年（1164年）。

[5] 此段四处小注，元刻本皆列为正文。尔，元刻本作“耳”。

[6] 江元适，即江泳，字元适，号西庄，宋衢州开化（今浙江开化县）人，徙家江山。弱冠有声庠序，应试不利，遂弃举业，从理学家徐存游，传其学。著有《西庄题意》、《天籁编》等。

[7]《易序》，朱熹所撰《周易本义》的一篇序文，有称为程颐所作，又有考证为朱熹所作。

[8] 此以无思〈相〉似以至〈有思〉，原文缺，据《晦庵集》补。

[9] 齐仲，即齐仲，福建同安人，朱熹门人。

[10] 石丞，即石墪，绍兴二十三年（1153年）任同安县丞，故称。里居、阅历见卷五《答许顺之十三条》之八条注。

答柯国材[1]

以下二条乃收刻文集，旧集无此

传序鄙意不欲如此，昨因《论语小传》[2]之作，已罄鄙怀。不蒙领略，遂更不敢复言。今所惠书反谓有所爱于言，何耶？行行之号，犹非所以矫气习之偏，而反之于中和之域。区区之意，亦不愿老丈之为此称也。如何？

[1] 元刻本无此篇，后之增订者补之。据陈来考证，此文作于隆兴二年（1164年）。

[2]《论语小传》，刘敞撰。刘敞（1019—1068），字原父，临江新喻（今属江西樟树）人，世称公是先生。庆历六年（1046年）进士，廷试第一。历仕宋仁宗、英宗两朝，官至集贤院学士。学识渊博，为北宋著名的经学家，与弟刘攽合称为“北宋二刘”。著有《公是集》、《七经小传》等，《论语小传》乃《七经小传》之一。

答柯国材[1]

示谕忠恕[2]之说甚详，旧说似是如此。近因详看明道、上蔡[3]诸公之说，却觉旧有病。盖须认得忠恕，便是道之全体，忠体而恕用，然后“一贯”之语方有落处。若言恕乃一贯发出，又却差了此意也。如未深晓，且以明道、上蔡之语思之，反复玩味，当自见之，不可以迫急之心求之。如所引“忠恕笃钦”以下，尤不干事。彼盖各言入道之门、求仁之方耳，与圣人之忠恕道体本然处初不相干也。一阴一阳不记旧说，若如所示，即亦是谬妄之说。不知当时如何敢胡说，今更不须理会，但看一阴一阳往来不息，即是道之全体，非道之外别有道也。逆顺之说，康节以为先天之数。今既晓图子不得，强说亦不通，不若且置之。《易序》两句，大病在“彼此”二字上，今改得下面，不济事也。凡此数说，姑塞来问，未知中否？有便却望垂教，幸甚！幸甚！

石丈[4]相聚所谈何事？其笃诚好学已不易得，而议论明快，想讲论之际少所凝滞也。书来有少反复，草草作答，不能尽所言。大抵讲学只要理会义理，非人所能为，乃天理也。天理自然，各有定体，以为深远而抑之，使近者，非也；以为浅近而凿之，使深者，亦非也。学者患在不明此理而取决于心。夫心何常之有？好高者已过高矣，而犹患其卑；滞于近者已太近矣，而犹病其远。此道之所以不明不行，而学者所以各自为方而不能相通也。前此以陈、许二友好为高奇，喜立新说，往往过于义理之中正，故常因书箴之。盖因其病而药之，非以为凡讲学者皆当画于浅近而遂止也。然观圣贤之学，与近世诸先生长者之论，则所谓高远者，亦不在乎创意立说之间。伊川[5]云："吾年二十时，解释经义与今无异。然思今日意味，觉得与少时自别。"又尹和靖[6]门人称尹公于经书不为讲解，而耳顺心得，如诵己言，此岂必以创意立说为高哉？今吾辈望此，地位甚远。大概读书且因先儒之说，通其文义而玩味之，使之浃洽于心，自见意味可也。如旧说不通，而偶自见得别有意思，则亦不妨。但必欲于传注之外，别求所谓自得者而务立新说，则于先儒之说或未能究而遽舍之矣。如此则用心愈劳，而去道愈远，恐骎骎然失天理之正而陷于人欲之私，非学问之本意也。且谓之自得，则是自然而得，岂可强求也哉？今人多是认作"独自"之"自"，故不安于他人之说，而必己出耳。

凡此皆石丈书中未及尽布者，或因讲论之次，闲为及之，幸甚，幸甚！并以呈齐仲、顺之，不知如此卑说还可高意否？二公更不及别书也。徐丈[7]惠书云有疑难数板，却未见之，岂封书时遗之耶？偶数时村中乏纸，亦不别拜状，只烦为致此意，幸甚，幸甚！顺之书中似以横渠[8]"平易其心"之说为不然，谈何容易！更且思之为佳。盖所谓平易者，亦苟简轻易之谓也。群居终日，别作何工夫？便中千万，示及一二。苟有未安，不惮献所疑以求益也。

[1] 元刻本无此篇，后之增订者补之。据陈来考证，此文作于隆兴二年(1164 年)。

[2] 忠恕，指儒家的一种道德规范。忠，谓尽心为人；恕，谓推己及人。出自《论语·里仁》,："子曰：'参乎！吾道一以贯之。'曾子曰：'唯。'子出，门人问曰：'何谓也?'曾子曰：'夫子之道，忠恕而已矣。'"

[3] 明道，即程颢（1032—1085），字伯淳，学者称其"明道先生"。黄州府黄安县（今湖北红安县）人。宋嘉祐年间进士，神宗朝任太子中允、监察御史里行。和其弟程颐同学于周敦颐，世称"二程"，为北宋理学的奠

基者，“洛学”代表人物。上蔡，即谢良佐，世称“上蔡先生”或谢上蔡。里居、阅历见卷五《答许顺之十条》之五条注。

[4] 石丈，即石墪，里居、阅历见卷五《答许顺之十三条》之八条注。

[5] 伊川，即程颐，祖籍河南府伊川，故称“伊川先生”。里居、阅历见卷二《与张敬夫》注。

[6] 尹和靖，即尹敦（1061—1132），字彦明，一字德充，洛阳（今河南洛阳）人。北宋哲学家，从程颐学，终生不就举，皇帝赐以“和靖处士”。著作有《论语孟子解》。

[7] 徐丈，当指徐元聘。

[8] 横渠，即张载，宋凤翔郿县横渠镇人，世称横渠先生。里居、阅历见卷二《答汪尚书论家庙》注。

补遗

答陈齐仲[1]

向所寄示诗解，用意甚深，多以太深之故，而反失之。凡所疑处，重已标出，及录旧说求教。幸试思之，因便垂诲，幸幸三事之喻，甚善。但既知其骄矜，走失而犹以为未可去，不知更欲如何方可也。差之毫厘，缪以千里，岂容公然走失耶！相马之说，恐与忠恕之意不同。盖“忠恕”之理，则一而人之所见有浅深耳，岂有所拣择取舍于其间哉？学者欲知“忠恕”、“一贯”之指，恐亦当自违道不远处着力，方始隐约得一个气象，岂可判然以为二物而不相管耶！格物之论，伊川意虽谓眼前，无非是物然其格之也。亦须有缓急先后之序，岂遽以为存心于一草木器用之间，而忽然悬悟也哉！且如今为此学，而不穷天理、明人伦、讲圣言、通世故，乃兀然存心于一草木一器用之间，此是何学问？如此而望有所得，是炊沙而欲其成饭也。来谕似未看破此处病败，恐不免出入依违之弊耳。

近尝辩论杂学家、数家之说，漫录此数条去，不审高明以为如何？顺之不二法门[2]，则不可休，不可休！似未是不二法门，请更于此下语，如何？渠所寄来《孟子说》，大抵其说亦苦于太高，却失本意，可更商量，须于平易明白中荐取，不必如此打绕也。

[1] 此条于《大同集》各版本皆无收，据陈来考证，此条作答于乾道二年（1166年）冬。然因其乃朱熹写与同安门人陈齐仲之信，涉及同安人、事，故自《晦庵集》卷三十九中录之作补遗。陈齐仲，名讳不详，福建同安人，朱熹门人，与许升同肄业于净隐寺。

[2] 不二法门，佛家用语，指平等而无差异之至道。二就是分别心，不二就是无分别心。

答徐元聘[1]（一）

文王无伐纣之心，而天与之，人归之，其势必诛纣而后已。故有“肃将天威，大勋未集”[2]之语。但纣恶未盈，天命未绝，故文王犹得以三分之二而服事纣。若使文王未崩，十二三年纣恶不悛，天命已绝，则孟津之事[3]，文王亦岂得而辞哉！以此见文武之心，未尝不同，皆无私意，视天与人而已。

伊川谓无观政之事，非深见文武之心，不能及此，非为存名教而发也。若有心要存名教，而于事实有所改易，则夫子之录《泰誓》、《武成》[4]，其不存名教甚矣。近世有存名教之说大害事，将圣人心迹都做两截看了，殊不知圣人所行便是名教。若所行如此，而所教如彼，则非所以为圣人矣。

周公东征，不必言用权，自是王室至亲与诸侯连衡背叛，当国大臣，岂有坐视不救之理。帅师征之，乃是正义，不待可与权者而后能也。若马、郑以为东行避谤，乃鄙生腐儒不达时务之说，可不辨而自明。陈少南[5]于经旨多疏略，不通点检处极多，不足据以为说来教。所谓周公之志，非为身谋也，为先王谋也；非为先王谋也，以身任天下之重也。此语极佳。

召公不说[6]，盖以为周公归政之后，不当复留，而己亦老而当去。故周公言二人不可不留之意，曰："呜呼！君已曰'时我'，我亦不敢宁于上帝命，弗永远念天威。越我民罔尤违。"[7]又历道古今圣贤倚赖老成以固其国家之事。又曰："予不惠，若兹多诰，予惟用闵于天越民。"[8]只此便见周公之心。每读至此，未尝不喟然太息也。试于此等处虚心求之，如何？

[1] 此条于《大同集》各版本皆无收，据陈来考证，此条作答于乾道二年（1166年）冬。然因其乃朱熹写与同安门人徐元聘之信，涉及同安人、事，故自《晦庵集》卷三十九中录之作补遗。徐元聘，名讳不详，号芸斋，福建同安人。朱熹主簿同安时与之交游，于书信中常与柯翰相提并论，称为"二丈"。

[2] "肃将天威，大勋未集"，出自《书·泰誓上》。肃将，敬奉、敬献。大勋，大功业。集，完成，成功。

[3] 孟津之事，即"盟津之誓"。公元前1048年，武王在黄河南岸的盟津（今孟津西北）大会诸侯，举行伐纣誓师仪式。

[4]《泰誓》、《武成》，《尚书》中的篇文。《泰誓》，记载武王在盟津大会诸侯，誓师伐纣之事；《武成》，记载武王伐纣的事件经过。

[5] 陈少南，即陈浩，字少南，号鹏飞，永川松溉人，宋代著名经学家。九岁读《易经》，对晁说的古《易》有独特的见解。后著《晁氏诗解》和《五经通解》。

[6] 说，通"悦"。

[7] "君已曰'时我'……"句，出自《尚书·君奭》，乃周公针对召公"不悦"而作。此句意思是：呜呼！即使你这样说"一切是在于我"，我也不敢对上帝的命令采取不正确的态度，不能不永远顾念天的威罚。我们的百姓不会产生怨恨。

[8] "予不惠，若兹多诰……"句，出自《尚书·君奭》，意思是：我不够聪明，像这样多的劝告，我只因忧虑上天和下民。

答徐元聘[1]（二）

承喻人物之性同异之说，此正所当疑当讲者，而考订精详，又见志意之不衰也。慰幸，慰幸！熹闻之，人物之性本无不同，而气禀则不能无异耳。程子所谓“率性之谓道，兼人物而言”，又云“不独人尔，万物皆然”者，以性之同然者而言也。所谓人受天地之正气，与万物不同。又云“只是物不能推，人则能推之”者，以气禀之异而言也。故又曰：“论性不论气，不备；论气不论性，不明。二之便不是。”[2]熟味[3]此言，可见先生之意，岂若释氏之云哉！承喻云云，胡子[4]《知言》正如此说。（内一章首云“子思子曰”者是也。）然性只是理，恐难如此分裂。只是随气质所赋之不同，故或有所蔽而不能明耳。理则初无二也，至孟子说中所引，乃因孟子之言，只说人分上道理。若子思之意，则本兼人、物而言之也。“性同气异”，只此四字包含无限道理。幸试思之，若于此见得，即于圣贤之言都无窒碍矣。

[1] 此条于《大同集》各版本皆无收，据陈来考证，此条作答于乾道二年（1166年）冬。然因其乃朱熹写与同安门人徐元聘之信，涉及同安人、事，故自《晦庵集》卷三十九中录之作补遗。

[2] “论性不论气，不备……”句，出自《程氏遗书·卷六》。朱子曾解之曰：“‘论性不论气’，孟子言性善是也；‘论气不论性’，荀子言性恶、杨子言善恶混是也。”

[3] 熟味，仔细体会。

[4] 胡子，指胡宏（1102—1161），字仁仲，号五峰，人称五峰先生，福建崇安人。胡安国子，湖湘学派创立者。幼事杨时、侯仲良，以荫补承务郎。著有《知言》、《易外传》等。其理学思想虽然基本上是对二程学说的继承，然在道、理、心、性等内容的发挥却有许多独到之处。

答王近思[1]

吾道一以贯之。

此说未是，更检《精义》[2]中二程先生及谢、侯二说熟看。杨、尹说正是错会明道意，然曾子是力行得熟后见得，今人只是说得，自是意味不同。正便说得十分，亦不济事。

仁。

此说未是，更检伊川先生说“孝悌为仁之本”、“博爱之谓仁”、“心譬如谷种”[3]三处看，更检《易传》复卦彖辞[4]及《孟子·论四端》[5]处子细看。

[1] 此条于《大同集》各版本皆无收，据陈来考证，此条作答于绍熙二年(1191年)十二月。然因其乃朱熹写与同安门人王力行之信，涉及同安人、事，故自《晦庵集》卷三十九中录之作补遗。

[2]《精义》，当指《论孟精义》。该书为朱熹所辑录的《论语》、《孟子》十二家解说，共三十四卷，其中《论语》二十卷，《孟子》十四卷，又各有纲领一篇，未入卷数。初名《论孟要义》，又名《论孟集义》。

[3] 孝悌为仁之本，出自《二程遗书》卷十一：“孝弟也者，其为仁之本与！言为仁之本，非仁之本也。”博爱之谓仁，出自《二程遗书》卷十八：“退之言‘博爱之谓仁’，非也。”心譬如谷种，出自《二程遗书》卷十八：“心譬如谷种，生之性便是仁。阳气发处，乃情也。”

[4]《易传》，战国时期解说和发挥《易经》的文集，是理解《易经》的经典著作。复卦，是《易经》中的第二十四卦，展示“复”形势下各种变化的可能性；彖辞，是解释六十四卦卦辞含义的。

[5]《孟子·论四端》，为《孟子·公孙丑章句上》中名篇，讲出儒家所谓的四端。即恻隐之心，仁之端也；羞恶之心，义之端也；辞让之心，礼之端也；是非之心，智之端也。

答柯国材[1]翰

辱书示以颜子、子贡俱以仁为问，而夫子告之有若不同者。此固尝思之，而非如足下之说也。“为仁由己”[2]，此论为仁之至要，盖始终不离乎此。夫其所以求师友而事之之心，岂自外至哉？既得师友而事之矣，然不求诸己，则师友者自师友耳，我何有焉？以此意推之，则二说者初不异也。如足下之言，恐非长善救失之意。足下思之而反复其说，则熹之愿。他所以见属者，岂熹所敢当哉？戴、陈二生趣向、文辞皆可观，固知其所自矣。有友如此，足以辅仁，敢以为足下贺，而仆亦将有赖焉。斋居无事，宜有暇日，以时过我，幸得讲以所闻，而非所敢望也。

[1] 此篇于《大同集》各版本皆无收，因其乃朱熹写与同安门人柯翰之信，与同安人、事有关，故自《晦庵集》卷三十九中录之作补遗。
[2] 为仁由己，出自《论语·颜渊》，意思是实行仁德，完全在于自己。

答陈明仲[1]

丞事如过割[2]一条，亦是民间休戚[3]所系。顷在同安，见官户、富家、吏人、市户典买田业，不肯受业操有余之势力，以坐困破卖家计狼狈之人，殊使人扼腕。每县中有送来整理者，必了于一日之中。盖不如此，则村民有宿食废业之患，而市人富家得以持久困之，使不敢伸理。此最弊之大者。尝见友人陈元滂[4]说，昔年趋事吏部许公[5]于邵阳，许公自言：“吾作县有八字法。”请问之，则曰：“开收人丁[6]，推割[7]产税而已。”此可谓知为政之本者，愿高明志之。《明道行状》[8]及门人叙述中所论政事叙指，无事亦宜熟看，殊开发人意思也。所询丧礼，别纸具禀，顾亦考未精，又适此数时扰扰，不及致思。恐未必是，更可转询知礼之士，庶不误耳。

别　纸

灵席居中堂。

家无二主，似合少近西为宜。

朔祭[9]，子为主。

按丧礼，“凡丧，父在，父为主”，则父在子无主丧之礼也。又曰“父没，兄弟同居，各主其丧”，注云“各为妻子之丧为主也”，则是凡妻之丧，夫自为主也。今以子为丧主，似未安。

先遣柩归而奉魂帛，终丧埋帛[10]立主。（时在官所。）

此于古无。初既不能尽从古制，即且如此，亦可，然终不是也。

奉祀者题其子。

此亦未安。且不须题奉祀之名，亦得。

庙别三世，别设一世于其下。

礼，卒哭而祔于祖姑。三年而后入庙。今既未葬，则三虞、卒哭之制无所施，不若终丧立主而祔[11]。祔毕，而家庙旁设小位，以奉其主，不可于庙中别设位也。愚见如此，未知是否？告更以《温公书仪》及高氏《送终礼》[12]参考之，当有定论也。

[1] 此篇于《大同集》各版本皆无收，据陈来考证，此文作于乾道九年（1173年）。因其文中谈及朱熹整顿簿税之事，与同安事、地有关，故自《晦庵集》卷三十九中录作补遗。陈明仲，即陈旦，亦作陈焯，字明仲，里居、阅历见卷二《答汪尚书论家庙》注。

[2] 过割，旧时田宅买卖、典当或赠与所办的过户或转移产权手续。

[3] 休戚，指喜乐和忧虑。

[4] 陈元滂，即陈宋霖，字元雩，一字元滂，里居、阅历见卷三《答陈宰元雩》注。

[5] 许公，即许忻，字子礼，拱州襄邑县（今河南睢县）人。北宋宣和三年

(1121 年) 进士，历官吏部员外郎、荆湖南路转运判官、邵阳知州等职。

[6] 人丁，指人丁税，即国家以人作为课税对象所征收的税。

[7] 推割，为宋代考查民户物力确定赋役之法。规定民户典卖产业，税赋与物力一并过户，在簿册上批注，县司根据民户所典卖馈赠田宅的田色、顷亩，将与之对应的税租数额划入新田宅业主账下，即由受田者缴纳，此即“按田出税”的原则。贫户为求速售，常常被迫不割税或少割税，于是出现产去税存之弊。

[8]《明道行状》，即程颐为其兄程颢所写的《明道先生行状》。

[9] 朔祭，每月朔日之祭。

[10] 埋帛，上古祭祀使用圭璧币帛等物，事毕则埋之，称埋帛。汉代则以流通货币取代之，后以纸寓钱，事毕后烧之。

[11] 祔，将后死者神位附于先祖旁而祭祀。

[12]《温公书仪》，宋司马光撰。叙冠婚、丧祭之礼。《送终礼》，宋高闶撰。高闶 (1097—1153)，字抑崇，号息斋，鄞县人。绍兴元年 (1131 年) 进士，官至筠州知州，致仕。卒赠少师，谥宪敏。

答许景阳[1]

一别十年，彼此皆复往时矣。近见《槐阴问答》，觉得所论皆太宽缓。此非言语之病，乃是用功处不紧切耳。来书所论未发之中，恐不如此，似看得太过了。只是此理，对恶而言，则谓之善；对浊而言，则谓之清；对四旁而言，则谓之中。初非有二物，但惟圣人为能全之，以致其用。众人则虽有而不能自知，是以汩于物欲而乱之耳。

曾子之说，似亦未然。尝谓夫子此机，如决积水于千仞之壑，故当时曾子一闻便透，更无疑滞。若如所喻，则夫子方是教它，曾子渐次消磨。曾子元未及下功夫，如何便应得个“唯”字也？此等处且宜尽心玩味，不可轻易立说也。

[1] 此篇于《大同集》各版本皆无收，据陈来考证，此文作于庆元二年(1196年)。然因其乃朱熹写与同安门人许景阳之信，与同安人、事有关，故自《晦庵集》卷五十三之“书”中录作补遗。许景阳，字子春（据《同安县志》。又有称其名许子春，字景阳），福建同安人。朱熹主簿同安时从游于门下，朱熹“勉其务实，以底于醇”。

卷之七 札 状

乞修三礼[1]

臣闻之，六经之道同归，而《礼》、《乐》[2]之用为急。遭秦灭学，礼乐先坏。汉、晋以来，诸儒补缉，竟无全书。其颇存者，三礼而已。《周官》[3]一书，固为礼之纲领，至其仪法度数，则《仪礼》乃其本经，而《礼记》[4]郊特牲、冠义等篇，乃其义说耳。前此，犹有三礼、通礼、学究诸科，礼虽不行，而士犹得以诵习而知其说。自熙宁以来，王安石变乱旧制，废罢《仪礼》，独存《礼记》之科。弃经任传，遗本宗末，其失已甚。而博士诸生又不过诵其虚文，以供应举。至于其间亦有因仪法度数之实而立文者，则咸幽冥而莫知其源。一有大议，率用耳学臆断而已。若乃乐之为教，则又绝无师授。律尺短长，声音清浊，学士大夫莫有知其说者，而不知其为阙也。

故臣顷在山林，尝与一二学者考订其说，欲以《仪礼》为经，而取《礼记》及诸经史杂书所载有及于礼者，皆以附于本经之下，具列注疏，诸儒之说略有端绪。而私家无书检阅，无人抄写，久之未成。会蒙除用，学徒分散，遂不能就。而钟律之制，则士友间亦有得其遗意者。窃欲更加参考，别为一书，以补六艺之阙，而亦未能具也。

欲望圣明特诏有司，许臣就秘书省太常寺关借礼乐诸书，自行招致旧日学徒十余人，踏逐空闲官屋数间，与之居处，令其编类。虽有官人，亦不系衔请俸，但乞逐月量支钱米，以给饮食、纸札、油烛之费。其抄写人，即乞下临安府差拨贴司二十余名，候结局日量支犒赏，别无推恩。则于公家无甚费用，而可以兴起废坠，垂之永久，使士知实学。异时可为圣朝制作之助，则斯文幸甚，天下幸甚。取进止。

[1]《大同集》元刻本（以下简称“元刻本”）无此篇，后之增订者补之。三礼，指《周礼》、《仪礼》和《礼记》三部儒家经典，是古代中国礼乐文化的理论形态，对礼法、礼义做了最权威的记载和解释，对历代礼制的影响最为深远。

[2]《礼》，指的是《仪礼》，是儒家传习的古代典章礼仪制度的著作，也就是所谓的六经之一。《乐》，指的是《乐经》，也就是所谓的六经之一。然其他五经至今尚存，唯独《乐经》早在汉代之前失佚。

[3]《周官》，又称《 周礼》。其内容六篇分载天、地、春、夏、秋、冬六官，记古代理想官制，其中冬官已亡佚，由《考工记》补足。大而至于政治、军事，小而至于衣冠、陈设，无不有义。

[4]《礼记》，又名《小戴礼记》、《小戴记》，是中国古代一部重要的典章制度选集，共二十卷四十九篇。主要记载先秦的礼制，体现先秦儒家的哲学思想、教育思想、政治思想、美学思想，是一部儒家思想的资料汇编。

乞以泗水侯从祀先圣[1]

照对[2]本军，昨因修葺军学，照得从祀神位名号差舛[3]，曾具状申尚书礼部。续准本部符降到见行从祀神位名号，本军谨已遵依彩画题写奉安讫。熹恭睹崇宁元年二月二十五日诏，追封孔鲤为泗水侯，孔伋[4]为沂水侯。今按本部降到神位名号，其泗水侯独未得在从祀之列。盖尝考之《论语》，伯鱼过庭，亲承《诗》、《礼》之训。先圣又尝使为《周南》、《召南》[5]之学，其才虽曰不及颜渊，然亦不应尽出七十子之下。窃意当来礼官一时讨论偶失编载，非固有所取舍升黜于其间也。熹愚，欲望朝廷特赐详酌，将泗水侯列于从祀，位在七十子之后、沂水侯之前，庶几孔门之贤悉登祀典，有以仰称崇宁圣诏褒崇之意。须至申闻者。

[1] 元刻本无此篇，后之增订者补之。本篇系朱熹任南康军知军时，于淳熙七年（1180年）三月修军学，报省乞以泗水侯孔鲤从祀先圣的申状。据《大同集》编修之原则，此文无关同安事，属于滥收。泗水侯，即孔鲤（前53—前483），字伯鱼，山东曲阜人，孔子之子，死后追封泗水侯。

[2] 照对，核对。

[3] 差舛，差错。

[4] 孔伋（前483—前402），字子思，孔子之孙、孔鲤之子，尊称“子思子”。宋徽宗封其为“沂水侯”，元文宗封其为“沂国述圣公”。

[5]《周南》、《召南》，是《诗经》开头两篇。郑玄《诗谱》曰：“得圣人之化者，谓之《周南》；得贤人之化者，谓之《召南》。”

经界申诸司状[1]

具位

伏睹本州准转运衙及准提刑提举衙牒[2]，备准省札臣僚札子[3]奏：闻经界之政，公私俱利。闽广接壤，广中已行经界，而闽中未行。顷者朝廷俾闽路漕臣措置汀州经界，续恐有扰而权行住罢。夫经界虽难遽行，然因其乡俗而行之以渐，则无劳扰之患。盖闽郡多山田，素无亩角可计，乡例率计种子，或斗或升。每一斗种，大率系产钱十余文。若使民户自以本户产钱均配其田，自为二簿，一输之官，一为户簿。如江浙之例，每段画图，而旁写四至，配以产钱若干。其簿之首，总计本户产钱，以合官簿之数。其隐瞒不载者，甘没于官。许人告首请佃，间有郡例，元产一钱约抵它郡数文者，使每一钱以十分为率而折之，则山田小段并可均配。行之二三年，亩产渐实，然后使保正长自画图，为甲、乙、壬、癸等字号而总计之，则民心自安。不差官吏，不置司局，而民亦无扰矣。

二月二十九日，三省同奉圣旨，令福建路监司[4]相度条具闻奏，牒请契勘。本州曾未举行经界，如或已行，即未委先行，系作如何施行？目今见行遵守，有无所行未尽。若未行经界，亦合作何措置？逐一条具，经久利便。因依状申者，本州除已一面询访到龙溪知县翁承议条具事状备录供申外，某切自念久处田间，尝试县吏其于此事尤所习知，正以本州向来不曾推行经界，田税不均，贫弱受弊，方欲少俟数月之间条上五事，首以为请。今睹上项指挥适与鄙意所欲言者不约而合，以此更加询访，见得经界行否之利害。一经界详略之利害，一又得其所必可行之术，三又得其终不得行之虑，一不敢隐默，谨具于后：

一版籍不正，田税不均，虽若小事，然其实最为公私莫大之害。盖贫者无业而有税，则私家有输纳欠负、追呼监系之苦；富者有业而无税，则公家有隐瞒失陷、岁计不足之患。及其久也，诉理纷纭，追对留滞，官吏困于稽考，人户疲于应对，而奸欺百出。率不可均，则公私贫富俱受其弊，岁引月长，有增无减。且以熹身之所历者言之：熹绍兴二十三四年间，备员泉州同安主簿。是时已见本州不曾经界，县道催理税物，不登乡司，例以逃绝为词，官司便为不可推究。徐考其实，则人户虽已逃亡，而其田土只在本处，但或为富家巨室先已并吞，或为邻里宗亲后来占据，阴结乡吏，隐而不言耳。固尝画策以请于县，一时均割，虽亦颇多，然本原未正，弊随日生，终不能有以为久远之利。况自彼时至今，又已三四十年。兹者南来，每见县道官员谙晓民事者，无不以此为病。至于田里之民，则其苦此而欲得经界，又不待言，而可见此经界行否之利害然也。然则今日议臣之请，亦可谓深知所以救时弊之急矣。但其所言闽广之事，或非亲见，容有未实。盖绍兴年中，福建一路实，但泉、漳、汀州不曾经界，然亦非全然不行也。是其打量攒造，盖已什八九成，而提刑孙汝翼[5]以为山贼未平，民散田荒，虑有不实，函奏罢之，本非此三州者，偏有不可经界之势也。且其至今，岁月益久，流亡复业，田土开垦，又已非复昔时矣。使昔时真不可行，岂至今日终不可行而遂已乎？伏乞台察。

一经界利害如前所陈，则其不可不行审矣。然行之详略，又有利害者。盖版籍之所以不正，田税之所以不均，政缘教化未明，风俗薄恶，人怀私意不能自克，是以因循积弊以至于此。虽有教化，亦未可以卒然变也。况今吏治何暇及此，而遽欲版图之正，田税之均，是岂不差官、不置局、不打量步亩，不攒造图帐之所能办乎？所以绍兴年中虽以秦太师之权力、李侍郎之心计，然犹不惮甚劳大费，以至淹历岁时之久，而后能有成也。若如议者之言，即是熙宁手实之法，其初虽若简易，其终必将大起告讦[6]之风，徒伤淳厚之俗，而卒不足以得人户、田产有无多寡之实，又反不如偷安度日都不作为之为愈也。抑绍兴经界立法甚严，人所创见莫不震悚，然而奸猾之民犹有故犯之者，况于今日以此苟简之法，施之玩习之民，而欲妄意簿正而税平，岂可得哉？此经界详略之利害者然也。伏乞台察。

一经界之行否，详略其利害已悉具于前矣。今欲行之，则绍兴已行之法诚不可易，但当时所行亦有一二未尽，善者如不择诸道监司以委之，而至于专遣使命；不择州县官吏，而泛委令佐至其中，半又差官覆实以纷更之。此则今日之所不可不革者也。盖当是时秦氏用事，诸路监司皆其亲党，固未尝择至于州县官吏。又以逐州逐县无不奉行，用人至多而不暇择，所以其势不得不至于此。今幸朝廷清明，而本路诸司皆一时之选，欲行经界之地，又不过三州十有七县，其用官吏一县两人，则亦不过三十四人而已。若蒙朝廷先令监司一员专主其事，使之择三郡守，汰其昏谬疲软、力不任事如熹等者，而于一路之中求此三四十人，应亦不至绝不可得。盖县令不能则择于其佐，佐又不能则择于它官；一州不足则取于一路，见任不足则取于得替。待阙之中皆委守臣踏逐申差[7]、权领县事，要以得其人而后已。既得其人，则使之审思熟虑于其始，而委任责成于其终。事毕之后，量加旌赏，以报其勤。其权领者则又稍优其赏而归之故官，则大事克济。而于其不能者，亦无大害，此则差官置局必可行之说也。至于打量一事，则其势不得不少劳民力。但一县之地，大者分为数百千保，小者分为数十百保，使之分头散出，各自打量，则亦不至多费时月。而绍兴遗法亦必能识之者，此打量步亩必可行之说也。至于图帐之法，始于一保，大则山川、道路，小则人户、田宅，必要东西相连，南北相照，以至顷亩之阔狭，水土之高低，亦须当众共定，各得其实。其十保合为一都，则其图帐但取山水之连接与逐保之大界总数而已，不必更开人户、田宅之阔狭高下也。其诸都合为一县，则其图帐亦如保之于都而已，不必更为保之别也。如此则其图帐之费亦当少减。然犹窃虑今日民力困弊，又非绍兴年中之比。此费虽微，亦恐难以陪备，若蒙朝廷更怜三郡之民，不忍使之更有烦费，则莫若令役户只作草图、草帐，而官为买纸、雇工，以造正图、正帐，专委守倅及所差官会计买纸、雇工之费，实用若干钱物，具申漕宪两司，许就本州所管两司上供钱内截拨应副。如此则大利可成，民亦不至于甚病，此则攒造图帐必可行之说也。抑此皆其法也。若夫法外之意，又在官吏用心如何。熹顷在同安，尝见惠安县丞郑昭叔[8]自言知仙游县日，适值朝廷推行经界，初得户部行下事，目读之，茫然不晓所谓，而僚佐吏史亟请施行。因窃自念己犹未晓，何以使人，乃闭门谢事，覃思旬日，然后通晓。心口反覆，更相诘难，胸中洞然，无复疑滞，然后集诸同官而告语之，使其有疑即以相问。如是数日，而同官亦无不晓者。同官既晓，然后定差保正[9]、保长，阖县通差，不以烟爨[10]远近为拘，不以歇役新旧为限，但取从上丁产[11]高人分为二等，大者以备都副保正，小者亦备大保长，各以纸签书其姓名，分置两贴。又于二贴各分四类，或物力高强，或人丁众盛，或才智足任谋画，或肋力可备奔走，各以其类置于一贴。凡选一都一保，则必兼取此四色人，使之同事，令其各出所长，以相协济。于是人皆悦从，相率就事。差役既定，然后以户部事目印本给之，又为说其大意，使之退而讲究。期以一日悉集县廷，凡有所疑，恣其请问，悉以己意详为解说。力疲气乏，则请同官更番应之。如是五六日，凡为保正长，亦无不悉晓其法，然后散遣打量。不过两月，它邑差役未定，而仙游打量见次第矣。熹尝窃记其言，以为若使被差之官，人人如郑君之用心，则虽岁岁方田、年年经界，亦无害于民者。今者幸遇朝廷复有推行此法之意，敢录其说并以陈献。如蒙采择，上之朝省，下之属部，不独使彼差官吏有所取法，亦庶几郑君之心因以暴白后世。郑，福州宁德人，其后致仕家居，老寿康宁，九十六岁而终，亦其诚心爱民之报也。并乞台察。

一经界行否，详略之利害，与其必可行之术，熹之言亦详矣。而复有所谓不得行之虑者，何也？盖此法之行，贫民下户虽所深喜，而豪民猾吏皆所不乐。喜之者，多单弱困苦无能之人，故虽有诚恳而不能以言自达。不乐者，皆财力辨智有余之人，故其所怀虽实私意，而善为说词，以惑群听。甚者至以盗贼为词，恐胁上下，务以必济其私。而贤士大夫之喜安静、厌纷扰者，又或不能深〈察〉其情而望风沮怯，例为不可行之说，以助其势。殊不知泉漳之民，本自良善，不能为寇，唯汀州及漳之龙岩素号多盗，然前后数起如沈师、姜大老官、黄三之徒，皆非为经界而起也，乃以不曾经界有税无业之民狼狈失所者众，而轻于从乱耳。若其富家巨室、业多税少之人，则虽有不乐受产之心，而岂肯以此之故，弃其子孙久远之业，以为族灭无余之计也哉？其不足虑亦明矣。但此等事情曲折微细，亦须身履目见，乃有以信其必然。今朝廷之尊、台府之重，其去田里有税无业之民，盖已远矣，而又有此浮伪奸险之说，以荡摇乎其间，则亦何由信此利害之实而必行之哉？此熹所以虽独知之，而不能不以或不得行为虑也。伏乞台察。

右［上］谨件如前，熹之愚意，又窃以谓此事今在诸司详为开陈，朝廷力赐主张，首以定计为先，次以择人为急，然后博采众论，取其所长，则虽事之至难者，亦将无所不济。如其不然，而使复为怀奸挟诈、因循苟简之论所胜，则是使三州之民日就穷困，永无苏息之望矣，可不痛哉！熹衰朽之余，误叨郡寄，不胜喜惧交战之至。谨具状申安抚、转运、提刑、提举常平使司，伏候台旨。

[1] 元刻本无此篇。此篇乃绍熙元年（1190 年）朱熹任漳州知州时，于是年六月向安抚转运提刑提举使司所上之申状，条陈经界利害，详陈行经界之法。该状虽非作于同安任上，然文中论及其主簿同安时力倡经界之经验与思考，亦属涉及同安之作，故后之增订者将其增补入《大同集》之中。经界，土地、疆域的分界。

[2] 准，依照。转运衙，即转运使司。提刑提举衙，即提点刑狱使司和提举常平使司。北宋为加强中心集权，于各路设转运使，除掌握一路或数路财赋外，还兼领考察地方官吏、维持治安、清点刑狱、举贤荐能等职责。之后陆续设立提点刑狱使司、安抚使司、提举常平使司等机构分割转运使的权力，形成经略安抚使、转运使、提点刑狱使、安抚司、提举常平使四使司机构，分别简称帅司、漕司、宪司和仓司。分理处所军事、财赋、司法和盐铁专卖等。牒，指文书。

[3] 札子，古代官府中的往来文书，多用于上奏。后来也用于下行。

[4] 监司，有监察州县之权的地方长官简称。宋安抚使、转运使、提点刑狱、提举常平使皆有监察辖区官吏之责，统称监司。

[5] 孙汝翼，字端朝，南宋建炎年间进士，历任秘书丞等，官至荆南知府。其任福建路提点刑狱使时，以闽地山贼未平为由，停止泉、漳、汀三州行使经界。

[6] 告讦，指责人之过失或揭人之阴私。

[7] 踏逐，意为举荐，是宋元时选拔官员的一种名目，由大臣访问人才，荐请朝廷辟召。申差，亦为举荐之意。

[8] 郑昭叔，福州宁德（今福建宁德）人。南宋绍兴年间曾任惠安县丞、仙游知县等职。任职期间，积极施行经界。

[9] 保正，古代都保领导和称谓。古代农村每十户为一保，设保长；每五十户为一大保，设大保长；每十大保为都保，设保正。

[10] 爨，灶。

[11] 丁产，人口与田产。

回王正臣元达启[1]

某启。伏念行能无取，艺业不修。学不足以见古人之用心，徒切钻研之力；仕不足以行平日之所志，第劳刀笔之间。至于典礼义文学之官，首诵说讲论之事，圣言高远，虽莫究其指归，绝业光明，庶有开于来者。过勤厚意，贶以华笺[2]。仰褒饰之过宜，顾省循而何有？谨奉启上谢。

[1] 此篇元刻本入于卷八之“启札状”。据上海古籍出版社出版的顾宏义《朱熹师友门人往还书札汇编》考证，此文作于绍熙五年（1194 年）十 月。王正臣，字元达，里居、阅历不详，《儒林学派》卷十称其为朱熹门人。或为朱熹主簿同安时的早期门人。

[2] 贶，赠送，赐予。华笺，对他人来信的敬称。

上李教授札[1]

窃惟朝廷兴建学宫，以养天下之士，使州之士以学于州，县之士学于县，以便其仰事俯育之私，而非以别异之也。则其制财用之法，所谓赡学钱者，盖州、县通得用之。今执事之议于提学司曰：“业于州者得食于县官，而业于县者无与焉。”以某观之，朝廷立学养士之意与夫制财用之法，似皆不如此。今且置此，而以私言之：盖朝廷以执事宜为人师，故以执事教泉之人。凡泉之人为士者，执事固不得而尽教之。虽使教，不能尽[2]，亦不愈于坐而弃之乎？

今执事之议曰使县自议其费，执事以为县将焉取之？县之取之于民者悉矣。今兹民力困竭，官吏愁劳，日不暇给，而责之以此，是其不能有以教而将直弃之明甚。于执事不为有补，执事何苦而必行之，以弃此县之人也？如曰县学所以教者不能如州学，诸县者某所不能知，如某所领学，其诵说课试大小条科，某自以为亦无甚愧于执事之门。而其师生相接之勤，则窃自隐度，以为虽执事力或有所未能也。谓宜得在假借之域，而反以例削之，使不得自尽，此何说哉？某已具公状申禀，而以此私于左右。伏惟思究朝廷立学养士之意，而考其制财用之法，痛念吏民之艰弊，而深察某之所领。其于州县有异焉，于不可与之中捐[3]而与之，亦所以〈视高明之意有在，而不专于己胜，足以劝其能者，而不〉[4]劝其能者知所厉焉，又况理法有可与者乎？干冒威严，不胜皇恐。

[1] 此篇元刻本入于卷八之"启札状"。据束景南考证，此文作于绍兴二十三年（1153 年），乃朱熹领县学事时，因使用赡学钱之事，与泉州州学教授李楠意见相左，特致书抗论。参见卷三《答陈宰元雩》。李教授，即李楠，福建侯官（今福州）人，南宋闽中名士李楠、李樗之弟，时任泉州州学教授。

[2] 虽使教，不能尽，元刻本作"虽教尤不能尽"。

[3] 捐，元刻本作"掇"。

[4] "亦所以……知所厉焉"一句，清刻本漏字，据元刻本并参《晦庵集》卷二十四《与李教授书》一文补之。

请徐王充学宾申县札[1]

契勘[2]县学教集生徒，渐成次第，但职事员数既少，又皆颇有分职，以此不得专意教导。窃见本县进士徐应中，留意讲学，议论纯正；进士王宾，天资朴茂，操履坚悫[3]，求之辈流，未见其比。乞从县司行下本学，具礼差人敦请赴学，特给厨馔，待以宾客之礼。不惟使生徒睹其言行，得以矜式[4]，亦庶几士民向风，有所兴劝云云。

[1] 此篇元刻本入于卷八之"启札状"，乃朱熹代同安县学向知县举荐师资的

上呈文书，作于绍兴二十四年（1154 年）。在《晦庵集》中，题作《请徐王二生充学宾申县札子》。徐王，即本文中所称的县进士徐应中、王宾。查宋朝进士录及《同安县志·选举》，并无此二人名字，疑此二人乃是俗称“乡进士”的解士（即举人）身份，称其为“进士”，或为尊称。

[2] 契勘，意为考查、审核。

[3] 悫，朴实、恭谨。

[4] 矜式，尊敬效法。

乞立苏丞相祠堂状[1]

右某等伏睹故观文殿大学士、太子太保致仕，赠司空赵郡苏公[2]，道德博闻，号称贤相，立朝一节，终始不亏。自其高曾，世居此县。比因游宦，始寓丹阳[3]。今忠义、荣义[4]二坊故宅基地宛然尚在，而后生晚学不复讲闻前贤风节、学问源流，是致士风日就凋弊。某等今欲乞改荣义坊[5]为丞相坊，仍于县学空闲地，架造祠堂一所。不惟增修故事，永前烈之风声，庶以激励将来，俾后生之竦饬。谨具状申县[6]。

[1] 此篇元刻本入于卷八之“启札状”，约作于绍兴二十五年（1155 年）十一二月。是年程学解禁，朱熹着手为“道学渊深”的同安先贤苏颂建祠。此文《晦庵集》中题作《以所代同安县学职事乞立苏丞相祠堂状》。

[2] 赵郡苏公，即苏颂（1020—1101），字子容，福建同安县在坊里（今厦门同安区大同街道）人。北宋庆历二年（1042 年）进士，历任历观察推官、馆阁校勘、知制诰、刑部尚书、吏部尚书兼待读等职，宋元祐七年（1092 年）拜左光禄大夫守尚书右仆射兼中书侍郎，建中靖国元年（1101 年），进为太子太保（从一品），封爵赵郡公。为官五十五年，兴利除弊，处事精审。卒后谥“正简”，赐司空魏国公。

[3] 丹阳，今江苏丹阳市，宋代属润州。苏颂之父苏绅知河阳（今河南孟县西）秩满时，死于赴新任途中。苏颂扶柩南归时，择葬于润州丹阳，随后亦移居丹阳。

[4] 荣义，《晦庵集》作“荥阳”。
[5] 荣义坊，《晦庵集》作“荥义坊”。
[6] 谨具状申县，《晦庵集》作“谨具状申主簿学士，伏乞备申县衙，照会施行”。

补　遗

申严婚礼状[1]

窃惟礼律之文，婚姻为重，所以别男女，经夫妇，正风俗，而防祸乱之原也。访闻本县自旧相承，无婚姻之礼，里巷之民，贫不能聘，或至奔诱，则谓之引伴为妻，习以成风。其流及于士子富室，亦或为之，无复忌惮。其弊非特乖违礼典、渎乱国章而已，至于妒娼[2]相形，稔成祸衅，则或以此杀身而不悔。习俗昏愚，深可悲悯。欲乞检坐见行条法，晓谕禁止。仍乞备申使州，检会《政和五礼》[3]士庶婚娶仪式行下，以凭遵守，约束施行。

[1] 此篇于《大同集》各本均未收。据束景南考证，此文作于绍兴二十五年(1155年)，乃欲整顿同安礼俗而上的呈文，故自《晦庵集》卷二十中录作补遗。婚，原文皆作‘昏’。‘昏’古同“婚”，婚姻也，径改之。
[2] 妒娼，妒忌。
[3] 《政和五礼》，即《政和五礼新仪》，宋徽宗御制序文的官民仪礼常制，包括冠礼、吉礼、宾礼、军礼、嘉礼。

举柯翰状[1]

对照县学，见缺直学[2]一员。窃见进士柯翰，守道恬退，不随流俗，专以讲究经旨为务，行年五十，孜孜不倦。置之学校，必能率励生徒，兴于义理之学，少变奔竞薄恶之风。欲乞备申使府，差补施行。

[1] 此篇于《大同集》各本均未收。据束景南考证，此文作于绍兴二十四年(1154年)，乃代同安县学举荐柯翰担任县学直学的上呈文书，故自《晦庵集》卷二十中录之作补遗。柯翰，里居、阅历见卷首《增订本林序》注。

[2] 直学，宋、元时路、府、州、县等儒学掌管钱谷者。

[3] 奔竞，奔走竞争，指对名利的追求。

卷之八　序

同安官书序[1]

同安县故有官书一椟，无籍记文书，官吏传以相承，不复訾省[2]。至某始发视，则皆故敝残脱，无复次第。独视其终篇，皆有识焉者，曰宣德郎守秘书丞、知县林姓，而名亡矣。按县治壁记及故庙学记，林君名渎，字道源，以治平四年为是县。明年，熙宁初元始新庙学，聚图书。是岁戊申，距今绍兴二十五年乙亥，才八十有八年。不幸遭官师之解弛[3]，更水火盗贼之余，其散灭而仅存者止是耳。而使之与尘埃虫鼠共敝于故箱败箧之间，以至于泯泯无余而后已，其亦不仁也哉！

因为之料简[4]，其可读者，凡得六种一百九十一卷。又下书募民间，得故藏去者复二种三十六卷，更为装裹，为卷五十有三。著籍记，而善藏之如故，加严焉。且具刻其卷目次第，阙其所亡者揭之，使此县之人于林君之德尚有考也。而某所聚书，因亦附见其后云。

夏五月丁未朔，具位朱某序

[1] 此篇《大同集》元刻本（以下简称“元刻本”）入于卷三之“序”，题作《官书序》，写于绍兴二十五年（1155年），乃朱熹整理同安县学藏书时，为其书目而作之序。其事可参见卷九《同安官书后记》。

[2] 訾省，指计算、查核财物。

[3] 解，通“懈”。解弛，懈怠松弛。

[4] 料简，清理检查，清点查看。

《禆正书》序[1]（昌晦，同安人）

《禆正书》三卷，唐陈昌晦撰，凡四十九篇，某所校定缮写。初某被府檄，访境内先贤碑碣事传，悉上之府，最后得此书及墓表于其家。表文猥近不足观，然述其世次为详。书杂晚唐偶俪之体，而时出奇涩，殆难以句读也。相传浸久，又多伪谬，无善本可以参校，特以私意定其一二，而其不可知者，盖阙焉。观其洁身于江海上[2]，不污世俗之垢，纷次辑旧闻以为此书。虽非有险奇放绝之行、瑰怪伟丽之文，然其微词感厉，时有发明理义之致。而切于名教者，亦可谓守正循理不惑之士矣。操行之难，而姓名曾不少概见于世，亦足悲夫！《诗》之序曰："乱世则思君子，不改其度。"若昌晦者，可谓近之[3]。某因校其书而为序，其意如此，后有君子得以览云[4]。

［1］此篇元刻本入于卷三之"序"。《禆正书》三卷，陈黯著。陈黯（约805—877），字希儒，号昌晦，唐代南安县嘉禾屿（今厦门岛）人。十岁能诗，十三岁献清源牧诗，名闻乡里。然屡举不第，年过花甲仍无功名，遂隐居嘉禾屿金榜山麓，读书终身，自号场老。一生诗文甚多，但多散失。该书为朱熹于绍兴二十六年（1156年）奉泉州府檄，寻访收集境内先贤碑帖事传，自陈黯家中访得，亲自校订并为之作序。原书已佚，唯有朱熹所撰之序留存下来。此序当作于是年。

［2］洁身于江海上，元刻本作"洁身江海之上"。

［3］之，元刻本作"云"。

［4］云，元刻本作"焉"。

墨刻序[1]

予少好古金石文字，家贫，不能有其书，独时时取欧阳子[2]所集录，观其叙跋辨证之词以为乐。遇适意时，恍然若手摩挲其金石而目了其文字也。既又怅然，自恨身贫贱，居处屏远，弗能尽致所欲得，如公之为者，或寝食不怡竟日。来泉南，又得东武赵氏《金石录》[3]观之，大略如欧阳子书。然诠序益条理，考证益精博，予心亦益好之。于是始胠其橐[4]，得故先君子时所藏，与某后所增益者凡数十种。虽不多，要皆奇古可玩。悉加标饰，因其刻石大小，施横轴悬之壁间。坐对循行卧起，常不去目前，不待披筐箧，卷舒把玩而后为适也。

盖汉魏以前，刻石制度简朴，或出奇诡，皆有可观。存之足以佐嗜古之癖，良非小助。其近世刻石，本制差小者，或为横卷若书帙，亦以意所便也。盖欧阳子书一千卷，赵氏书多倍之，而予欲以此数十种者追而与之并，则诚若不可冀。然安知积之久，则不若是其富也耶！姑首是书以俟。

绍兴二十六年岁次丙子八月二十三日壬辰，新安朱某序

[1] 此篇元刻本入于卷三之“序”。其作于绍兴二十六年（1156年）八月，时朱熹同安任职秩满，等候批书，故有闲情逸趣，把玩家藏金石文字藏品。《晦庵集》此文题作《家藏石刻序》。

[2] 欧阳子，即欧阳修（1007—1072），字永叔，号醉翁，晚号六一居士，吉州永丰（今江西永丰县）人。北宋政治家，官至翰林学士、枢密副使、参知政事，累赠太师、楚国公，谥号文忠。又是文学家，为唐宋八大家之一，宋代文坛领袖。在金石学上亦有开辟之功，其撰写《集古录跋尾》（简称《集古录》）十卷四百多篇，是今存最早的金石学著作。

[3] 东武赵氏，即赵明诚（108—1129），字德甫（或德父），山东诸城人，女词人李清照的丈夫。官至江宁知府。致力于金石之学，著有《金石录》，共三十卷。该书体例仿照《集古录》，著录其所见，从上古三代至隋唐五代以来，钟鼎彝器的铭文款识和碑铭墓志等石刻文字，是中国最早的金石目录和研究专著之一。

[4] 胠，从旁边打开。橐，口袋。

《家礼》序[1]

凡礼有本有文，自其施于家者言之，则名分之守，爱敬之实，其本也；冠、婚、丧、祭，仪章度数者，其文也。其本者，有家日用之常体[2]，固不可以一日而不修。其文又皆所以纪纲人道之终始，虽其行之有时，施之有所，然非讲之素明，习之素熟，则其临事之际，亦无以合宜而应节，是不可以一日而不讲且习也。

三代之制[3]，《礼经》备矣。然其存于今者，宫庐器服[4]之制、出入起居之节，皆已不宜于世。世之君子虽或酌以古今之变，更为一时之法，然亦或详或略，无所折衷。至或遗其本而务其末，缓于实而急于文，自有志好礼之士，犹或不能举其要。而困于贫窭者，尤患其终不能有以及于礼也。熹之愚，盖两病焉。是以尝独观古今之籍，因其大体之不可变者，而少加损益于其间，以为一家之书。大抵谨名分、崇爱敬以为之本。至其施行之际，则又略浮文，敦本实，以窃自附于孔子从先进之遗书［意］[5]。诚愿得与同志之士熟讲而勉行之，庶几古人所以修身齐家之道，谨终追远[6]之心，犹可以复见。而于国家所以敦化导民之意，亦或有小补云。

［1］元刻本无此篇。《家礼》，朱熹最有影响的礼学著作。其内容分为通礼、冠、昏、丧、祭五部分，均根据当时社会习俗参考古今家礼而成，体现朱熹因革损益、博采众家的礼学思想特点。《家礼》成书于乾道六年(1170年)，此序当作于当时。然据学者考证，《家礼》编写或其部分内容的编写始于朱熹同安任职期间，故后之增订者补入《大同集》中。

［2］体，《晦庵集》作“礼”字。

［3］制，《晦庵集》作“际”字。

［4］宫庐，指庐舍。器服，指器物和衣服。

［5］遗书，依《晦庵集》改为遗意。

［6］谨终追远，慎重地办理父母丧事，虔诚地祭祀远代祖先。

《王梅溪文集》序[1]

知人之难，尧舜以为病，而孔子亦有听言观行之戒。然以余之，此特为小人设耳。若皆君子，则何难知之有哉！盖天地之间，有自然之理，凡阳必刚，刚必明，明则易知；凡阴必柔，柔必暗，暗则难测。故圣人作《易》，遂以阳为君子，阴为小人。其所以通幽明之故，类万物之情者，虽百世不能易也。余尝窃推《易》说以观天下之人，凡其光明正大，疏畅洞达，如青天白日，如高山大川，如雷霆之为威而雨露之为泽，如龙虎之为猛而麟凤之为祥，磊磊落落，无纤芥可疑者，必君子也。而其依阿淟涊[2]，回互隐伏[3]，纠结如蛇蚓，琐细如虮虱，如鬼蜮狐蛊，如盗贼诅祝[4]，闪倏狡狯[5]，不可方物者，必小人也。君子、小人之极既定于内，则其形于外者，虽言谈举止之微，无不发见，而况于事业文章之际，尤所谓灿然者。彼小人者，虽曰难知，而亦岂得而逃哉！于是又尝求之古人，以验其说，则于汉得丞相诸葛忠武侯，于唐得工部杜先生、尚书颜文忠公、侍郎韩文公[6]，于本朝得故参知政事范文正公[7]。此五君子，其所遭不同，所立亦异。然求其心，则皆所谓光明正大、疏畅洞达、磊磊落落而不可掩者也。其见于功业文章，下至字画之微，盖可以望之而得其为人。求之今人，则如太子詹事王公龟龄，其亦庶几乎此者矣。

公始以诸生对策庭中，一日数万言，被遇太上皇帝，亲擢以冠多士，遂取其言施行之。及佐诸侯，入册府，事今上皇帝于初潜，又皆以忠言直节有所裨补，上亦雅敬信之。登极之初，即召以为侍御史，纳用其说。公知上意，以必复土疆，必雪仇耻为己任，其所言者，莫非修德行政，任贤讨军之实，而于分别邪正之际，尤致意焉。寻以边兵失律，廷议不臧[8]，上疏自劾，除吏部侍郎，不拜。去为数郡，布上恩，恤民隐，蚤夜孜孜，如饥渴嗜欲之切于己。去之日，民思之如父母。

其处闺门、居乡党，则又亲亲敬故，隆信义，务敦朴，虽家人孺子，亦皆蔼然，有忠厚廉逊之风。平居无所嗜好，顾喜为诗，浑厚质直，恳恻条畅，如其为人。不为浮靡之文，论事取极己意，然其规模宏阔，骨骼开张，出入变化，俊伟神速，世之尽力于文字者，往往反不能及。其他片言半简，虽或出于脱口肆笔之余，亦无不以仁义忠孝为归，而皆出于肺腑之诚。然非有所勉强慕效而为之也，盖其所禀于天者，纯乎阳德刚明之气，是以其心光明正大，疏畅洞达，无有隐蔽，而见于事业文章者一皆如此。海内有志之士闻其名，诵其言，观其行，而得其心，无不敛衽心服。至于小人，虽以一时趋向之殊，或敢巧为谤诋，然其极口，不过以为迂阔近名，不切时务。至其大节之伟然者，则不能有以毫发点污也。然则公于五君子者，迹虽未必皆同，而心实似之。故自其布衣时，尝和韩诗数十百篇。守番及夔[9]，则又适在葛、杜、颜、范之遗墟，皆尝新其祠宇，以致歆慕之意。盖亦每自比焉。呜呼！公之必为君子，盖不待孔、孟、尧、舜而知之矣。

予昔官中秘，直西省，皆得与公为寮，辱公知顾甚厚。及来守建康，则公殁几十年。而其子闻诗适官府下，相与道旧，感慨歔欷。一日，出公遗文三十二卷，属余序之。余盖三复焉，而拊卷太息也。公之行事，今某官莫侯子齐既状之，而故端明殿学士汪公圣锡[10]取以志其墓矣。故余因不复著，独论其心如此，列于篇端，以告天下之士，使有以识其所谓光明正大、疏畅洞达者，言言凛凛，初未尝随死而亡也。以是胜私起懦，而相与师慕其万一，在朝廷则以犯颜纳谏为忠，仕州县则以勤事爱民为职。内外交修，不遗余力，使君德日跻于上，民生日遂于下，国步安强，隐然真有恢复之势。则公虽云亡，而其精爽之可畏者，为无憾于九原矣。呜呼！其亦可悲也夫！闻诗亦好学有立，能守其家云。

[1] 元刻本无此篇，后之增订者自《晦庵集》补入。《王梅溪文集》，即《梅溪集》，王十朋撰。王十朋（1112—1171），字龟龄，号梅溪，温州乐清四都梅溪村人。绍兴二十七年（1157年）状元，官秘书郎。历知饶、夔、湖、泉诸州，救灾除弊。累官侍御史，力陈抗金恢复之计。为南宋爱国名臣，追谥“忠文”。《晦庵集》有注，其文乃“代刘共父作”。刘共父，即刘珙（1122—1178），字共父，崇安（今福建武夷山市）人，刘子羽长子。以荫补承务郎，登进士乙科。淳熙二年（1175年），移任建康知府。累官资政殿大学士。据此文所述，朱熹代其作此文时，刘珙在建康任上，而其时朱熹居于崇安。因此，此文与同安之事无关，当属滥收。

[2] 依阿，曲从附顺。澳溷，污浊、卑污。

[3] 回互，歪斜曲折。隐伏，隐藏、潜伏。

[4] 诅祝，指祈求鬼神加祸于敌对的人。

[5] 闪倏，指光亮忽明忽灭。狡狯，狡诈奸猾。

[6] 丞相诸葛忠武侯，即诸葛亮。工部杜先生，即杜甫。尚书颜文忠公，即颜真卿。侍郎韩文公，即韩愈。

[7] 范文正公，即范仲淹（989—1052），字希文，北宋著名的思想家、政治家、军事家、文学家。

[8] 臧，好。

[9] 夔，即夔州，宋代辖境相当今重庆市奉节、巫山、巫溪等县地，州治奉节。

[10] 汪公圣锡，即汪应辰（1118—1176），字圣锡，信州玉山（今江西玉山县）人。南宋绍兴五年（1135年）状元，累官吏部尚，以端明殿学士出知平江府。卒谥文定，著有文集五十卷。

武夷图序[1]

武夷君之名，著自汉世，祀以干鱼，不知果何神也？今建宁府崇安县南二十余里有山名武夷，相传即神所宅，峰峦岩壑，秀拔奇伟，清溪九曲[2]，流出其间。两崖绝壁，人迹所不到处，往往有枯查[3]插石罅间，以庋[4]舟船、棺柩之属。柩中遗骸，外列陶器，尚皆未坏。颇疑前世道阻未通、川壅未决时，夷落所居，而汉祀者，即其君长。盖亦避世之士，生为众所臣服，没而传以为仙也。今山之群峰最高且正者，犹以大王[5]为号，半顶有小丘焉，岂即君之居耶？然旧记相传，诡妄不经，不足考信，故有版图迫迮漶漫[6]，亦难辨识。今冲佑羽人高君文举[7]，始复更定此本于其乡。偕隐显之间，为能有以尽发其秘，且属隐屏精舍[8]仁智堂主为题其首，以祛旧传之惑云。

［1］元刻本无此篇，后之增订者补之。《晦庵集》于题名旁有小注“乙卯中秋”。乙卯，乃庆元元年（1195 年），其时朱熹乃讲学考亭。故此篇无关同安之事，当为滥收。

［2］清溪九曲，即武夷之九曲溪，发源于武夷山脉主峰黄岗山西南麓，经星村镇，由西向东穿过武夷山，盈盈一水，折为九曲，因此得名。

［3］枯查，指竹木筏或木船。

［4］庋，置放，收藏。

［5］大王，即武夷山之大王峰。

［6］迫迮，密聚，紧靠的样子。漶漫，模糊不清。

［7］冲佑，即武夷山冲佑观，始建于唐天宝年间，为道教活动中心之一。淳熙三年（1176 年），无心仕途的朱熹获朝廷准许，担任武夷山冲佑观提举。羽人，古代中国神话中的飞仙，道教将道士称羽士。高君文举，冲佑观道士，修定《武夷图》，请朱熹为之序。

［8］隐屏精舍，即武夷精舍，乃朱熹于淳熙十年（1183 年）创建的书院，在崇安隐屏峰下平林渡九曲溪畔，仁智堂乃其建筑之一。朱熹晚年于此授徒，四方来学者甚众。

许顺之字序[1]

《易·象》有之曰：“地中生木，升。君子以顺德，积小以高大。”[2]盖因其固然之理，而无容私焉者，顺之谓也。由是而之，则其进德也。孰御许生名升，与余学。余察其得于内者，盖如是。故因其名之义，敬字曰“顺之”云。

绍兴戊寅[3]十一月十二日，新安朱熹仲晦父书

[1] 此篇元刻本入于卷七“杂说”，题作《许顺之字说》，乃朱熹为其高弟许升取字所作的说明。许顺之，即许升，里居、阅历见卷一《宿云际寺许顺之将别以诗求教》注。

[2] “地中生木……积小以高大”句，出自《周易·升·象传》。意思是：君子应该效法树木的生长，每天不断地修炼自己的品行，积小德而成大德。

[3] 绍兴戊寅，即绍兴二十八年（1158年）。

卷之九　记

同安官书后记[1]

绍兴二十有五年[2]春正月，熹[3]以檄书白事大都督府[4]廷中。已事，而言于连帅方公[5]曰："熹[6]为吏同安，得兼治其学事。学有师书生诵说，而经籍弗具。学者四来，无所业于其间。愿得抚府所有书以归，使学者得肄习焉。"公幸哀其愚，不以为不可，即日［自］[7]减省少府用度金钱，属工官抚以予县，凡九百八十五卷。熹与诸生既受赐，则相与群议，所以敛藏、守视、出内、凉暴之禁戒[8]，以复于公，报皆施行如章。

熹窃惟公之举是赐也，盖将以幸教此县之人，而非私于熹之请。熹乃幸得以菲薄奉承，惧不能称，且无以垂视久远。故敢具刻公所出教，而并叙其指意如此，揭之以视［示］[9]县之父兄子弟，与学官子弟之有秩于典领者，使承公志，永永不怠。此某之职事[10]也。

夏四月丁丑，具位谨记[11]

［1］此篇元刻本入于卷二"记"，题作《方按抚乞书籍后记》。《晦庵集》作《泉州同安县学官书后记》。元刻本个别文字与本文略有不同。

［2］绍兴二十有五年，即 1155 年。

［3］熹，元刻本为"同安主簿丹阳朱某"。

［4］大都督府，即福建路安抚司。宋初为威武军大都督府，故称。

［5］连帅，古代十国诸侯之长。后泛称地方高级长官，唐代多指观察使、按察使。方公，即方滋，字务德。绍兴二十四年（1154 年）七月，以右朝奉大夫、直敷文阁任福建安抚使。

[6] 熹，元刻本为“某”，以下同。

[7] 即日，元刻本作“即自”，较通顺，依其改之。

[8] 敛藏，即征集收藏。守视，即看护保管。出内，即出纳，指图书之借阅。凉暴，即图书曝晒。禁戒，指宗教的禁条戒律，延伸为规章制度。此句乃指藏书的征集、保管、出纳、曝晒等一系列规则。

[9] 视，元刻本作“示”。

[10] 事，元刻本作“守”。

[11]“夏四月丁丑，具位谨记”，元刻本作“夏四月，具位朱某谨记”。

高士轩记[1]

同安主簿廨皆老屋支拄，殆不可居，独西北隅一轩为亢爽可喜，意前人为之，以待夫治簿书之暇日而燕休焉。然视其所以名，则若有不屑居之之意。余以为君子当无入而不自得，名此非是，因更以为“高士轩”。

而客或难余曰：“汉世高士不为主簿者，实御史属。汉官，御史府典制度文章，大夫位上卿，亚丞相。主其簿书者，名秩亦不卑矣。彼犹以为浼[2]己而不顾焉，故足以为高也。今子仆仆焉在尘埃之中，左右朱墨，蒙犯棰楚[3]，以主县簿于此，而以‘高士’名其居，不亦戾乎？”

予曰：“固也。是其言也，岂不亦曰士安得独自高？其不遭，则可亡不为已乎？余于其言，盖尝窃有感焉。然亦未尝不病其言之未尽也。盖谓士之不遭，可无不为，若古之乘田委吏、抱关击柝者焉可也；谓士不能独自高，则若彼者，乃以未睹夫高也。夫士诚非有意于自高，然其所以超然独立乎万物之表者，亦岂有待于外而后高耶？知此则知主县簿者虽甚卑，果不足以害其高。而此轩虽陋，高士者亦或有时而来也。顾余不足以当之，其有待于后之君子已尔。”客唯唯而退。因书之壁以为记。

[1] 此篇元刻本入于卷二“记”，题作《主簿厅高士轩记》。其文字与本篇出入较多，故于本篇后以附录形式列出。据陈来考证，该文写于绍兴二十三年（1153年），时朱熹刚至同安上任。

[2] 浼，污染。

[3] 蒙犯，冲冒，冒犯。棰楚，古代打人用具，引申为杖刑的通称。

附 录

主簿厅高士轩记

同安主簿舍西北隅，有屋数楹，墙宇俨立，窗户亦亢爽，大抵疏洁可喜。而佳花美木又列植于其外，意前人为之，以待治簿书之暇日而宴休焉。予至处之，而独视其故名，若不与事相符，因更以为“高士轩”。

客或难予：“汉世高士不为主簿者，实御史属。汉官，御史府典制度文章，大夫位上卿，亚丞相。主其簿书，禄秩不卑矣。彼犹不屑为之，故足以为高也。今子仆仆焉以主县簿于此，而以高士名其居，不亦戾乎？”

予曰：“固也。是其言也，亦岂不曰士安得独自高？其遭，则亡不为已乎？虽然，予有异焉。曰不遭，而亡不可为也。谓士不能独自高，则若彼者，乃亦未睹夫高也。予闻古之君子，其学道行义足以自信而已，得丧丰悴无所入于其中，惟其在我者，浩然而亡所诎，于彼则亦岂有所待而高耶？然则主簿者虽甚卑，何足以害其高。而此轩虽陋，高士者亦或有时而来也。顾予不足以当之，其有待于后之君子云尔。”客唯唯而退。因书之壁以为记云。

一经堂记[1]

绍兴二十三年[2]秋七月，余[3]来同安。明年，乃得柯君，而与之游相乐也。时君以避地邑居，教授常百余人，属余治学事，因得引君以自助。君行峻，不为苟合，由是众始有所严惮，不敢为非，既久遂化服[4]。至他事，亦多赖以济焉。

又明年，君将反其先人之庐，因旧葺坏以居，而取杨子所谓“古之学者耕且养，三年通一经”[5]者，号其寝居曰“一经之堂”，间谒余记之。余谢涉学未久，文且下，将不能有所发明于吾子之意，愿更属可者，如是往复一再。至今年冬，余将辞吏以去，而君又以为请，既不得辞，乃谓之言，曰：“余闻古之所谓学者，非他，耕且养而已矣。其所以不已乎经者，何也？曰将以格物而致其知也。学始乎知，惟格物足以致之。知之至，则意诚心正，而《大学》之序推而达之无难矣。若此者，世亦徒知其从事于章句诵说之间，而不知其所以然者，固将以为耕且养者资也，夫岂用力于外哉！”

柯君名翰，字国材，为人孝谨诚悫，介然有以自守，于经无不学。今将隐矣，而其志不自足如此，是盖终身焉。则其造诣之极，非余所敢量也。姑次比是说为之记云。

绍兴二十六年[6]闰月辛丑，新安朱某记

[1] 此篇元刻本入于卷二“记”。如文末所署，本文作于绍兴二十六年，即1156年，乃朱熹为理学名儒柯翰所建的“一经堂”而作。柯翰，里居、阅历见卷首《增订本林序》注。

[2] 绍兴二十三年，即1153年。是年，朱熹到任同安主簿。

[3] 余，元刻本作“予”，下同。

[4]“不敢为非，既久遂化服”，《晦庵集》无此句。

[5]“古之学者耕且养，三年通一经”句，出自汉代扬雄撰的《法言·寡见卷

第七》。

[6] 绍兴二十六年，即1156年。是年七月，朱熹的同安主簿任期届满。

芸斋记[1]

友人徐元聘[2]有田舍一区，旁治轩窗，明洁可喜。暇日与子弟讲学其间，而问名于某。某故为农，知田意，尝谓孟子言“人病舍其田而芸人之田，所求于人者重，而所以自任者轻”[3]，最为善喻。今徐君课其子弟，而学于田间，姑以“芸”名斋，使学者即事而思之。则内外之分定，而力之所肆，不于人之田矣。霜露既繁，实而食之，所以不愿人之膏粱之味也。徐君以某言为然，故书以遗之云。

绍兴二十六年闰月五日癸卯，新安朱某书

[1] 此篇元刻本入于卷二“记”。如文末所署，本文作于绍兴二十六年，即1156年。

[2] 徐元聘，福建同安人。朱熹做同安主簿时与其过从甚密。

[3] 芸，古同“耘”，除草。“人病舍其田……自任者轻”句，出自《孟子》的《尽心下》，意思是：人们的毛病往往在于放弃自己的田地不耕种，却跑到别人的田里去除草，要求别人很多很严格，要求自己却很少很轻松。

射圃记[1]

同安县西北门射圃者，监盐税曹侯沆[2]所为也。绍兴二十五年[3]夏，县有警，令丞以下部吏士分城以守，而曹侯与余备西北。异时寇至，常[4]陷西北，然则曹侯与余所守者，盗冲也。

侯一日与予登城四望，慷慨相语曰：“是不能守，吾属死无处所，不可不勉。”则分背去行所部，循勉慰饬，喻意吏士，士皆感奋为用。侯又曰：“兵家有之，曲道险阨则剑楯利，仰高临下则弓矢便是。则射者，固婴城之具。而其为技，必习之于无事之时，然后缓急可赖而用也。今蜂蚁之屯[5]，虽未能傅吾城而陈，而吾之士固将徇我以死亡，我其可以不素教而用之哉？”

于是相与相城之隅，得隙地，斥以为射圃。袤[6]六十步，三分其袤而广得一焉，属其徒日射其间。其后盗虽已溃去，圃因不废，间往射如初。侯谓予：“是圃之作，吾二人力也。众人不能见将然，其以吾二人者，为无事而勤民矣，盍记其意以视后？”余曰：“诺哉！”

曹侯，字德广，武惠王诸孙。世将习兵，喜文词，通吏事，盖慨然有志于功名者。而余新安朱熹仲晦也，时为主簿于此。是为记云。

[1] 此篇元刻本入于卷二“记”，作于绍兴二十五年（1155年）。射圃，习射的场地。

[2] 监盐税，即盐税监管的官员，负责监管盐税、盐场、盐仓，掌握盐课税等。曹侯沆，即曹沆，字德广，真定灵寿（今属河北）人，北宋开国名将武惠王曹彬之孙。

[3] 绍兴二十五年，即1155年。

[4] 常，元刻本作“当”。

[5] 蜂蚁之屯，蜂蚁般杂乱地聚集在一起的人群，指围城之寇。元刻本作“贼”。

[6] 袤，古称南北的距离。

至乐斋记[1]

盘谷傅公[2]客于泉州城东之佛寺，间即其寓舍之西偏治一室，达其南北，以为轩窗，极爽恺［垲］[3]。左右图史，自六经而下，百家诸子、史氏之记籍，与夫骚人墨客之文章，外至浮屠、老子之书，荒虚奇谲诡诙谐之说[4]，种植、方药、卜相、博奕之数，皆以列置，无外求者。公于是日俯仰盘礴于其间，幡群书而诵之，蚤夜不厌，人盖莫窥其所用心，而公自以为天下之乐无易此者。故尝取欧阳子之诗以名其室，曰“至乐之斋”，而顾谓某曰：“为我记之。”某辞谢不敏，不娴于文字，且不敢为庸人诵说，而况敢为是耶？既公命之不置，某不得终辞，乃承命而退，推公意所以然者而书之曰：

人之所以神明其德，应物而不穷者，心而已。古之君子自其始学，则尽力于洒扫应对进退之间，而内事其心，既久且熟矣。则心平而气和，冲融畅适，而［与］[5]物无际。其观于一世事物之变，盖无往而非吾乐也。而况载籍所传，上超羲农，下至于兹，其间圣贤之行事，学问之源奥，是非得失、理乱存亡废兴之故，包括笼络，靡不毕具。苟涉其辞义，而心必契焉，则其可乐而玩也，岂不亦至矣哉！惟世之学者或不足以知此，而劳于记诵占毕之间，以为事是以语之至者，既扞格[6]而不入于心，惟其精励而不平者，感而入焉。则其间勃然而斗而怒矣，亦何乐之云哉！某惟欧阳子之诗与公之所以取焉者，盖其指略如此，因序次以为公斋记云。

绍兴二十六年闰月癸卯，新安朱某记

［1］此篇元刻本入于卷二“记”，而《晦庵集》未收，后补遗辑入《晦庵先生朱文公别集·卷七》。如文末所署，本文作于绍兴二十六年，即1156年。

［2］盘谷傅公，即傅自得，里居、阅历见卷一《夜泛小舟弄月剧饮》注。

［3］恺，元刻本及《晦庵集》作“垲”，依元刻本改。爽垲，高爽干燥。

［4］之说，元刻本及《晦庵集》作“小说”。

［5］而，元刻本及《晦庵集》作“与”，依元刻本改。

［6］扞格，互相抵触，格格不入。

恕斋记[1]

温陵陈君养正[2]读书之堂，同郡吕君少卫[3]榜之曰“恕斋”，而陈君有谒于余[4]，曰：“愿有记也。”余故以是往而观焉，则其垣屋位置与夫几案、图书、花药之列，无不合其宜，得其所。盖饰不过侈，而简不至陋。起居便适，而视听无邪，真若幽人逸士之居者。

虽余亦乐之，将为之记，而问其作兴端原，则曰：“此吾居第之东荣[5]耶。凡兹栋宇，皆无所改于其旧，惟凿窗牖[6]以候明晦焉。而为是室也，此亦有所可记。顾吾之所以望于夫子者，愿闻‘恕’之说而尽心焉尔。”余闻之，悚然曰：“子之志则善矣，而非余所敢当也。余不佞，少从先生长者游，尝窃闻夫‘恕’之说，以为不过推己之心以及人而已，勉而行之，又以为无难也。然克己之功未加，而蔽于有我之私，胜则非此，未尝不病焉，而何敢易言之，以重得罪于圣人之门也。”用此辞谢不敢，有者几累月。陈君请之不置，而吕君亦以为言，余不得以终辞也，则历诵前语而谓之曰：“以是为记，足以不没乎为斋之实，而亦可见强恕之难矣。”惟吕君幸以为不悖于所以名之意，则庶乎其施也。二君皆曰：“善!”遂书置斋屋壁间，以示陈君且自警也。

绍兴二十七年[7]十二月五日，新安朱某记

[1] 此篇元刻本入于卷二“记”，而《晦庵集》未收，后补遗辑入《晦庵先生朱文公别集·卷七》。如文末所署，本文作于绍兴二十七年，即1157年。

[2] 温陵，即泉州的别称。陈君养正，泉州人，阅历不详。

[3] 吕君少卫，即泉州儒学教授吕少卫。

[4] 余，元刻本作“予”，下同。

[5] 东荣，正房东边的廊檐。

[6] 牖，古建筑中室与堂之间的窗子。窗牖，即窗户。

[7] 绍兴二十七年，即1157年。是年十月，接任同安主簿者到任，朱熹结束候代，离开同安到泉州，暂时寓居于泉州万如居士李缜宅中。

苏丞相祠堂记[1]

熹[2]少从先生长者游，闻其道故相苏公之为人，以为博洽古今，通知典故，伟然君子长者也。熙宁中掌外制[3]，时王丞相[4]用事，尝欲有所引拔。公以其人不可用，且非故事，封上之。用此罢归，不自悔，守益坚。当世高其节，与李才元[5]、宋次道[6]并称“三舍人”[7]云。后得毗陵邹公[8]所撰公行状，又知公始终大节，盖章章如是，以是心每慕其为人。

属来为吏同安。同安，公邑里也。以公所为问邑人，虽其族家子不能言，而泉人往往反喜道曾宣靖[9]、蔡新州[10]、吕太尉[11]事以为盛。予不能识其何说也，然尝伏思之，士患不学耳。而世之学者，或有所怵于外，则眩而失其守。如公学至矣，又能守之，终其身一不变，此士君子之所难，而学者所宜师也。因为之立祠于学，岁时与学官弟子拜祠焉，而记其意如此，以示邑人云。

〈绍兴二十五年六月朔日，新安朱某记〉[12]

[1] 此篇元刻本入于卷二“记”，题作《丞相苏公祠堂记》。如文末所署，本文作于绍兴二十五年，即 1155 年。丞相苏公，即苏颂（1020—1101），字子容，福建同安在坊里（今厦门市同安区大同街道）人。北宋庆历二年（1042 年）进士，历宿州观察推官、南京留守推官。皇祐五年（1053 年）任馆阁校勘，历集贤校理、校正医书官、知制诰等。元祐初年，拜刑部尚书，转任吏部尚书兼侍读。元祐七年（1092 年）拜尚书右仆射兼中书门下侍郎，绍圣四年（1097 年），以太子少师职致仕。卒后谥“正简”，赐司空魏国公。丞相苏公祠堂，位于今厦门市同安孔庙西南侧，始建于南宋，系朱熹任同安主簿时所建。今仍保存清代以前所立的苏颂神位碑及嘉庆年间重修碑记。

[2] 熹，元刻本作“某”字。

[3] 外制，唐宋时，由中书舍人或知制诰所掌的皇帝诰命称外制。

[4] 王丞相，即王安石，自熙宁三年（1070年）起，两度任同中书门下平章事，推行新法。熙宁九年（1076年）罢相。

[5] 李才元，即李大临，字才元，成都华阳人。登进士第，为绛州推官。历国子监直讲、秘阁校理、知制诰、集贤殿修撰、天章阁待制等职。

[6] 宋次道，即宋敏求（1019—1079），字次道，赵州（今河北赵县）人。赐进士及第，初任馆阁校勘，历集贤校理、知制诰等职，官至史馆修撰、龙图阁直学士。

[7] 三舍人，宋熙宁三年（1070年），神宗皇帝决定提拔秀州判官李定为监察御史，先后策令知制诰宋敏求、苏颂和李大临三人起草任命诏书，三人则相继"封还词头"，拒绝草诏，反对神宗提拔李定。最后，神宗罢免三人知制诰之职。三人为世人称为"熙宁三舍人"。

[8] 毗陵邹公，即邹浩（1060—1111），字志完，号道乡，人称道乡先生，常州晋陵（今江苏常州）人。元丰五年（1082年）进士，历任府学教授、太学博士，官至吏部侍郎、龙图阁待制，为宋代著名文学家、教育家。

[9] 曾宣靖，即曾公亮（999—1078），字明仲，号乐正，泉州晋江（今福建泉州市）人。北宋政治家、文学家，天圣二年（1024年）进士，累官至枢密使、同平章事，封鲁国公。卒赠太师、中书令，赐谥"宣靖"。

[10] 蔡新州，即蔡确（1037—1093），字持正，福建泉州人。北宋嘉祐四年（1059年）进士，哲宗朝官至左仆射兼门下侍郎（左宰相），王安石变法的主要支持者之一。

[11] 吕太尉，即吕惠卿（1032—1111），字吉甫，号恩祖，福建泉州南安人，北宋嘉祐二年（1057年）进士，官至参知政事。王安石变法中的二号人物，为推动变法做出许多贡献。卒追谥"文敏"。

[12] 此句清刻本无，据元刻本补之。

畏垒庵记[1]

绍兴二十有六年之秋，余[2]吏同安适三年矣。吏部所使代予者不至，而廨署日以隳敝不可居，方以因葺之宜，为请于县。会予奉檄走旁郡，因得并载其老幼，身送之东归。涉春而反，则门庑列舍已摧压而不可入矣，于是假县人陈氏之馆居焉。

自县西北折行数百步，入委巷中，垣屋庳下，无巨丽之观，然其中粗完洁，有堂可以接宾客，有室可以备栖息，诵书史。而佳花异卉、蔓药盆荷之属，又皆列莳于庭下，亦足以娱玩耳目，而自适其意焉。余独处其间，稍捐外事，命友生之嗜学者与居其下，拚[3]除井灶之役，愿留者亦无几人。若常时车马之客，与胥吏之有事于官府者，则无所为而来矣。客或谓余所以处此者，庶乎庚桑子[4]之居畏垒也，因名余居曰“畏垒之庵”。

自是闭门终日，翛然如在深山穷谷之中，不自知身之系官于此，既岁晚［满］[5]而不能去也。如是又累月，代予者卒不至，法当自免归，而陈氏谒余而因记其事，曰：“使后之人知夫子之尝居于是也。”余惟庚桑子盖庄周、列御寇所谓有道者，予之学既不足以知之，而太史公记又谓凡周所称畏垒虚、亢桑子之属，皆空言无事实。然则亡是公，非有先生之伦也。此皆不可考，独周之书辞指怪奇，有可观者。余是以窃取其号而不辞，遂书以畀陈氏。

陈氏世为医，请予记者名良杰，为人谨笃周慎，能通其家学云。

绍兴二十七年夏六月十一日，新安朱某记

［1］此篇元刻本入于卷二“记”。如文末所署，本文作于绍兴二十七年，即1157年。其时朱熹同安任秩已满，送家眷回家后，只身重返同安候代者，借县医陈良杰馆舍暂住，为之命名“畏垒庵”，作此文以记。

［2］余，元刻本作“予”，下同。

［3］拚，舍弃。

［4］庚桑子，即庚桑楚，原名亢桑子，一名庚桑子，春秋时期楚国人。老子之弟子，哲学家、教育家。

［5］岁晚，元刻本为“岁满”，依元刻本改。岁满，即任职期满。

归乐堂记[1]

余尝为吏于泉之同安，而与仙游朱侯彦实[2]同寮相好也。其后余罢归且五六年，病卧田间，浸与当世不相闻知，独朱侯时时书来，访问缱绻，道语旧故如平生欢。一日，书抵余曰："吾方筑室先庐之侧，命之曰'归乐之堂'。盖四方之志倦矣，将托于是而自休焉。子为我记之。"余惟幼而学，强而仕，老而归，归而乐，此常物之大情，而士君子之所同也。而或者怵迫[3]势利，眷眷轩冕印韨[4]之间，老而不能归，或归矣而酣豢[5]之余，厌苦淡泊，顾慕畴昔[6]，不能忘情。方且咨嗟戚促，自以为不得其所，而岂知归之为乐哉！或知之矣，而顾其前日从官之所为，有不能无愧悔于心者，则于其所乐，虽欲暂而安之，其心固不能也。然则仕而能归，归而能乐，斯亦岂不难哉！

朱侯名卿子，少有美材，学问慷慨。入官三十年，以强直自遂，独行己志，不为势屈，以故浮湛选调[7]，行年五十，乃登王官。然余视其薄书期会之余日，盖无一日不命宾友、从子侄，登山临水，弦歌赋诗，放浪于尘埃之外，而无几微流落不偶之意见于言面，则其于势利如何哉？其仕而能归，归而能乐，不待斯堂之作，可信无疑矣。顾余未获一登斯堂而览其胜概，然其林壑之美、泉石之饶足以供徙倚，馆宇之邃、启处之适，足以宁燕休[8]，图史之富足以娱心目，而幽人逸士往来于东阡北陌者，足以析名理而商古今。又不待接于耳目，而知侯之乐有在乎是也。是以承命不辞而记其意如此。如天之福，异时获从游于堂上，尚能为侯赋之。

绍兴三十年十二月乙卯，新安朱某记

[1] 元刻本无此篇。如文末所署，本文作于绍兴三十年（1160年），系朱熹为其主簿同安时之同僚而作，仅此一点牵连，林希元增补入《大同集》。归

乐堂，在兴化仙游县党田乌墩（现福建仙游赖店镇玉墩村）。

[2] 朱侯彦实，即朱元飞，字彦实，又一字希实，兴化仙游（今福建仙游县）人。曾任同安县丞，官至福州通守。仕宦三十年，所得俸给即买书籍，藏之书楼。

[3] 怵迫，诱迫。

[4] 眷眷，指反顾的样子，依依不舍。轩冕，古时卿大夫的车子和服饰，延伸为官位爵禄。印韨，印绶。

[5] 酣豢，沉醉于某种情境。

[6] 顾慕，眷念爱慕、向往。畴昔，以前、往事。

[7] 浮湛，升降、沉浮。选调，铨选调配。

[8] 燕休，闲居、休息。

存斋记[1]

余吏同安而游于其学，尝私以所闻语其士之与余游者，于是得许生顺之为人，而敬爱之。比予之辞吏也，请予俱归，以共卒其讲业焉。

一日，生请于予曰："许升之来也，吾与一二昆弟相为筑环堵之室于敝庐之左，将归，剪蓬藋[2]而居焉。惟夫子为知升之志，敢请所以名之者而幸教之，则升之愿也。"余辞谢不获，因念与生相从于今六七年，视其学，专用心于内，而世之所屑，一毫不以介于其间。尝窃以为生之学，盖有意乎孟氏所谓"存其心"[3]者，于是以"存"名其斋，而告之曰：

"余不敏，何足以知吾子。然今也以是名子之斋，则于吾子之志，窃自以为庶几焉尔矣。而曰必告子以其名之之说，则是说也，吾子既自知之，予又奚以语吾子？抑尝闻之，人之所以位天地之中，而为万物之灵者，心而已矣。而要之心之为体，不可以闻见得，不可以思虑求。谓之有物，则不得于言；谓之无物，则日用之间无适而非是也。君子于此，亦将何所用其力哉！必有事焉而勿正，心勿忘，勿助长，则存之之道也。如是而存，存而久，久而熟，心之为体，必将了然有见乎参倚之间，而无一息之不存矣。此予所以名斋之说，吾子以为何如？”

生作而对曰：“此固升之所愿学，而病未能者，请书而记诸屋壁，庶乎其有以自砺也。”余不获让，因书以授之，俾归刻焉。

绍兴二十八年九月甲申，新安朱某记

[1] 元刻本无此篇。该文虽作于绍兴二十八年（1158 年），然系为同安高弟许升而作，故林希元增补之。

[2] 蓬藋，蓬草和藋草，指代贫者所居的草舍。此处谦称居所。

[3] 存其心，典出《孟子》：“存其心，养其性，所以事天。”意思是：保存自己的本心，修养自己的善性，以实现天道的要求。

补　遗

漳州教授厅壁记[1]

教授之为职，其可谓难矣，惟自任重而不苟者知之。其以为易而无难者，则苟道也。何也？曰：教授者，以天子之命教其邦人。凡邦之士，廪食县官而充弟子员者，多至五六百余，少不下百十数，皆惟教授者是师。其必有以率厉化服之，使躬学问，蹈绳矩，出入不悖所闻，然后为称。此非反之身而何以哉？是可不谓难矣乎？不特此尔，又当严先圣先师之典祀，领护庙学，而守其图书服器之藏，其体至重。下至金谷出内[2]之纤悉，亦皆独任之。呜呼，是亦难矣！

然凡仕于今者，无大小，莫不有所临制总摄[3]。其任无剧易[4]，必皆具文书，使可覆视。是以虽甚弛者，亦有所难而不敢肆。独教授官虽有统，若其任之本诸身者，则非簿书期会[5]之所能察。至其具于有司而可考者，上之人又以其儒官优容之，虽有不合不问，以是为便。故今之仕者，反利焉而喜为之，而孰知所以充其任者，如彼其难哉！故曰惟自任重而不苟者知之，其以为易而无难者，则苟道也。

予尝以事至漳，其教授陈君[6]与予有故，馆予于其寓直之舍，因得尽观陈君所施于学者。予谓若陈君，则可谓知其难矣。时陈君方将刻前人名氏于壁，属予记。予辞谢不能者再三，既不得命，乃退而书其所闻见如此，以为记，且以厉后之君子云尔。

绍兴二十六年七月甲子，新安朱熹记

[1] 此篇于《大同集》各本均未收。据束景南考证，该篇乃绍兴二十六年（1156年）七月，朱熹奉檄赴漳州，拜见漳州教授陈知柔，为其厅壁所作之记。因作于同安任上，故自《晦庵集》卷七十七“记”中录之作补遗。

[2] 内，古同“纳”，收入。出内，即出纳。

[3] 临制，监临控制。总摄，主宰、主持。

[4] 剧易，轻重、难易。

[5] 簿书，官署中的文书簿册；期会，在规定的期限内实施政令。多指有关朝廷或官府的财物出入。

[6] 教授陈君，即陈知柔（？—1184），字体仁，号休斋居士，福建晋江人。绍兴十二年（1142年）进士，历任建州、漳州教授，循州、贺州知州。朱熹担任同安县主簿时，与其志同道合，为莫逆交。著有《诗声谱》二卷、《休斋诗话》五卷等，已佚。

卷之十 跋 铭 赞

跋

《归师堂记》后跋[1]

同安徐君来叔，取孟子语曹交之言[2]，名其堂曰“归师”。其友戴君尹成既记之矣，来叔复以示余曰：“愿得一言以发明之。”余谓孟子之言，正为不知反求诸身，而专务求师于外者设耳。夫道虽若大路，然非上智生知之质，亦岂能不藉师友而独得之哉？要当有以发其端倪，然后有余师者可得而求耳。来叔其以余言思之，庶乎其不虚为此名也。

绍熙壬子十月会庆节日，新安朱熹书

[1] 此篇元刻本入于卷三之“跋”。如文末所署，本文写于绍熙三年（1192年）。其虽不作于同安主簿任上，然因涉及同安人事，故收入《大同集》。《晦庵先生朱文公文集》（以下简称《晦庵集》）题为《跋徐来叔归师堂诗》。

[2] 孟子语曹交之言，出自《孟子·告子下》（孟子）曰：“夫道若大路然，岂难知哉？人病不求耳。子归而求之，有余师。”

跋蔡神与绝笔[1]

友生蔡君季通[2]，一日奉书一卷以示某而泣拜，且言曰：“此先人绝笔之书也。先人自幼警悟，七岁即能为诗。既长，博学强记，高简廓落，不能与世俗相俯仰，因去游四方，闻见益广。遂于《易》象天文地理三式之说，无所不通，而皆能订其得失。中年乃归，买田筑室于武夷之阳。其间屡遭盗贼水火之变，而浩然不以屑意，杜门扫轨，专以读书教子为事。元定生十年，即教使读《西铭》[3]。稍长，则又示以程氏《语录》、邵氏《经世》、张氏《正蒙》[4]等书，而语之曰：'此孔孟之正脉也，尔其勉旃。'[5]晚岁属疾，手书此纸，以付元定。其他丁宁之语，亦不出于忠厚诚实，而尤以没溺于利欲为杀身之戒。元定涕泣拜受，于今四十年，既不能拳拳服膺[6]，以无失坠，而又不能有以表著而显扬之，诚窃惧其泯没而无传焉。惟吾子幸哀而予之一言，则不朽之惠，岂惟子孙赖之。"语讫，又泣以拜。

某亦拜受其书而伏读之，为之喟然太息曰："死生之际，人之所不容伪，而诚之积者，未有不显于后者也。蔡公平生所以教其子者，不于利禄，而开之以圣贤之学，则其志识之高远，固已非世人所及矣。及其委衾属纩[7]之余，而其所托，犹不异于平日。且其字画壮伟，意气闲暇，又能无怛于始终之变如此，是岂可以勉强而伪为哉！夫如是，是以生虽不遇，而季通乃能承厥志于今日，学行之余，尤邃律历，讨论定著，遂成一家之言，使千古之误，旷然一新。而溯其源流，皆有明法，是亦足以显其亲于无穷，尚奚以余言为哉！"顾其请之勤，有不可虚者，是以备论而窃识于其后。

蔡氏之先仕唐末，为建阳令，始家于麻沙[8]。世十传而至公，讳发，字神与。娶同县詹氏而生季通，以绍兴壬申岁六月卒，卒时年六十有四云。

绍熙壬子岁[9]冬十有二月戊申大寒日，新安朱熹谨书

[1] 元刻本无此篇，后之增订者补之。如文末所署，本文作于绍熙三年（1192年）十二月，不在同安主簿任上，且与同安人事无关，似为滥收。

蔡神与，即蔡发（1089—1152），字神与，晚号牧堂老人，建宁府建阳县（今福建南平市建阳区）人。南宋理学家、天文学家、地理学家。中年筑室于武夷之阳，闭门著书，专以读书教子为事。著有《地理发微》、《河洛发微》等。

[2] 蔡君季通，即蔡元定，字季通，蔡发之子，里居、阅历见卷首《宋太师徽国文公朱先生年谱节略》注。

[3]《西铭》，张载撰。原名《订顽》，为《正蒙·乾称篇》中的一部分。后程颐改称为《西铭》，才有此独立之篇名。《正蒙·乾称篇》，张载的理学代表作。

[4] 程氏《语录》，即《二程语录》，朱熹辑，乃宋代理学家程颢、程颐兄弟一生传道讲学的言论的结集。邵氏《经世》，即《皇极经世书》，邵雍撰，是一部运用易理和易数推究宇宙起源、自然演化和社会历史变迁的著作，以河洛、象数之学显于世。张氏《正蒙》，张载撰，是用儒家学说批判佛、道思想，以建立其气一元论的哲学体系。

[5] 勉旃，努力。多于劝勉时用之。

[6] 服膺，（道理、格言等）牢牢记在心里。

[7] 衾，尸体入殓时盖尸的东西。属纩，用新绵置于临死者鼻前，查其是否断气。委衾属纩，指临终。

[8] 麻沙，今福建南平市建阳区麻沙镇，为闽北文化古镇。朱熹、游酢、蔡元定等理学家讲学、著书之地，辖区内长坪村为宋时三大雕版印刷中心之一，以印刷建本而著称于世。

[9] 绍熙壬子岁，即绍熙三年（1192年）。

题赵清献事实后跋[1]

国家自熙、丰、元祐[2]以来，人才政事，分为两涂，是此者非彼，乡左者背右，既不可得而同矣。而于其同之中，又有异焉，则若元祐之朔党、洛党、川党[3]，而熙、丰之曾文肃[4]、赵清献、张丞相[5]，又与章[6]、蔡[7]自不同也。某少时从赵公之孙惠州使君游，得观赵公手记所与蔡京异论本末，盖尝三复而叹公之不幸。今复从惠州之子某得此书而读之，则又深惟其故，而重叹国家之大不幸也。

夫以赵公之自言，下不欲结怨于百姓，则必不肯肆行烦苛争夺之横政；中不欲得罪于士大夫，则必不肯唱为禁锢忠贤之邪说；外不欲失信于夷狄，则必不肯妄起开拓燕蓟之狂谋。而考其平生，质厚清约有过人者，则又知其必不肯为蔡京之淫侈导谀，以蛊上心而纳之于有过之地也。是则虽曰同出于熙、丰，而其邪正得失之间，岂可同年而语哉！且《春秋》明王法而不废五伯[8]之功，元城刘忠定公[9]伤政、宣之乱，而曰莫若且宗神考[10]。然则后之君子之于此书，岂不犹有取焉！呜呼，其亦可悲也哉！其亦可悲也哉！

绍熙甲寅[11]元日癸亥，鸿庆外史[12]朱某书跋

[1] 元刻本无此篇，后之增订者补之。如文末所署，本文作于绍熙五年（1194 年），不在同安主簿任上，且与同安人事无关，似为滥收。赵清献，即赵抃（1008—1084），字阅道，号知非子，衢州西安（今浙江衢州市柯城区）人。景祐元年（1034 年）进士，除武安军节度推官，曾崇安等县知县，官至右谏议大夫、参知政事。曾反对五安石的变法。卒追赠太子少师，谥号“清献”。

[2] 熙、丰、元祐，即北宋神宗熙宁、元丰和哲宗元祐两朝。

[3] 元祐之朔党、洛党、川党，元丰八年（1085 年）春，宋神宗赵顼病死，其母宣仁太后执政。以司马光为首的旧党，推翻王安石变法，新党势力尽斥。而后司马光死，旧党分化为程颐为首的洛党、苏轼为首的蜀党和刘挚为首的朔党等不同的政治派别，互相攻讦，朝政陷入混乱。

[4] 曾文肃，即曾布（1036—1107），字子宣，北宋中期宰相，王安石变法的重要支持者。变法期间曾同时担任集贤校理、判司农寺、检正中书五房、起居注、知制诰、翰林学士、三司使等职，发挥重要作用。卒赠为观文殿大学士，谥号“文肃”。

[5] 张丞相，即张升（992—1077），字杲卿，同州韩城（今陕西韩城西南）人。大中祥符八年（1015 年）进士，历任御史中丞、参知政事兼枢密使等职，以太子太师致仕。卒谥“康节”。

[6] 章，即章惇（1035—1105），字子厚，号大涤翁，福建浦城人。嘉祐二年（1057年）进士。先任职地方，后参与熙宁变法。旧党掌权后，被贬知汝州。元祐八年（1093年）拜相，执政时严刑峻法，贬斥旧党，流放诸臣。

[7] 蔡，即蔡京（1047—1126），字元长，兴化军仙游县（今福建莆田仙游县）人。熙宁三年（1070年）进士，先为地方官，后任中书舍人，改龙图阁待制。崇宁元年（1102年）为右仆射兼门下侍郎（右相），后又官至太师，先后四次任相。北宋末，太学生陈东上书，称蔡京为“六贼之首”。宋钦宗即位后，被贬岭南，死于途中。

[8] 五伯，指中国春秋时期的五个霸主，齐桓公、宋襄公、晋文公、秦穆公、楚庄王。

[9] 刘忠定公，即刘安世（1048—1125），字器之，号元城，魏县人。宋熙宁六年（1073年）进士。司马光举荐，累官左谏议大夫，进枢密都承旨。章惇掌权时被贬，后获赦，历知衡、鼎、郓州及镇定府。蔡京为相后，谪至峡州羁管。卒后五十余年，赐谥“忠定”。

[10] 神考，对宋神宗的代称。

[11] 绍熙甲寅，即绍熙五年（1194年）。

[12] 鸿庆外史，朱熹自署之名号。绍熙二年（1191年）至庆元元年（1195年），朱熹两次主管南京鸿庆宫，时地陷金人，管其虚名，故自署“鸿庆外史”。

铭

讲座铭

〈书写铭模在县学讲座〉[1]

绍兴二十三年，新安朱熹[2]仲晦来为吏于同安，而兼领其学事。越明年五月，新作讲座，以临诸生。顾其所以作之意，不可以不铭。铭曰：

师道绝塞，以圮其居。今其言言，亦莫我敢都！
前圣后师，文不在兹。如或见之，有俨其思。
立之堂坛，惟以有严。厥临孔昭，式讹尔瞻。

[1] 此篇元刻本入于卷三之“铭”，其作于绍兴二十四年（1154 年）新作讲座之时。清刻本无此条题目下的小注，乃据元刻本补。
[2] 熹，元刻本作“某”。

县学四斋铭[1]

志 道

曰趋而跲者，孰履而持？曰饥而寒者，谁食而衣？故道也者，不可须臾离。子不志于道，独罔罔[2]其何之！

据 德

语道术，则无往而不通；谈性命，则疑独而难穷。惟其厚于外而薄于内，故无地以崇之。

依 仁

举之莫能胜，行之莫能至。虽欲依之，安得而依之？“为仁由己，而由人乎哉？”[3]虽欲违之，安得而违之！

游 艺

礼云乐云，射御数书。俯仰自得，心安体舒。是之谓游，以游以居。呜呼游乎，非有得于内，孰能如此，其从容而有余乎！

[1] 此篇元刻本入于卷三之“铭”，其作于绍兴二十四年（1154年）朱熹更改县学四斋名之时。清刻本题作《四斋铭》，此据元刻本补。

[2] 罔罔，惶惶、心神不定的样子。

[3] 为仁由己，而由人乎哉，语出《论语·颜渊》，意思是实行仁德，在于自己，难道还在于别人吗？

紫阳琴铭[1]

养君中和之正性，禁尔忿欲之邪心。

乾坤无言物有则，我独与子钩其深。

[1] 此铭于元刻本作七言古诗，归入卷一之“古诗”，题作《听道人弹琴》。其文个别字词与此铭略有不同，为“养吾中和之正性，去子忿欲之邪心。乾坤无言，物有迹，我独与子钩其深”。

鼓　铭[1]

击之镗[2]兮，朝既旸[3]兮，巧趋跄[4]兮。

[1] 此篇元刻本入于卷三之“铭”，其作于绍兴二十四年（1154年）。此铭于元、清两刻本有较大差异，故将元刻本之铭附下，以资参考。

[2] 镗，钟鼓的声音。

[3] 旸，日出。

[4] 趋跄，形容步趋中节。古时朝拜晋谒须依一定的节奏和规则行步。亦指朝拜，进谒。

附　录

鼓　铭

鼓之镗兮，朝既旸兮。进斯堂兮，德音[1]将兮。

思与子偕臧[2]兮。

[1] 德音，美言、善言。

[2] 偕，同。臧，善、好。与子偕臧，与你相好。典出《诗经·郑风·野有蔓草》。

补　遗

至乐斋铭[1]

叶学古读书萧寺[2]，取欧阳子诗语名其室曰“至乐”[3]。紫阳朱熹仲晦父实为之铭：

呻吟北窗，气郁不舒。我读我书，如病得苏。客问此书，中作何味？君乃嗜之，如此其至。趣为子语，无味乃然。是有味者，乃痡乃膻。天下之乐，我不敢知。至欧阳子，乃陈斯诗。我思古人，实感我心。惟曰愔愔[4]，式钩且深。

[1] 此铭于《大同集》各版本均无收。据束景南《朱熹年谱长编》考证，此铭作于绍兴二十六年（1156年），系朱熹为其同安门人叶学古所撰。因与

同安人、事、地有关，故自《晦庵集》卷八十五中补录。

[2] 萧寺，即佛寺。《杜阳杂编》云：梁武帝好佛，造浮屠，命萧子云飞白大书曰“萧寺”。故称佛寺为“萧寺”。

[3] 欧阳子，指唐宋八大家之一欧阳修。至乐，取自欧阳修名句“至哉天下乐，终日在书案”。

[4] 愔愔，和悦安舒的样子。

赞

校注者按：以下濂溪、明道、伊川、康节、横渠、涑水六位先生的画像赞，元刻本无收，后之增订者补之。于《晦庵集》中，合而题为《六先生画像赞》。据束景南考证，此画像赞作于乾道九年（1173 年），应与同安人、事无关，当为滥收。

濂溪先生[1]

道丧千载，圣远言湮。不有先觉，孰开我人。书不尽言，图不尽意[2]。风月无边，庭草交翠。

[1] 濂溪先生，即周敦颐，世称濂溪先生，里居、阅历见卷首《宋太师徽国文公朱先生年谱节略》注。

[2] 书，指周敦颐所撰的《通书》，原名《易通》。图，即周敦颐为阐发心性义理而绘制的《太极图》，以及对其进行解说的《太极图说》。这是周敦颐理学体系的基本框架。

明道先生[1]

扬休山立[2]，玉色金声[3]。元气之会，浑然大成。瑞日祥云，和风甘雨。龙德[4]正中，厥施斯普。

[1] 明道先生，即程颢，世称明道先生，里居、阅历见卷六《答柯国材》注。
[2] 扬休，指阳气生养万物。山立，像高山一样屹立不动。
[3] 玉色，玉的颜色，比喻坚贞的操守。金声，指金石声，比喻美好的声誉。
[4] 龙德，圣人之德。

伊川先生[1]

规圆矩方，绳直准平。允矣君子，展也大成[2]。布帛之文，菽粟之味[3]。知德者希，孰识其贵。

[1] 伊川先生，即程颐，祖籍河南府伊川县，世称“伊川先生”。里居、阅历见卷二《与张敬夫（四月一日）》注。
[2]“允矣君子，展矣大成”句，出自《诗经·车攻》，意思是说，做事公允的人可以成为君子，讲究诚信的人可以取得大的成就。
[3]“布帛之文，菽粟之味”句，意思是圣贤著述立言，就好比布帛可以常衣，菽粟可以常食一般。

康节先生[1]

天挺人豪，英迈盖世。驾风鞭霆，历览无际。手探月窟，足蹑天根[2]。闲中今古，醉里乾坤。

[1] 康节先生，即邵雍，卒谥“康节”，故称。里居阅历见卷三《答吕伯恭》注。
[2] 窟，月的归宿处；天根，即氐宿。东方七宿的第三宿，凡四星。“手探月窟，足蹑天根”句，出自邵雍《观物吟》诗句：“因探月窟方知物，未蹑天根岂识人!”

横渠先生[1]

早悦孙吴[2]，晚逃佛老。勇撤皋比[3]，一变至道。精思力践，妙契[4]疾书。《订顽》[5]之训，示我广居[6]。

[1] 横渠先生，即张载，凤翔郿县（今陕西眉县）横渠镇人，世称横渠先生。里居、阅历见卷二《答汪尚书论家庙》注。

[2] 孙吴，为春秋战国时期两名著名的军事家孙武和吴起的合称。

[3] 皋比，古人坐虎皮讲学，后因以指讲席。勇撤皋比，张载与二程同授《周易》，当细听二程对于《周易》的领悟后，张载发现自己都一知半解，更不能误人子弟，于是撤席罢讲。

[4] 妙契，神妙的契合。

[5]《订顽》，即《西铭》，张载著。为《正蒙·乾称篇》的一部分。作者曾录《乾称篇》的《砭愚》和《订顽》分别悬挂于书房的东、西两牖，作为座右铭。程颐将其分别称为《东铭》和《西铭》。

[6] 广居，宽大的住所。儒家用以喻仁。

涑水先生[1]

笃学力行，清修苦节。有德有言，有功有烈。深衣大带[2]，张拱徐趋[3]。遗像凛然，可肃薄夫。

[1] 涑水先生，即司马光（1019—1086），字君实，号迂叟，陕州夏县（今山西夏县）涑水乡人，世称涑水先生。北宋宝元元年（1038 年）登进士，累进龙图阁直学士。宋神宗时，反对王安石变法。历仕仁宗、英宗、神宗、哲宗四朝，官至尚书左仆射兼门下侍郎。主持编纂《资治通鉴》。卒赠太师、温国公，谥“文正”。

[2] 深衣，汉服，上衣和下裳相连在一起，用不同色彩的布料作为边缘。宋代又有仿古礼制作的深衣，为士大夫祭祀冠服的礼服。大带，为古代礼

服所用的腰带。

[3] 张拱，张臂拱手以为礼。徐趋，小步而行，表示恭敬。

张敬夫画像赞[1]

亡友荆州牧张侯敬夫画像，新安朱熹为之赞曰：

扩仁义之端，至于可以弥六合；谨善利之判，至于可以析秋毫。拳拳乎其致主之切，汲汲乎其干父[2]之劳。仡仡乎其任道之勇，卓卓乎其立心之高。知之者，识其春风沂水之乐；不知者，以为湖海一世之豪。彼其扬休山立之姿，既与其不可传者死矣。观于此者，尚有以卜其见伊吕而失萧曹也耶。

[1] 元刻本无此篇，后之增订者补之。此篇与同安人事无关，似为滥收。张敬夫，即张栻，字敬夫，里居、阅历见卷首《朱夫子年谱》注。

[2] 干父，即"干父之蛊"的简称。意思是儿子能继承父志，完成父亲未竟之业。

吕伯恭画像赞[1]

〈括苍潘君叔度[2]，画其先师东莱吕氏伯恭父之像于可庵退老堂之上，曰："使西河之民毋疑我于夫子也。"属其友朱熹赞之，为作词曰：〉[3]

以一身而备四气之和，以一心而涵千古之秘。推其有，足以尊主而芘民；出其余，足以范俗而垂世。然而状貌不逾于中人，衣冠不诡于流俗。迎之而不见其来，随之而莫睹其躅。矧是丹青，孰形心曲？惟尝见之者于此而复见之焉，则不但遗编之可续而已也。

[1] 元刻本无此篇，后之增订者补之。此篇与同安人事无关，似为滥收。吕伯恭，即吕祖谦，字伯恭，里居、阅历见卷首《宋太师徽国文公朱先生

年谱节略》注。

［2］括苍，今浙江丽水的古名，唐代称括州，宋代为处州。治所在今丽水东南。潘君叔度，即潘景宪（1134—1190），字叔度，处州人。游学于名儒吕祖谦。隆兴元年（1163年）进士，任太平州学教授。后不再仕。于书无不博览，建有藏书楼“可庵”，藏书万卷。

［3］清刻本无此小序，据《晦庵集》补之。

陈明仲画像赞[1]

〈故侯官大夫陈君明仲之像，友人朱熹仲晦父赞之曰：〉[2]

介然[3]而不使人忌者，其自持之谨；温然[4]而不使人狎者，其泛爱之和。其仕也，自许以循良之最；其学也，自期以德行之科。呜呼！孰谓其赍此志而中道以没[5]，使吾老于其里而不得为东阡北陌[6]之经过也耶！

［1］元刻本无此篇，后之增订者补之。此篇与同安人事无关，似为滥收。陈明仲，即陈旦，亦作陈焯，字明仲，里居、阅历见卷二《答汪尚书论家庙》注。

［2］清刻本无此小序，据《晦庵集》补之。

［3］介然，专一、坚正不移。

［4］温然，温和的样子。

［5］赍，持。中道，半途。赍此志而中道以没，怀抱着未遂的志愿而半途死去。

［6］东阡北陌，典出韩愈《唐正议大夫尚书左丞孔公墓志铭》：“亲戚之不仕与倦而归者，不在东阡在北陌，可杖屦来往也。”

程正思画像赞[1]

〈程君正思画像，朱仲晦父作赞：〉[2]

鸣呼正思！退然如不胜衣[3]，而自胜有以举乌获之任[4]；言若不出诸口，而卫道有以摧髡、衍[5]之锋。俯焉日有孳孳者[6]，吾方未见其止。乃一朝而至此，则天曷为而不假之寿，以成其终？鸣呼！此犹未足以见其七分之貌，来者亦姑以是而想象其遗风。

绍熙壬子[7]重阳前一日书

[1] 元刻本无此篇，后之增订者补之。此篇并非作于同安任上，且与同安人事无关，当为滥收。程正思，程端蒙（1143—1191），字正思，号蒙斋，号雷溪先生，鄱阳（今江西波阳）人。先师事江介，后受业于朱熹，领悟理学要旨，淳熙七年（1180 年）领乡贡，补太学生。时禁洛学，遂不复应试举，专意学术。著有《性理字训》、《毓蒙明训》等。

[2] 清刻本无此小序，据《晦庵集》补之。

[3] 退然，谦卑、恬退。如不胜衣，意思是身体不能承受衣服的重量。形容身体瘦弱，也形容谦退的样子。

[4] 乌获，秦国人，为战国时期的大力士，其力能举百钧。举乌获之任，出自《孟子·告子下》："然则举乌获之任，是亦为乌获而已矣。"

[5] 髡、衍，当指淳于髡与邹衍。淳于髡（约前 386—前 310），黄县（今山东省龙口市）人。战国时期齐国的政治家和思想家。滑稽多辩，齐威王拜其为政卿大夫。邹衍（约前 305—前 240），也作驺衍，齐国（今山东淄博市临淄）人。战国末期的哲学家、阴阳家。能言善辩，号"谈天衍"。

[6] 孳孳，同"孜孜"，勤勉，努力不懈。

[7] 绍熙壬子，即绍熙三年（1192 年）。

书画像自警[1]

从容乎礼法之场，沉潜乎仁义之府。是余盖将有意焉，而力莫能与也。佩先师之格言，奉前烈之余矩。惟闇然[2]而日修，或庶几乎斯语。

[1] 此篇元刻本入于卷三之"杂题"，题作《题画像自警》。

[2] 闇然，隐晦深远，不为人所知。

题梵天法堂门扇[1]

神光不昧，万古徽猷[2]。入此门来，莫存知解。

[1] 此篇元刻本入于卷三之“杂题”，据束景南考证，此题作于绍兴二十六年（1156 年）七月，时朱熹秩满，暂寓梵天寺兼山阁。梵天，即福建同安的梵天禅寺，位于同安大轮山南麓。

[2] 猷，道。徽猷，美善之道。指修养、本事等。

题陈廷佐亭[1]

圆荷暮方展，闲花晓日红。

[1] 此篇元刻本入于卷三之“杂题”。

卷之十一　杂　　著

策问三十三道

校注者按：策问，乃古代以对答形式考试的一种文体，包括“策问”和“对策”两个部分，分别为出题与应试。策问即先生的发问，内容多以经义、政事为主。此《策问三十三道》，系朱熹对儒学生员的策问试题。据束景南考证，乃作于绍兴二十四年至二十六年（1154—1156），即其设讲座、增修讲问之法及定策试之法之后。元刻本分为三篇，分别是卷四的《堂补课试策问一十二道》，卷五的《策问一十二道》和《策问九道》，故其排列顺序与清刻本不同。（清刻本排列顺序与《晦庵先生朱文公文集》七十四卷之《策问》篇相同。）元、清刻本之各道皆无标题，亦无分道标识，为便于注释及读者引用时识别，编者为各道添加序号。

〈一〉[1]

问：古之学者，始乎为士，终乎为圣人？此言知所以为士，则知所以为圣人矣。今之为士者众，而求其至于圣人者，或未闻焉。岂亦未知所以为士而然耶？将圣人者，固不出于斯人之类，而古语有不足信者耶？颜子曰：“舜何人哉？余何人哉？”[2]孟子所愿，则学孔子，二子者岂不自量其力之所至，而过为斯言耶？不然，则士之所以为士，而至于圣人者，其必有道矣。二三子固今之士，是以敢请问焉。

[1] 此道于元刻本列为卷六的《策问九道》之第二道。

[2] “舜何人哉……”句，出自于《孟子·滕文公上》：“舜何人也，予何人也，有为者亦若是!”

〈二〉[1]

问：建首善[2]自京师始，而达于四方郡邑、海隅障徼[3]之远，莫不有学。此三代之制，与今皆然也。然考其风俗之流，有薄有厚，有失有得，则其不相逮至远，岂古今之所以学者异耶？将所以学者不必异，特业之有至有不至耶？二三子释菜之初，愿陈二者之说，分别而审言之，以观二三子所以来之意也。

[1] 此道于元刻本列为卷四的《堂补课试策问一十二道》之第八道。

[2] 首善，最好的、最优秀的，能起表率作用。

[3] 障徼，边陲、边塞。

〈三〉[1]

问：孟子曰“颂其诗，读其书，不知其人，可乎”?[2]近世以学名家如海陵胡先生[3]、欧阳文忠公[4]、王文公[5]、司马文正公[6]、苏编礼父子[7]、程御史兄弟[8]，其立言具在，二三子固尝读而诵之矣。其于先贤圣人之遗旨，孰有得其宗者耶?[9]愿与闻之[10]。

[1] 此道于元刻本列为卷五的《策问一十二道》之第四道。

[2] 颂，同“诵”。元刻本作“诵”。此句出自《孟子·万章下》。

[3] 海陵胡先生，即胡瑗（993—1059），字翼之，出生于泰州海陵（今江苏如皋），因世居陕西路安定堡，故世称安定先生。庆历二年（1042年）至嘉祐元年（1056年）历任太子中舍、光禄寺丞、天章阁侍讲等。为北宋学者，理学先驱。元刻本无“海陵胡先生”五字。

[4] 欧阳文忠公，即欧阳修。因其卒后谥号为“文忠”，故名。

[5] 王文公，即王安石。因其卒后谥号为“文”，故名。

[6] 司马文正公，即司马光。因其卒后谥号为“文正”，故名。元刻本无“司马文正公”五字。

[7] 苏编礼父子，即苏洵及其儿子苏轼、苏辙。苏洵（1009—1066），字明允，自号老泉，眉州眉山（今属四川眉山）人。北宋文学家，与其子苏轼、苏辙并以文学著称于世，世称“三苏”。曾参与编纂宋代礼典，故称苏编礼。

[8] 程御史兄弟，即程颢、程颐兄弟。程颢为嘉祐年间进士，神宗朝任太子中允监察御史，故称程御史。

[9] “二三子固尝读而诵之矣”，元刻本作“二三子固亦读之矣”。“其于先贤……得其宗者耶？”句，元刻本为“其所以是非得失”。

[10] 之，元刻本作“焉”。

〈四〉[1]

问：孔子曰“友其士之仁者”[2]，又曰“就有道而正焉”[3]，又曰“以友辅仁”[4]。盖学者之于师友，其不可以后如此。而孟子曰“子归而求之，有余师”[5]，又曰“君子欲其自得之”，必如是，是岂师友之所能与哉？孟子学孔子者，而其立言如此，岂有异旨哉？幸详言之，以观二三子所以从事于斯者如何也。

[1] 此道于元刻本列为卷六的《策问九道》之第三道。

[2] 友其士之仁者，出自《论语 ·卫灵公》，系子贡问怎样修养仁德，孔子回答说：“……要侍奉大夫中的贤人，与士人中的仁人交朋友。”

[3] 就有道而正焉，出自《论语·学而》，意思是在有道德的人那里去匡正自己。

[4] 以友辅仁，出自《论语·颜渊》，意思是借着朋友间的交流和帮助来增进己身仁德。

[5] 子归而求之，有余师，出自《孟子·告子下》，意思是你回去自己寻求吧，老师多得很呢。此乃孟子回答曹交“人皆可以为尧舜，有诸”之问。

〈五〉[1]

问：世言圣人生知安行，不待学而知且能也。若孔子者，可谓大圣人矣，而曰“我学不厌”，又曰“吾十有五而志于学”，又曰“不如丘之好学”，非有待于学耶？抑所以[2]学者异乎人之所学者耶？然则夫子之所以学者，果何以也？至如称颜子以好学，则曰“不迁怒，不贰过”[3]；语学者以好学，则曰“食无求饱，居无求安，敏于事而慎于言，就有道而正焉”。至其他纵言至于学者，难遍以疏举，不识其与夫子之所以自谓者有辨耶？其无辨也？幸详陈之。

[1] 此道于元刻本列为卷五的《策问一十二道》之第十道。
[2] 抑所以，元刻本作“所由”。
[3] 不迁怒，不贰过，出自《论语·雍也》，意思是不要把自己的怒气发泄到别人身上，不要第二次犯相同的错误。

〈六〉[1]

问：唐开元释奠仪[2]：设先圣神位于堂西，东向：先师位其东北，南向，初不云有像设及从祀诸子也。今以当时人文章所记著考之，则皆为夫子南面像，〈以〉门人〈列侍〉，亦［盖］像十子，[3]而图其余于壁。是则开元之制施用于当时者，亦无几耳。二三子试实其所以然，而断其得失以对。

[1] 此道于元刻本列为卷四的《堂补课试策问一十二道》之第一道。
[2] 释奠，古代在学校设置酒食以奠祭先圣先师的一种典礼。开元释奠仪，参酌唐《开元礼》确定释奠仪的仪式。唐《开元礼》是介绍中国唐代礼节制度的著作。
[3] 此句据元刻本改之。

〈七〉[1]

问：圣人远矣，六经或在或亡，诸子各自为家，与夫诸儒之说经者，又皆杂乱而无所统一。士之有意于圣人者，舍是三者亡以见之矣。是将因是以求之耶？则其绝亡者不可以属，〈而〉其杂乱者，又易以惑人，求以自通，不亦难哉！[2]或者又以为道非言说所载，顾力行如何耳。二者之论，仆未能得其中，亦诸君所宜讲而思也。

[1] 此道于元刻本列为卷四的《堂补课试策问一十二道》之第三道。

[2]“求以自通，不亦难哉”，此句元刻本作“亦难以自通矣”。

〈八〉[1]

问：古以孝廉[2]举士，今废其科，入官者一于进士与夫公卿大夫之世[3]而已。而所以驭其行者，则于参选[4]问其葬父母与否？于荐举使举者任其不犯入已赃。此孝廉之遗意，而责之则已恕矣。然犹有不能者，何也？将所以厉[5]之者，非其本与？抑法废不修而然也？[6]今欲献贤于上，请以古制举士而严今之法，以御其末流。二三子以为便，则具其施行之语为有司陈之。

[1] 此道于元刻本列为卷六的《策问九道》之第一道。

[2] 孝廉，是汉武帝时设立的察举考试，以任用官员的一种科目。孝廉是“孝顺亲长，廉能正直”的意思，孝廉科就是察举孝子廉吏。

[3]“与夫公卿大夫之世”，元刻本作“任子”。

[4]“而所以驭其行者，则于参选”，元刻本作“至其参选则”。

[5] 厉，元刻本作“属”。

[6]“抑法废不修而然也”，元刻本无此句。

〈九〉[1]

问：《大学》之序，将欲明明德于天下，必先于正心诚意，而求其所以正心诚意者，则曰〈致知格物而已。然自秦汉以来，此学绝讲，虽躬行君子时或有之，而无曰致知格物云者。不识其心果已正、意果已诚未耶？若以为未也，则行之而笃，化之而从矣。以为已正且诚耶？则不由〉[2]致知格物以致之，而何以致然也？愿二三子言其所以，而并以致知格物之所宜用力者，为仆一二陈之。

[1] 此道于元刻本列为卷四的《堂补课试策问一十二道》之第十道。

[2] “致知格物而已……则不由”，清刻本漏此一大段，据元刻本并参《晦庵集》卷七十四补之。

〈十〉[1]

问：先王之世，选举之法，书其德行道艺者，起于乡闾，容或不公。而唐虞以来，至于成周，数百年之间，《书传》所记，无以选举不实累其上者，何耶？逮至后世，变而任以一切之法，若糊名、窜书[2]而校其一日之长者，亦可谓至公矣。而属者廷议，犹谓禁防少弛，权幸因以猎[3]取世资者，何耶？

[1] 此道于元刻本列为卷六的《策问九道》之第四道。

[2] 糊名，即糊名考校法，科举考试中防止舞弊的措施之一。凡试卷均糊其考生姓名、籍贯等，使考官评卷时难于徇私作弊，以达公平。窜，改易(文字)。窜书，即易书，也是科举考试中防止舞弊的措施之一。即由书吏誊抄科考试卷，考官藉誊抄副本评卷，以防不法考官凭借辨认考生字迹作弊。

[3] 猎，元刻本作“躐”。躐，越级，不循原有序列。

〈十一〉[1]

问：《书》称尧“平章百姓，百姓昭明”[2]。说者以为[3]百姓者，百官族姓云尔。夫以百官族姓，无不昭明，则尧之所与共天职者富矣。及其畴咨[4]廷臣，欲任以事，则放齐称子朱[5]，驩兜举共工[6]，四岳荐鲧[7]，恶在其昭明也耶？夫子叙《书》，断自《尧典》[8]，将以遗[9]万世大法，而其言若此，此又何耶？〈或以知人为难[10]，〉夫子尝称“观人至于察其所安，则人焉廋哉”[11]。帝尧之圣，岂独昧[12]此耶？以帝尧之举，而三人者若此。然则三代选举之法，书其德行道艺始于乡闾者，其可尽信也耶？二三子其辨明之。

［1］此道于元刻本列为卷四的《堂补课试策问一十二道》之第十二道。

［2］平章百姓，百姓昭明，辨别百官中有善行者加以表彰，百官就能辨明自己的职守。

［3］为，元刻本作“谓”。

［4］畴咨，访求。

［5］放齐称子朱，元刻本作“放齐之称嗣子朱”。典出《尚书·尧典》。放齐，帝尧时大臣。传说尧欲立继承人，放齐向尧举荐尧之子丹朱，而尧以丹朱顽劣好讼未采纳。

［6］驩兜举共工，典出《尚书·尧典》。驩兜，相传为尧舜时的部落首领。驩兜曾向尧进言举荐共工，尧认为不可，但令其任专掌营建工程的百工之长以试之，共工果然邪恶不正。四岳举鲧治洪水，尧以为不可，岳强请试之，试之而无功，故百姓不便。

［7］四岳荐鲧，典出《尚书·尧典》。四岳，帝尧时大臣。相传尧欲治水，询问谁人可用。四岳推荐鲧，尧觉得鲧不行，但四岳坚持试试，尧只得同意。结果鲧治水九年，功败垂成。

［8］《尧典》，《尚书》篇目之一，记叙唐尧的功德、言行，是研究上古帝王的重要资料。

［9］遗，元刻本作“为”。

［10］或以知人为难，此句据元刻本补。

［11］廋，隐瞒。元刻本误作“瘦”。“观人至于……”句，意思是观察他安心于何处，这样的人怎么能隐瞒得了呢？

［12］昧，糊涂。元刻本作“少”。

〈十二〉[1]

问：台谏[2]，天子耳目之官，于天下事无所不得言。十余年来，用人出宰相私意，尽取当世顽顿嗜利无耻之徒以充入之，合党缔交，共为奸慝。乃者天子灼知其弊，既斥去之，乃咨人望，[3]使任斯职，又下明诏以申警[4]之。士怀负所学，以仕于世，至此可谓得所施矣。而崇论弘议未能有所闻于四方，何耶？今天下之事众矣，二三子试以身代诸公而任其责，以为所当言者，何事为大？

[1] 此道于元刻本列为卷五的《策问一十二道》之第六道。

[2] 台谏，即台官与谏官。唐、宋侍御史、殿中侍御史与监察御史掌纠弹，通称为台官。谏议大夫、拾遗、补阙、正言掌规谏，通称谏官，合称台谏。

[3] “尽取当世顽顿……乃咨人望”一段，元刻本作“又钳以复赛，使不得有所建明乃者。天子深烛奸萌，咨询人望”。

[4] 申警，元刻本作“戒饬”。

〈十三〉[1]

问：官材取士之法，三代尚矣。汉魏以来，至于晋唐，郡国选举，公府辟召，其法不同。然上之所取乎下者，其路博，故下之所学以待问者，亦各有所以，而不专于文艺之一长也。至国朝，始专以进士入官，虽间设科目，如所谓贤良方正[2]、博学宏词[3]者，然亦不过文艺而已。夫文者，士之末，其在君子小人无常分。士或怀负道德而不能此，与虽能而耻不屑就者，国家安得而用之耶？今诚欲复取古制施行之，则二三子之意，以何者为便？

[1] 此道于元刻本列为卷五的《策问一十二道》之第七道。

[2] 贤良方正，始于汉代的封建王朝选拔统治人才的科目之一。依照皇帝诏令，由公卿诸侯王、郡守等高级官吏举荐有才能、有德行，正直且能直言极谏者，由皇帝亲自策问，分别高下，授以官职。

[3] 博学宏词，始于唐代的封建王朝选拔统治人才的科目之一。其设置是为了解决科举出身后等待入仕所产生的问题所采取的措施。它将科举考试与铨选考试折中糅合，考试内容是“试文三篇”，包括诗、赋、议论各一。

〈十四〉[1]

问：汉世专文［门］[2]之学，如欧阳、大小夏侯、孔氏《书》[3]，齐、鲁、韩、毛《诗》[4]，后氏、戴氏《礼》[5]，董氏《春秋》[6]，梁丘、费氏《易》[7]，今皆亡矣。其仅有存者，又已列于学官，其亦可以无恶于专门矣。而近世议者深斥之，将谓汉世之专门者耶？抑别有谓也？今百工、曲艺莫不有师，至于学者尊[8]其所闻，则斥以为专门而深恶之，不识其何说也。二三子陈之。

［1］此道于元刻本列为卷六的《策问九道》之第九道。

［2］专文，元刻本作“专门”，依元刻本改。

［3］《书》，即《尚书》的最早书名，约成书于前五世纪，是中国上古历史文献和部分追述古代事迹著作的汇编。传统《尚书》（又称《今文尚书》）由伏生传下来，授予济南张生及欧阳生。欧阳、大小夏侯、孔氏，为《尚书》学说的继承者。欧阳，名容，字和伯，西汉千乘郡（今山东省广饶县）人。将《尚书》二十九篇分解为三十一篇，为《周诰》、《殷庚》做了详细注解，著有《欧阳章句》四十一卷，《欧阳说义》二篇，开创《尚书》欧阳学说。大小夏侯，指汉今文《尚书》学者夏侯胜、夏侯建。夏侯胜，字长公，宁阳侯国（今山东宁阳）人。西汉著名学者。其先夏侯都尉从张生受《尚书》，大小夏侯继承之，成为《尚书》“大夏侯学”的开创者。孔氏，即孔子，整理《尚书》，列为重要核心儒家经典之一。

［4］《诗》，即《诗经》。齐、鲁、韩、毛，指汉时研究《诗经》的四家，即齐诗学派代表齐人辕固，鲁诗学派代表鲁人申培，韩诗学派代表燕人韩婴，以及毛诗学派代表鲁人毛亨和赵人毛苌。前三家诗又称为“今文学派”、“今文经学”，毛诗学派则属于“古文经学”。

［5］《礼》，即包括《周礼》、《仪礼》、《礼记》三种著作的儒家经典。后氏，即后苍，字近君，东海郡郯（今山东郯城县）人。西汉经学家。曾侍奉精通“五经”的夏侯始昌，武帝时立为博士，官少府。也精通《诗》和《礼》。撰有《后氏曲台记》，已佚。戴氏，当指大小戴，即戴德及其侄戴圣。戴德，字延君，后仓的四位弟子之一，曾任信都王（刘嚣）太傅。

汉代礼学家、今文礼学“大戴学”的开创者，代表作《大戴礼记》。戴圣，字次君，官至九江太守。著有《小戴礼记》。

[6] 董氏《春秋》，当指董仲舒的《春秋繁露》。董仲舒（前179—前104），西汉广川（今河北景县广川镇）人，思想家、今文经学大师。汉景帝时任博士，讲授《公羊春秋》。所著《春秋繁露》，推崇公羊学，发挥“春秋大一统”之旨。

[7] 《易》，即《易经》。梁丘，即梁丘贺，字长翁，西汉诸地（今山东诸城县）人。师从京房习《易经》，著有《梁丘易》，创立梁丘氏易学派。费氏，即费直，字长翁，西汉东莱（今山东掖县）人。长于卜筮，创立费氏易学派。然其无《易经》章句传注，只以彖、象、系辞十篇文言解说上下经。

[8] 尊，元刻本作“苟”。

〈十五〉[1]

问：泉[2]之为州旧矣，其粟米、布缕、力役之征，岁入于公者，盖有定计。禄士廪军[3]，自昔以来，量是以为出，不闻其不足也。有不足，则不为州久矣。而比年以来[4]，困竭殊甚，帑藏萧然，无旬月之积[5]，二千石[6]每至，往往未及下车而惟此之问。然文符益繁，县益急，民益贫，财赋益屈。此其故何耶？诸君熟计可行之策，无为文词而已。

[1] 此道于元刻本列为卷六的《策问九道》之第八道。

[2] 泉，元刻本作“泉州”，即福建泉州。唐久视元年（700年），于今泉州鲤城置武荣州。景云二年（711年），由武荣州改称泉州，泉州建制自此开始。

[3] 禄，给予俸禄。廪，供给粮食。禄士廪军，元刻本作“禄廪军需”。

[4] 比年以来，元刻本无“以来”两字。

[5] 积，元刻本作“储”。

[6] 二千石，指郡守。汉制郡守俸禄为二千石，即月俸百二十斛。世因称郡守为“二千石”。

〈十六〉[1]

问：夫子称郊祀后稷[2]以配天，宗祀文王[3]于明堂以配上帝。夫天之与上帝，其果有异耶？抑不异也？后世郑康成、王肃[4]之徒，各以其所闻为说，甚者至流于谶纬[5]、谲怪不可质究，皆圣贤所不道。其果有可取耶？抑无取也？恭惟国家承百王之流弊，稽古礼文之事，既久而后大备。二三子考先儒之论而折中之以圣制，宜有定矣，陈之毋隐。

[1] 此道于元刻本列为卷四的《堂补课试策问一十二道》之第二道。

[2] 郊祀，中国古代帝王对天地的祭祀，例行于都城之郊举行，故称。后稷，周朝的始祖，姬姓，名弃，出生于稷山（今山西稷山县），被称为稷王（也做稷神或者农神）。

[3] 宗祀，对祖宗的祭祀。文王，即周文王姬昌。

[4] 郑康成，即郑玄（127—200），字康成，北海高密（今山东高密）人。东汉末年儒家学者、经学大师，创立郑学，为汉代经学的集大成者。王肃（195—256），字子雍，东海郡郯县（今山东临沂市郯城西南）人。三国时期曹魏著名经学家。著有《孔子家语》，其所注经学在魏晋时期被称作“王学”。

[5] 谶纬，古代中国官方的儒家神学，谶书和纬书的合称。谶是秦汉间儒家编造的预示吉凶的隐语，后来民间发展为庙宇或道观的求神问卜；纬书是对秦汉以来纬、候、图、谶的总称。其中保存了大量关于神话民俗文化的记载。

〈十七〉[1]

问：经废不讲久矣，士之贤者亦或留意焉，而其所以用力者，则异而不同也。盖或不求甚解，而笃意于近思；或恃为考证，而昧于至理。务深眇者，放宕而不根；干利禄者，涉猎而无本。是四者之于经，其得失孰甚？二三子言之。

[1] 此道于元刻本列为卷四的《堂补课试策问一十二道》之第四道。

〈十八〉[1]

问：汉《艺文志》春秋家列《左氏传》、《国语》[2]，皆出鲁太史左丘明。盖自司马子长、刘子骏[3]已定为丘明所著，班生[4]从而实之耳。至唐柳宗元，始斥《外传》[5]为淫诬，不概于圣，非出于左氏。近世刘侍读敞[6]又以《论语》考之，谓丘明自夫子前人，作《春秋内外传》者乃左氏，非丘明也。诸家之说既异，而柳子之为是论，又自以为有得于《中庸》。二三子论其是非焉。

[1] 此道于元刻本列为卷四的《堂补课试策问一十二道》之第五道。

[2]《左氏传》，即《春秋左氏传》，又称《左传》，左丘明撰。左丘明（约前502—约前422），都君人，姓左丘，名明，因其父任左史官，故称。曾任鲁国史官，为解析《春秋》而作《左传》。《国语》是左丘明在失明以后将其编著《左传》剩余的资料略加整理汇编而成，成书约在战国初年，是中国最早的一部国别史著作。

[3] 司马子长，即司马迁。刘子骏，即刘歆（约前50—23年），字子骏，沛（今江苏沛县）人。西汉末经学家、目录学家，与父刘向同校皇家藏书，继父业，集六艺群书，分类撰为《七略》。

[4] 班生，当指班固（32—92年），字孟坚，扶风安陵（今陕西咸阳东北）人，东汉著名史学家、文学家。撰有《汉书》，是继《史记》之后中国古代又一部重要史书。

[5]《外传》，指《春秋外传》，即《国语》。而《左传》、《春秋左氏传》又称为《春秋内传》。

[6] 刘侍读敞，即刘敞（1019—1068），字原父，一作原甫，临江新喻荻斜（今属江西樟树）。宋庆历六年（1046年）进士，曾任翰林院侍读学士，官至集贤院学士。为北宋史学家、经学家，其《春秋》研究颇多新意之处。

〈十九〉[1]

问：荀子著书，号其篇曰《性恶》[2]，以诋孟子之云性善者，而曰涂人[3]可以为禹。夫禹，大圣人也，语其可知之质，可能之具，乃在夫涂之人耳。人之性也，岂果为恶哉！然且云尔者何也？二三子推其说以告。

[1] 此道于元刻本列为卷四的《堂补课试策问一十二道》之第六道。

[2]《性恶》，即《荀子》中之一篇，提出“性恶论”，认为人的本性具有恶的道德价值。常与孟子的性善论比较。

[3] 涂人，普通人。

〈二十〉[1]

问：李师锡[2]者，以书抵韩子，称其所为不违孔子，不以雕琢为工。而韩子报之曰：“愈将有深于是者，与吾子乐之。”[3]今韩子之书具在，所谓深于是者，果何所指而言耶？

[1] 此道于元刻本列为卷四的《堂补课试策问一十二道》之第七道。

[2] 李师锡，或为韩愈之故友李观之朋友，韩愈与之有书信来往，可见《昌黎文集·答李秀才书》。韩子，即韩愈。

[3]“愈将有深于是者……”句，出自《昌黎文集·答李秀才书》。

〈二十一〉[1]

问：夫子讲教洙泗[2]之间，三千之徒、七十之贤，所学者何业？所习者何事？其言曰“二三子以我为隐乎？吾无隐乎尔”？[3]所隐者复何说？“饮水，曲肱而枕之，乐亦在其中矣”[4]，所乐者抑又何谓（一作事）耶？

[1] 此道于元刻本列为卷四的《堂补课试策问一十二道》之第九道。

[2] 洙泗，即洙水和泗水，是山东曲阜的两条河，洙水在北，泗水在南。春秋时，孔子在曲阜聚徒讲学。后因以“洙泗”代称孔子及儒家。

[3]“二三子以我为隐乎……”句，出自《论语·述而》，意思是你们以为我

隐藏什么，我没有什么隐藏的。

[4] “饮水……乐亦在其中矣”句，出自《论语·述而篇》，意思是喝冷水，弯着胳膊当枕头，乐趣也就在其中了。

〈二十二〉[1]

问：忠信所以进德，而夫子之所以教，与夫曾子所以省其身，亦无不曰忠信云者。而夫子又斥“言必信，行必果”者为小人[2]。孟子亦谓言不必信，行不必果，二端异焉。然则学者将何所蹈而可？将不必信且果者耶，则子路有欺天之失[3]，微生有醯之讥[4]。将必信且果耶，则硁硁之号，非所以饰其身也。二三子其扬搉之。(一作共商榷之。)

[1] 此道于元刻本列为卷四的《堂补课试策问一十二道》之第十一道。

[2] “言必信，行必果”，出自《论语·子路第十三》：“言必信，行必果，硁硁然小人哉！抑亦可以为次矣。”其意思是：说话一定守信，做事一定有结果，这是浅薄固执的小人啊！或可算是境界不高的人吧。

[3] 子路有欺天之失，孔子病重，子路叫门人充当孔子的家臣，准备由此人负责总管料理后事。孔子说他：“由之行诈也，无臣而为有臣。吾谁欺？欺天乎？”

[4] 微生，即微生高，春秋时鲁国人，孔子弟子。乞醋之讥，出自《论语》，子曰：“孰谓微生高直？或乞醯焉，乞诸其邻而与之。”意思是人家说微生高直爽、坦率，但有人乞杯醋，他不直说没有，而是向邻人讨来转给他。孔子认为这种行为固然好，但不算是直道。

〈二十三〉[1]

问：顷与二三子从事于《论语》之书，凡二十篇之说者，二三子尽观之矣。虽未能究其义如其文，然不可谓未尝用意于此也。惟其远者大者，二三子固已得诸心而施诸身矣。亦可以幸教有司者耶？不然，则二三子之相从于此，非不于道利焉而已耳！非所望于二三子也。

[1] 此道于元刻本列为卷五的《策问一十二道》之第一道。

〈二十四〉[1]

问：仁之体诚深矣，自孔门弟子之所以问，夫子之所以答，与夫后之诸子之所以笔之于书者，皆未尝同也。二三子总其所论而折中之，必有得矣。其有以幸教。

[1] 此道于元刻本列为卷五的《策问一十二道》之第二道。

〈二十五〉[1]

问：人幼而学之，壮而欲行之。诸君子今日之所学，他日之所以行，其可得闻欤？

[1] 此道于元刻本列为卷五的《策问一十二道》之第三道。

〈二十六〉[1]

问：汉大司农丞寿昌议常平之法[2]，而御史大夫望之[3]奏以为非。是二者孰为合于先王之意？而施于当今，亦孰为宜耶？二三子欲通当世之务，不可以不熟察而别言之。

[1] 此道于元刻本列为卷五的《策问一十二道》之第五道。
[2] 寿昌，即耿寿昌，陇西山海关人。汉宣帝时任大司农中丞，在西北设置“常平仓”，用来稳定粮价兼作为国家储备粮库。后来被封为关内侯。常平之法，即常平仓制度。令边郡皆筑仓，以谷贱时增其价而籴，以利农谷；贵时减其价而粜，以赡贫民。
[3] 望之，即萧望之（约前 114—前 47 年），字长倩，东海兰陵（今山东兰陵县兰陵镇）人，徙杜陵（今陕西西安东南）。历任大鸿胪、太傅等官。汉

神爵三年（前59年），迁为御史大夫。上奏反对耿寿昌设立常平仓。

〈二十七〉[1]

问：国朝官材取士之法，进士而已[2]。虽间设科目，如所谓贤良方正、博学宏词者，特以疑文隐义困于所不知，知此则贤且良矣。至以博学宏词自命而试于礼部者，则又可笑。盖迟明裹饭揭箧而坐于省门[3]，以埃［俟］漏启钥[4]而入，视所命题，退发箧搜之，则其中古今事目，次辑鳞比而亦有成章（一作文）[5]矣。其平居讲学专乎此，甚者至于不复读书也。进士之得人已疏阔[6]矣，而所设二科者又如此。然则士有怀负道艺以陆沉乎下者，其势必耻乎此，而亦庸有不能者，国家安得而用之耶？二三子策以为如何而可？

［1］此道于元刻本列为卷五的《策问一十二道》之第八道。此道题与第十三道题略有相似。

［2］进士而已，元刻本作“一于进士而已”。

［3］迟明，黎明，天快亮的时候。裹饭，包裹着饭食解饿。揭箧，扛着箱笼走。省门，指礼部衙门。亦指礼部试进士的场所。

［4］埃，元刻本作“竢”。俟，等待。漏，时间。启钥，开锁。

［5］章，元刻本作“文”。

［6］疏阔，指粗略、不周密。元刻本作“疏阙”，不妥。

〈二十八〉[1]

问：三代学校之制，自家塾、党庠、遂序[2]，以至于国，则有学焉。其选士兴贤之法，父师少师[3]之教，见于周官王制，礼家之说者尚可考也。今家塾、党庠、遂序之制未立，是以州县虽有学，而士之耕养于田里者，远不能至，独城阙之子得以家居廪食而出入以嬉焉。至其补弟子员，则去留之节，又一决于文艺，使士之静厚愿悫[4]者，以木讷见罢。而偶能之者，虽纤浮佻巧，无不与在选中。如此是学之为教，已不能尽得可教之才，而教之者又非有父师少师之齿德也。噫！法之未能如古，则学校之为益亦少哉！愿二三子考其所闻于古而今可行者，悉著于篇，将摭其施行之语，以观二三子于当世之务如何也。

[1] 此道于元刻本列为卷五的《策问一十二道》之第九道。
[2] 党、遂，为西周地方行政组织单位。王国的土地，郊内为乡，郊外为遂。郊内五家为比，五比为闾，四闾为族，五族为党，五党为州，五州为乡。郊外五家为邻，五邻为里，四里为酂，五酂为鄙，五鄙为县，五县为遂。庠、序，指古代乡学。殷曰序，周曰庠。
[3] 师，即师氏，是周时掌管辅导王室、教育贵族子弟及其朝仪得失之事的官，也是国学中的教师。父师是退休的大夫，少师是退休的士。退休后一般会在乡学中担任教师。见郑玄《仪礼·乡饮酒礼》注。
[4] 静厚，文静厚重。愿悫，指朴实、诚实。

〈二十九〉[1]

问："礼云礼云，玉帛云乎哉！乐云乐云，钟鼓云乎哉！[2]"而夫子之于告朔，爱其一羊而不忍去[3]。于齐闻韶，至于三月而不知肉味[4]，何也？抑其所以如此者，其意乃有所属，而非玉帛钟鼓之谓耶？然则果何所属也？幸二三子详陈之。

[1] 此道于元刻本列为卷五的《策问一十二道》之第十一道。
[2] "礼云礼云……"句，出自《论语·阳货》，其意思是礼呀礼呀！说的是玉帛吗？乐啊乐啊！说的是钟鼓吗？表示孔子对当时所谓礼乐感慨，是重于物而简于敬，敲击钟鼓而不合雅颂。
[3] "夫子之于告朔……"句，典出《论语·八佾》："子贡欲去告朔之饩羊。子曰：'赐也！尔爱其羊，我爱其礼。"
[4] "于齐闻韶……"句，典出《论语·述而》。孔子之所以能"三月不知肉味"，是因为韶乐符合孔子"尽善尽美"的礼乐观念。

〈三十〉[1]

问：间者[2]，天子数下宽大诏书，弛民市征口算[3]与夫逃赋役者之布。又诏税民毋会其奇[4]赢，以就成数。又诏郡国毋得以羡余[5]来献，求幸媚[6]。恭惟[7]圣天子所以加惠此民者，可谓无不至矣。外是数者亦可以议蠲复，以助广圣治之万分者乎？愿与二三子预讲明之，以待召问而发焉。

[1] 此道于元刻本列为卷五的《策问一十二道》之第十二道。
[2] 间者，最近，近来。不久前。
[3] 市征，市场税收；口算，即口算赋，汉代一种税收，按照人头征收现金。
[4] 奇，元刻本作“踦”。
[5] 羡余，地方官以两税盈余为名，向皇帝献纳的税款。
[6] 幸媚，亲近宠幸。
[7] 恭惟，同“恭维”。

〈三十一〉[1]

问：先王之世，士出于田里者，有党庠、遂序之教，而公卿大夫之子弟，则又有成均[2]之法以养之。盖无不学之人，则无不治之官矣。后世士不皆业于学校，而学校所以教之者，亦非复古法。至于〈公〉[3]卿大夫之子弟，则又有块然[4]未尝读书识字而直为王官者，如是而欲吏称民安、化行俗美，于谁责而可哉！今欲使之学者必出于庠序，世其禄者必出于成均，而所以教之者必自洒扫应对进退，以至于义精仁熟，格物致知，以至于治国平天下。又当皆合乎先王之意，不但为文词而已。二三子考于经，以为如之何而可也？详以著于篇，无所隐。

[1] 此道于元刻本列为卷六的《策问九道》之第五道。
[2] 成均，古代之大学。

[3] 公，据元刻本补。
[4] 块然，木然无知。

〈三十二〉[1]

问：瑞应[2]之说，所从来久。如凤凰、嘉禾、驺虞、麟趾[3]，皆载于《书》，咏于《诗》，其为瑞也章章[4]矣。而或者谓休符[5]不于祥，于其仁而已。至引白雉、黄犀[6]之属，以为不祥莫大焉。此其说与《诗》、《书》异矣，其亦有所本耶？前世祥瑞，或以改元纪号，或以被之弦歌，又或自以德薄，抑而不当。凡此数者，又孰为得失耶？愿二三子陈之。

[1] 此道于元刻本列为卷六的《策问九道》之第六道。
[2] 瑞应，意指帝王修德，时世清平，天就降祥瑞。
[3] 驺虞，古代中国神话传说中的仁兽。麟趾，即麟足，后用于比喻高贵的行迹。
[4] 章章，昭著的样子。
[5] 休符，吉祥的征兆。
[6] 白雉，白色羽毛的野鸡。黄犀，犀牛，后以其为事物变化之征兆的故实。宋周密《齐语·祥瑞》："白雉亡汉，黄犀死莽，恶在其为符也。"

〈三十三〉[1]

问：世谓庄周之学出于老氏，故其书规模本趣大略相似也。至韩子退之[2]始谓子夏[3]之学，其后有田子方[4]，子方之后流而为庄周[5]。然则周者，未尝学老聃[6]也。至以其书之称子方者考之，则子方之学子夏，周之学子方者，皆不可见，韩子之言何据耶？又《礼经》记孔子之言有得于老聃者，亦与今《道德》上下篇[7]绝不相似，而庄生之言则实近之，皆不可晓。敢请问于诸君焉。

[1] 此道于元刻本列为卷六的《策问九道》之第七道。

[2] 韩子退之，即韩愈（768—824），字退之，河南河阳（今河南省孟州市）人。唐代杰出的文学家、哲学家、政治家，世称“韩昌黎”、“昌黎先生”。

[3] 子夏，即卜商，字子夏，春秋时期的晋国温邑人。孔子的高足，于孔子去世后来到西河（今山西河津一带）设教，授徒三百。其名弟子有魏文侯、李悝、吴起、田子方、段干木、公羊高、穀梁赤、禽滑厘。他们或为君，或为相，或为将，都为社会做出贡献。

[4] 田子方，即田无择，字子方，魏国人。出于子夏之门，为孔子的再传弟子。

[5] 庄周，即庄子，姓庄，名周，字子休，战国中期宋国蒙人，著名的思想家、哲学家。是继老子之后，战国时期道家学派的代表人物，创立了华夏重要的哲学学派庄学。

[6] 老聃，即老子，姓李名耳，字聃，春秋时期陈国苦县（今河南省鹿邑县）人，道家学派创始人。

[7]《道德》上下篇，即《道德经》，老子撰，分上下两篇。原文上篇为《德经》，下篇为《道经》，是道家哲学思想的重要来源。

白鹿〈书〉堂策问[1]

孔子殁，七十子丧，杨墨[2]之徒出。孟子明孔子之道以正之，而后其说不得肆千有余年。诸生皆诵说孔子，而独荀卿、扬雄、王通、韩愈[3]号为以道鸣者，然于孟子或非之，或自比焉，或无称焉，或尊其功以为不在禹下。其归趣之不同既如此。而是数子者，后议其前，或以为同门而异户，或无称焉，或以为大醇而小疵，而不得与于斯道之传者。其于杨、墨，或微议其失，或无称焉，或取焉以配孔子。其取予之不同又如此，是亦必有说矣。本朝儒学最盛，自欧阳氏、王氏、苏氏，皆以其学行于朝廷，而胡氏、程氏亦以其学传之者。然王、苏本出于欧阳，而其末有大不同者。胡氏、孙氏亦不相容于当时，而程氏尤不合于王与苏也。是其于孔子之道，孰得孰失，岂亦无有可论者耶？杨墨之说则熄矣，然其说之流，岂亦无有未尽泯灭者耶？后世又有佛老之说，其于杨墨之说同耶？异耶？自扬雄以来，于是二家是非之论，盖亦多不同者，又孰为得其正耶？二三子其详言之。

［1］元刻本无此篇，后之增订者补之。目录题作《白鹿书堂策问》，与《晦庵集》此篇题目同，故依目录改之。此篇当是朱熹于白鹿洞书院时之策问，则无关同安人事，属于滥收。

［2］杨墨，战国时杨朱与墨翟的并称。杨朱，早期道家的代表人物，创立杨朱学派。墨翟，墨家学派创始人。

［3］荀卿，即荀子（前313—前238），名况，字卿，战国末期赵国人。著名思想家，提倡性恶论，否认天赋的道德观念。时人尊称“荀卿”。扬雄（前53—18年），字子云，西汉蜀郡成都（今四川成都郫都区）人，汉代道家思想的继承和发展者。王通（584—617），字仲淹，道号文中子，河东郡龙门县（今山西万荣县）通化镇人，隋朝著名儒家、教育家。韩愈，唐代杰出的文学家、哲学家、政治家。

卷之十二　杂　著

策试榜谕[1]

孟子称君子之所以教者五[2]，而答问居一焉。今发策以观二三子之所蕴而折中之，是乃古之所谓答问者，非徒相与以为谀也。自今诸生条对所问，宜湛思正论，于答问之际，审加意焉。若夫朝廷之事，则非草茅所宜言，而师生相与之诚意，亦不当数见于文字之间也。二三子慎之。

[1] 此篇元刻本附于卷六《策问九道》之后，题作《谕策一道》。据束景南《朱熹年谱长编》考证（以下简略为“束景南考证”），此文作于绍兴二十四年（1154 年）为同安定策试之法时。策试，以写策论方式进行的科举考试。榜谕，告示。

[2] 君子之所以教者五，出自《孟子》的《尽心上》。孟子曰：“君子之所以教者五：有如时雨化之者，有成德者，有达财者，有答问者，有私淑艾者。此五者，君子之所以教也。”

补试榜谕[1]

盖闻君子之学，以诚其身，非直为观听之美而已。古之君子以是行之其身，而推之以教其子弟，莫不由此。其风俗所以淳厚，而德业所以崇高也。近世之俗不然，自父兄所以教其子弟，固已使之假手程文，以欺罔有司矣。新学小生自为儿童时，习见其父兄之诲如此。因恬不以为愧，而安受其空虚无实之名，内以傲其父兄，外以骄其闾里，而身不知自力，以至卒就小人之归者，未必不由此也。故今劝谕县之父兄，有爱其子弟之心者，其为求明师良友，使之究义理之指归，而习为孝弟驯谨之行，以诚其身而已。禄爵之不至，名誉之不闻，非所忧也，何必汲汲使之俯心下首，务欲因人成事，以幸一朝之得，而贻终已之羞哉！今兹试补县学弟子员，属某典领，故兹劝谕，各宜知悉。

[1] 元刻本无此篇，后之增订者补之。据束景南考证，此文作于绍兴二十四年（1154 年）同安试补县学弟子员之时。

谕诸职事[1]

尝谓学校之政，不患法制之不立，而患理义之不足以悦其心。夫理义不足以悦其心，而区区于法制之末以防之，是犹决湍水注之千仞之壑，而徐翳萧苇以捍其冲流也，亦必不胜矣。诸生蒙被教养之日久矣，而行谊不能有以信于人，岂专法制之不善哉，亦诸君子未尝以礼义教告之也。夫教告之而不从，则学者之罪。苟为未尝有以开导教率之，则彼亦何所趋而兴于行哉？故今增修讲问之法，诸君子其专心致思，务有以渐摩之，无牵于章句，无滞于旧闻。要使之知所以正心诚意于饮食起居之间，而由之以入于圣贤之域，不但为举子而已，岂不美哉！然法制之不可后者，亦既议而起之矣。惟诸君子相与坚守而力持之，使义理有以博其心，规矩有以约其外。如是而学者犹有不率，风俗犹有不厚，则非有司之罪，惟诸君留意。

[1] 此篇元刻本入于卷九“杂文”，题作《与职事文》。据束景南考证，此文约作于绍兴二十四年（1154 年）五六月间，时在同安整顿县学。

谕诸生[1]

古之学者，八岁而入小学，学六甲五方书计[2]之事。十五而入大学，学先圣之礼乐焉。非独[3]（一作徒）教之，固将有以养之也。盖理义以养其心，声音以养其耳，采色以养其目，舞蹈降登疾徐俯仰以养其血脉，以至于左右起居，盘盂几杖，有铭有戒，其所以养之之具，可谓备至尔矣。夫如是，故学者有成材，而庠序有实用。此先王之教所以为盛〈也〉。自学绝而道丧，至今千有余年，学校之官，有教养之名，而无教之养之之实。学者挟策而相与嬉其间，其杰然者乃知以干禄蹈利为事。至于语圣贤之余旨，究学问之本原，则罔乎莫知所以用其心者。其规为动息，举无以异于凡民而有甚者焉。呜呼！此教者过也，而岂学者之罪哉！

然君子以为是亦有罪焉尔，何则？今所以异于古者，特声音采色之盛，舞蹈降登疾徐俯仰之容，左右起居、盘盂几杖之戒有所不及为。至推其本，则理义之所以养其心者故在也。诸君日相与诵而传之，顾不察耳。然则此之不为，而彼之久为，又岂非学者之罪哉！仆以吏事得与诸君游，今几[4]（一作期）年矣。诸君之业不加进，而行谊无以自著于州里之间，仆心愧焉。今既增修讲问之法，盖古者理义养心之术，诸君不欲为君子耶？则谁能以是强诸君者。苟有志焉，是未可以舍此而他求也。幸愿留意毋忽。

[1] 此篇元刻本入于卷九“杂文”，题作《与斋长谕学生文》。据束景南考证，此文作于绍兴二十四年（1154年）五月，时整顿同安县学，增修讲问法。
[2] 书计，六艺中六书九数之学。清刻本作“书记”，误，依元刻本改正。
[3] 独，元刻本作“徒”。
[4] 几，元刻本作“期”。

同安县谕学者[1]

学如不及，犹恐失之，此君子所以孜孜焉爱日不倦，而竞尺寸之阴也。今或闻诸生晨起入学，未及日中而各已散去，此岂爱日之意也哉！夫学者所以为己，而士者或患贫贱，势不得学，与无所于学而已。势得学，又不为无所于学，而犹不勉，是亦未尝有志于学而已矣。然此非士之罪也，教不素明而学不素讲也。今之世，父所以诏其子，兄所以勉其弟，师所以教其弟子，弟子之所以学，舍科举之业则无为也。使古人之学止于如此，则凡可以得志于科举斯已尔。所以孜孜焉爱日不倦，以至乎死而后已者，果何为而然哉？今之士唯不知此，以为苟足以应有司之求矣，则无事乎汲汲为也。是以至于惰游而不知反，终身不能有志于学，而君子以为非士之罪也。使教素明于上，而学素讲于下，则士者固将有以用其力，而岂有不勉之患哉！某是以于诸君之事，不欲举以有司之法，而姑以文告焉[2]。诸君苟能致思于科举之外，而知古人之所以为学，则将有欲罢而不能者。某所企而望也。

〈绍兴二十三年十一月十六日某白〉[3]

[1] 此篇元刻本入于卷九“杂文”，题作《劝学文》。

[2] 而姑以文告焉，元刻本作“而先以告焉”。

[3] 此句据元刻本补，而清刻本无。据束景南考证称，此文约作于绍兴二十四年（1154年）五六月间整顿同安县学时。然其考证与其句时间上有出入，或当以元刻本为准，且存疑。

更同安县学四斋名[1]

学旧有四斋，许同年去其半，以省长谕[2]具员之冗。故今惟两斋，而四门如故，又皆错乱，不得其所。至于命名之义，亦有未安，盖如“汇征”之名，乃学优而仕之事，非学者所宜先也。揭而名之，是以利禄诱人，岂教学者之意哉！今欲复四斋之旧，以“志道”、“据德”、“依仁”、“游艺”目之，东西相次，自北而南，诵习之区各仍旧贯。易“日新”长谕为“志道”长谕，“汇征”长谕为“游艺”长谕。其“据德”、“依仁”两斋，请学谕、直学[3]选本位学生权充斋长或斋谕[4]，许随众升堂听讲。本学更不差人，以塞希觊[5]之路。诸职事以为如何？幸与诸生议以见告，条其便不便者，熹请罢行之。

[1] 元刻本无此篇，后之增订者补之。据束景南考证，此文作于绍兴二十四年（1154年），时更建同安县学四斋。

[2] 长谕，斋长、斋谕的合称。

[3] 学谕，宋代学校之职事，以所授经传教谕学生。直学，宋元时路、府、州、县等各级学校掌管钱谷者。

[4] 斋长、斋谕，宋代学校之职事。宋各类学校皆分斋教学，每斋学生约三十人，置斋长一员，斋谕一员。斋长每月记录本斋学生品行学艺，委终送学谕考核，再逐次上交考核，最后由本斋长官考核。年终审定后，注于簿籍以俟复试。斋谕协助斋长为本斋学生表率，执行学规与斋规。

[5] 希觊，妄想。

县学经史阁举梁文[1]

儿郎伟[2]！大同[3]古地，骆粤名邦。间出巨人，鼎在公卿之位；亦多贤士，郁为闾里之师。虽山川之炳灵，乃教化之纯被。比罹屯难[4]，益复浇漓[5]。学校荒凉，久风猷之不竞。图书散脱，阒[6]弦诵以无声。诏令壅而弗宣，父兄以为大戚。顾惟窃食，敢不究心？是以申谕诸生，俾沉潜于训义；力裒众记，务广博其见闻。幸大府之哀怜，总群书而推予。惟上贤笃意于教诱，使邑子蒙幸于作成。爰即学宫，创为杰阁。庶缄縢之慎固[7]，绝虫鼠之觊觎。既画诺[8]于县庭，旋受金于省户。西曹[9]藉力，群彦并心。而吏惰不供，几若道旁之室[10]；顾人疲久役，将起泽门之讴[11]。迨程事之既严，始抡材而甫就。僝功[12]见效，献设有期。不惟士得读未见之书，人知自砺；且使书得为无穷之计，利以永存。聊出词章，用升梁欐[13]。想均童耄，共此欢呼。

儿郎伟！抛梁东，晓日曈昽[14]出海红。照见黉堂通复阁，层甍[15]如画插晴空。

儿郎伟！抛梁西，春草秋云极望低。文圃山[16]高君莫羡，圣门巀嶭[17]与天齐。

儿郎伟！抛梁南，沧溟无际水天涵。荡潏[18]鱼龙君莫畏，渊源学海更潭潭。

儿郎伟！抛梁北，错落众星向拱极。昭回运转君莫疑，灿烂光明在方册[19]。

儿郎伟！抛梁上，圣朝硕辅苏丞相[20]。鲁无君子定虚言，权是诸生文人行。

儿郎伟！抛梁下，场老[21]遗书追董贾[22]。诸生勉维旧端操，时泰不忧身在野。

伏愿上梁之后，士无废业，家有传书。究述作之原，遂见古人之大体；际功名之会，起为当世之儒宗。惟不悖其所闻，乃式符于深望。

[1] 此篇元刻本入于卷九“杂文”。该文当作于绍兴二十五年（1155 年）初。同安县学原无藏书楼，是年，朱熹于县学孔庙大成殿之后侧建楼，名曰“经史阁”。是为同安儒学藏书楼之始。

[2] 儿郎伟，宋代时人作的上梁文，句首多用“儿郎伟”。“儿郎伟”有两种不同的解释：一种认为是和声助词，没有实义。另一种认为“伟”是“们”缀的方音记字，“儿郎伟”即“儿郎们”。

[3] 大同，即同安的别称。唐贞元十九年（803 年），析南安县地立大同场，

为县之前身。五代后晋天福四年（939 年），升大同场为同安县。

［4］屯难，艰难。

［5］浇漓，浮薄不厚，多用于指社会风气浮薄。

［6］闃，“阒”的讹字，阒，形容寂静。

［7］缄縢，指绳索。慎固，使谨严坚固。此句乃加固之意。

［8］画诺，旧时主管官员在文书上签字，表示同意照办。

［9］西曹，晋、南北朝称功曹为西曹。功曹为郡守、县令的主要佐吏。

［10］道傍之室，即成语“道傍筑室”，比喻无法成功的事。出自《诗·小雅·小旻》：“如彼筑室于道谋，是用不溃于成。”

［11］泽门之讴，典出《左传·襄公十七年》：“宋皇国父为大宰，为平公筑台，妨于农功。子罕请俟农功之毕，公弗许。筑者讴曰：‘泽门之皙，实兴我役。’”

［12］僝功，显现功业。

［13］欐，正梁。

［14］曈昽，指代旭日。

［15］层甍，高楼的屋脊。

［16］文圃山，地处厦门海沧和漳州角美两地的交界处。原名十八面山，唐代名士谢翛与其弟修读书于此，故名其山“文圃”。朱熹曾到过文圃山龙池岩，为题“寒竹风松”四个字。

［17］巀嶭，高峻的样子。

［18］荡潏，水动荡涌出的样子。

［19］方册，简牍、典籍。

［20］硕辅苏丞相，即同安名宦苏颂。

［21］场老，即陈黯（约 805—877），字希儒，号昌晦，唐南安县嘉禾屿（今厦门岛）人。十岁能诗，名闻乡里。然屡举不第，年过花甲仍无功名，遂隐居嘉禾屿金榜山麓，读书终身，自号场老。著有《裨正书》，朱熹主簿同安，曾访得其遗书并为之作序。

［22］董贾，西汉文学家董仲舒、贾谊。

补 遗

《论语》课会说[1]

古之学者潜心乎六艺之文，退而考诸日用，有疑焉则问，问之弗得，弗措[2]也。古之所谓传道、授业、解惑者，如此而已。后世设师弟子员，立学校以群之。师之所讲，有不待弟子之问，而弟子之听于师，又非其心之所疑也。泛然相与，以具一时之文耳。学问之道，岂止于此哉？

自秦汉以迄今，盖千有余年，所谓师弟子者，皆不过如此。此圣人之绪言余旨所以不白于后世，而后世之风流习尚所以不及于古人也。然则学者欲求古人之所至，其可以不务古人之所为乎？今将以《论语》之书与诸君相从学，而惟今之所谓讲者不足事也。是以不敢不以区区薄陋所闻告诸君，诸君第因先儒之说，以逆圣人之所志，孜孜焉蚤夜以精思，退而考诸日用，必将有以自得之而以幸教熹也。其有不合，熹请得为诸君言之。诸君其无势利之急，而尽心于此，一有得焉，守之以善其身，不为有余；推之以及一乡一国而至于天下，不为不足。熹不肖，不敢以是欺诸君也。

[1] 此篇于《大同集》各本均未收。据束景南考证，此文作于绍兴二十四年（1154 年），时在同安县学亲为诸生讲《论语》二十篇，因有此作。故自《晦庵集》卷七十四“杂著”中录之作补遗。

[2] 弗得弗措，出自《礼记·中庸》：“有弗学，学之弗能，弗措也……有弗思，思之弗得，弗措也。”

民臣礼议[1]

礼不难行于上，而欲其行于下者，难也。盖朝廷之上，典章明具，又自尚书省置礼部尚书、侍郎，以下至郎吏数十人；太常寺置卿、少，以下至博士、掌故又数十。每一举事，则案故事施行之，而此数十人者，又相与聚而谋之。于其器币牢醴，共之受之，皆有常制。其降登执事之人，于其容节，又皆习熟见闻，无所违失。一有不当，则又有谏官、御史援据古今而质正之。此所谓不难行于上者也。惟州县之间，士大夫、庶民之家，礼之不可已而欲行之，则其势可谓难矣。总之，得其所以不合者五，必欲举而正之，则亦有五说焉。

盖今上下所共承用者，《政和五礼》[2]也。其书虽尝班[3]布，然与律令同藏于理官[4]。吏之从事于法理之间者，多一切俗吏，不足以知其说。长民者又不能以时布宣，使通于下，甚者至或并其书而亡之。此礼之所以不合者一也。

书脱幸而存者，亦以上下相承，沿习苟简，平时既莫之习，临事则骤而学焉。是以设张多所谬戾，朝廷又无以督察绳纠之。此礼之所以不合者二也。

祭器尝经政和改制，尽取古器物之存于今者以为法，今郊庙所用则其制也。而州县专取聂氏三礼制度[5]，丑怪不经，非复古制，而政和所定未尝颁降。此礼之所以不合者三也。

州县惟三献官有祭服，其分献、执事、陪位者，皆常服也。古今杂糅，雅俗不辨。而县邑直用常服，不应礼典。此礼之所以不合者四也。

又五礼之书，当时修纂出于众手，其间亦有前后自相矛盾，及疏略不备处，是以其事难尽从。此礼之所以不合者五也。

礼之所以不合者五，必将举而正之，则亦有五说焉。

曰礼之施于朝廷者，州县士民无以与知为也。而尽颁之，则传者苦其多，习者患其博，而莫能穷也。故莫若取自州县官民所应用者，参以近制，别加纂录，号曰《绍兴纂次政和民臣礼略》。锓板模印，而颁行之州县，各为三通，（一通于守令厅事，一通于学，一通于名山寺观。）皆椟藏之，守视司察，体如诏书。而民庶所用，则又使州县自锓之板，正岁则摹而揭之市井村落，使通知之，则可以永久矣。此一说也。

礼书既颁，则又当使州县择士人之笃厚好礼者讲诵其说，习其颁礼；州县各为若干人，廪之于学，名曰治礼，每将举事，则使教焉。又诏监司如提学司者，察其奉行不如法者，举绳治之。此二说也。

祭器不一，郡县所用至广，（诸祭惟释奠从祀所用器物为多，当约此数为定，一州一县必具之。）难以悉从朝廷给也。但每事给一以为准式，付之州郡，椟藏于太守厅事，使以其制为之，以给州用，以赋诸县。（或恐州县自造不能齐同，即赋钱于州县各为若干，诣行在所属制造。）其器物用者自为一库，别置主典，与所椟藏者，守令到罢，举以相付，书之印纸以重其事。（礼书、礼服并用此法。）此三说也。

祭服则当准《政和礼》，州县三献，分献、执事、赞、祝、陪位之服，举其所有者，议其所无者补之，使皆为古礼服。（释奠分献之属皆用士人，余祭用吏人，当殊其制。）制造颁降如祭器法。此四说也。

礼书之不备者，（熹尝考释奠仪之失，今别出之。）更加详考而正之，仍为图其班序、陈设、行事、升降之所事为一图，与书通班之，（守视如书法。）则见者晓然矣。此五说也。

夫礼之所以不合者如此，必将举而正之。其说又如此，亦可谓明白而易知矣。而世未有议之者，则以苟简之俗胜，而莫致意焉故也，是其所以每难也。愚故曰礼不难行于上，而欲其行于下者难也。故述斯议，以为有能举而行之，则庶乎其有补焉尔。

[1] 此篇于《大同集》各本均未收。在《晦庵先生朱文公文集》卷六十九“杂著”中，此篇题下注有“同安作”。据束景南考证，此文作于绍兴二十五年（1155年），时在同安考定释奠仪，因有此作，故自《晦庵集》卷六十九“杂著”中录作补遗。

[2]《政和五礼》，即《政和五礼新仪》，是北宋末年编成的重要国家礼典。它利用中晚唐的典籍对历代礼仪沿革进行梳理，在熙宁、元丰学术的指导下，由徽宗皇帝最终裁定，制定了标准的文本。

[3] 班，通“颁”。班布，公布、发布。

[4] 理官，治理狱讼的官吏。

[5] 聂氏三礼制度，宋代聂崇义编写《三礼图集注》，呈于宋太祖。太祖览后嘉许，下诏颁行于世，遂成礼制。

卷之十三　行　状

奉使直秘阁朱公行状[1]

公讳弁，字少章，其先吴郡人，中徙歙之黄墩[2]。唐末有讳古僚者为陶雅[3]偏将，以兵戍婺源，因家焉。其后世有隐德，至奉直公始为儒，尤以沉默自将，足迹未尝至城市。生五子，公其次也。幼颖悟，读书日数千言。十岁能文，既冠，遂通六经百氏之书。游京师，入太学，补内舍生[4]，客食诸王家。会景迂晁公说之[5]为宫学教授，一见其诗奇之，与归新郑[6]，妻以兄女。郑介汴、洛两都之中，一时故家遗俗盖彬彬焉。公游其间，闻见日广，文章日进，益厌薄举子事，遂不复有仕进意。

靖康之难，家碎贼手。南归及淮甸[7]，光尧太上皇帝[8]已承大统，驻跸扬州，议遣使问两宫安否，而见大夫无敢行者。公闻之，慨然攘袂而起，抚髀太息，即日奋身自献阙下。宰相以闻，诏补修武郎，借右武大夫、吉州团练使，充河东大金军前通问副使。且命之曰："朕方俯同晋国，用魏绛以和戎[9]。尔其远效侯生，御太公而归汉。"公受命，即日与使者王公伦[10]张旃誓众，直犯兵锋以行，实建炎戊申[11]正月也。

行遇金相粘罕[12]于白水泺，邀说甚切。粘罕不听，使就馆云中[13]，馈饷如礼而实以兵守之。公复屡与书，具言用兵讲和利害甚悉。绍兴壬子之岁[14]，金忽遣宇文虚中[15]来言和议可成，当择使副一人诣元帅府受书归报。虚中欲二人探筹以决去留，公正色曰："此市道之所为耳。吾之来，固自与以必死，岂今日乃觊幸于先归者哉！愿使长亟诣军前受书，归报天子，遂成两国之好，使吾君得以蚤申四海之养于两宫。如前日临遣诏书本指，则吾虽暴骨方外，犹生之年也。”于是王公行有日。公请焉，曰：“古之使者有节以为信，今无节而有印，则印亦信也。公既还朝，无所事此，愿留见授。使某不幸一有意外之辱，得抱以死，死不腐矣。”王公挥涕，解以授公。公受而怀之，卧起未尝不与俱也。

是时，刘豫[16]盗据京邑，金逼公仕豫，且訹[17]之曰：“此南归之渐也。”公曰：“吾受命而北，不受命而南。且豫国贼，吾常恨不食其肉，又忍北面而臣之哉？吾有死耳，不愿归之。”金人怒，绝其饩遗以困之。公反从中固拒驿门，忍饥待尽，誓不为屈。于是金人亦知感动，复慰安之，致礼如故。久之，复迫公换金官。公曰：“自古兵交，使在其间，言可从从之，不可从则囚之、杀之，何必换其官哉！吾官受之本朝，今日有死而已，誓不易以辱吾君也。”且移书金用事人耶律绍文[18]等曰：“上国之威命朝以至，则使人夕以死；夕以至，则朝以死。”又以书告诀于后使者洪忠宣公[19]曰：“杀行人亦非细事，吾曹不幸遭之，亦命也。命出于天，其可逃哉！要当舍生以全义耳。”一日，具酒食，召云中被虏士夫常所与往来者，饮半酣，语之曰：“吾已得近郊某寺之地，一旦毕命报国，诸公幸瘗[20]我其处，且识其上曰‘有宋通问副使朱公之墓’，于我幸矣。”众皆泪缘睫，不能仰视，公独谈笑自若曰：“此臣子之常分，诸君何悲也。”金知公终不可屈，遂不复强。然公以使事未报，忧愤得目疾。其懿郁愁叹，无憀不平之气一于诗发之。岁久成集，号曰《聘游》。金中名王贵人亦多遣其子弟就学，公以此又得时因文字往来，说以和好之利，而碑版篇咏流行北方者亦甚众，得之者相夸以为荣焉。

王公还朝，太上闻公守节不屈，因其再使，使赍金银绫绢为赐。岁在丁巳[21]，金诸酋相继死灭，公阴使从者李发求得河阳人董考祥等，密疏其事及金中虚实，使间行归报曰：“此不可失之时也。”其后王公复归，又以公奉送徽考大行之文为献，其词有曰：

“臣等猥以凡庸，误蒙选择。茂林丰草，被雨露于当年；绝党殊邻，犯风霜于将老。节上之旄尽落，口中之舌徒存。叹马角之未生，魂消雪窖；攀龙髯而莫逮，泪洒冰天。”太上读之感涕，诏官公亲属五人如故事，别赐吴兴田五顷。顾丞相张忠献公[22]，喻以密指曰：“归日当以禁林[23]相处也。”明年，金使乌陵思谋、石庆充至，诏公子棣及司马倬[24]入馆见之，仍许附以家书，且赐黄金三十两以寄。思谋等见棣称公忠节，嗟叹久之，至以手加额云。

绍兴癸亥[25]，约和已定，公乃与洪忠宣公及历阳张公邵[26]皆得归。其事见洪公家书《輶轩集》，今行于世。入境，传旨促行者数辈。至国门，太上命中使梁璋引入便殿，延见劳苦，嘉叹再三。公顿首谢，且言曰：“臣闻人之所难得者，时也，而时之运无已。事之不可失者，几也，而几之藏无形。惟无已也，故来迟而难偶；惟无形也，故动微而难见。陛下与金人讲和，上则返梓宫，次则迎太母，又其次则怜赤子之无辜，肉白骨于已朽。此皆知几知时之明验也。然时运而往，或难固执，几动有变，宜鉴未兆。盟可守矣，而诡诈之心宜默以待之；兵可息矣，而销戢之术宜详以讲之。且北方君臣上不奉若天道，下不求合民心，人怨神怒，不知修省，以黩武为至德，以苟安为太平，虐民而不恤民，广地而不广德。此皆天助陛下中兴之势也。若时与几，陛下既知之于其始，图惟厥终，愿陛下益留神焉。”太上纳其言，赐金帛甚厚。公又以金中所得六朝御容及宣和[27]御集书画为献，并上所著《聘游集》，且述北方所见闻忠臣义士朱昭[28]、史抗[29]、张忠辅[30]、高景平[31]、孙益、孙谷[32]、五台僧真宝[33]、丁氏、晏氏女[34]、阎进[35]、朱勣[36]等死节事状，及故官属姓名以进，请加褒录，以劝来者。太上高其节，壮其志，异其文，俾易文资，且有进用意。诏曰：“朱某奉使岁久，忠义守节，理合优异，特赐券金千缗。”而宰相秦桧方以讲和为功，恶公言敌情，悟上意，奏以初补官换右宣教郎、直秘阁主管佑神观。有司校公考十有七年，应迁数官。桧又尼之，仅转奉议郎。明年四月六日，遂以疾卒于临安府白龟池之寓舍。遗命归葬故山，不果，则权厝西湖上智果院，忠义之士莫不哀之。公配晁氏，与其子郑老皆死于兵，再娶王公伦之女弟，与晁氏皆封孺人。子梀，仕至宣教郎、知抚州崇仁县以卒。女适里人王伃，以公恩补承信郎。孙勋，早卒，照未仕。

公之文慕陆宣公[37]之为者，其气质雄浑，援据精博，明白疏畅，曲尽事理，识者以为深得其体。于诗酷嗜李义山[38]，而词气雍容，格力闲暇，不蹈其险怪奇涩之弊。《聘游集》凡四十二卷，别有《奏议》一卷，《尚书直解》十卷，《曲洧旧闻》三卷，《续骫骳说》一卷，《杂书》一卷，《风月堂诗话》三卷，《新郑旧诗》一卷，《南归诗文》一卷，皆藏于家。

熹先大父于公为三从兄弟。先子初登第时，尝往拜公溱洧[39]之上，公送以诗，意寄甚远。其后先子仕于朝时，公已在北方。比南归，则先子不幸是岁已弃诸孤矣。后六年，熹始得拜公之殡而读其遗文。又三十有四年，乃复得官浙中，则公之殡犹在智果院也。方将为谋葬故，而遽以罪逐。今密院检详尤公袤[40]、临安帅守张公杓[41]闻而悲之，相与悉力经纪其事。而太学录张君体仁[42]又为得吉，卜于临安县积善峰之下，书来曰："将以某月某日葬公之柩，而以王氏孺人祔焉。"

熹窃惟国家承平百年，所以遇士大夫者不为不厚。政、宣[43]以来，公卿大臣荷国宠荣殊异优渥，又有非前日比者。一旦狂图误国招祸，使君父蒙尘，越在沙漠苦寒无人之地，而一时遗臣卖国降虏之余，接迹于朝，靦然相视，乃无一人肯奔问官守者。公以草野诸生，平日未尝沾一命之禄，顾独奋然出捐躯命，请冒锋镝斧质之威，以尝不测之寇，而守死不屈，至于十有六年之久，卒不污虏伪官爵，竟得复持汉节，归见天子。其忠义大节，终始凛然。虽竹帛所书，丹青所画，无以过之。和议之成，虽若不在其身，而风喻从臾[44]，盖亦与有力焉。而公不肯自以为功，还朝所建皆远谋至计，不欲朝廷遂以目前所就为安，而必期有以致中兴于异日者。此其忠虑之深，又与一时贪天之功以为己力，而遂宴安江沱[45]，以至于忘仇而辱国者，盖万万不侔矣。上赖太上皇帝深照其衷，前后褒嘉赐赉甚宠。而不幸厄于权臣，使不获申其志以死，岂非天哉！今葬有日，宜有铭刻以告于幽。因访其家，得公外孙王炳所记行实一编，参以旧闻，第录如右，而敬以请于巨公。伏惟幸哀而终惠之，以覆赖其后人，且诏太史氏笔削，以为万世臣子忠义之劝。谨状。

［1］元刻本无此篇，后之增订者补之。此文乃朱熹为其叔祖朱弁所作之行状。据文中所述推算，当作于淳熙九年（1182年），时在两浙东路提举常平司任上。据此可知此文与同安人、事无关，当为滥收。朱弁（1085—1144），字少章，号观如居士，婺源（今属江西）人。太学生出身，建炎元年（1127年）自荐为通问副使赴金，为金所拘，不肯屈服，拘留十六年始得放归。官终奉议郎。

［2］歙，即歙州，辖地域为今黄山市、绩溪县和江西婺源县等。宋宣和三年（1121年），改名为徽州。黄墩，即篁墩，今安徽黄山市徽州区篁墩乡。

［3］古僚，即朱瑗，一名古僚、茶院，字舜臣。其父吴郡人，唐广明年（880—881）因黄巢乱避地歙州黄墩。天祐年间（904—907），朱瑗奉刺史陶雅命，率卒三千戍婺源，子孙因家焉。陶雅（857—913），字国华，合肥（今安徽长丰）人，唐末杨行密将，历歙州刺史，终西安招讨使，加同平章事。

［4］内舍生，即太学生。宋代行三舍法时，太学置外舍生二千人，内舍生三百人，上舍生一百人，合称“三舍生”。

［5］景迂晁公说之，即晁说之（1059—1129），字以道、伯以，自号景迂生，巨野（今山东巨野）人。北宋元丰五年（1082年）进士，历无极知县、鄜州通判、南京鸿庆寺提举宫、成州知州、猷阁待制兼侍读等，官至中书舍人兼詹事。

［6］新郑，即今河南新郑市，位于河南省中部。

［7］淮甸，淮河流域。

［8］光尧太上皇帝，当指宋高宗赵构。赵构，宋徽宗第九子。靖康二年

(1127年)，金兵陷汴京，北宋灭亡。赵构在应天府（今河南商丘县南）即位，改元“建炎”。建炎元年（1127年）秋，驻跸扬州。绍兴三十二年（1162年），让位于孝宗，自称太上皇。

[9] 用魏绛以和戎，春秋时期，晋悼公采用魏绛议和的策略，与各戎族订立了盟约，使晋国得到稳定。

[10] 王公伦（1084—1144），即王伦，字正道，今莘县人。南宋建炎元年（1127年），徽宗、钦宗二帝被金兵掳去。王伦南宋朝廷命，以朝奉郎代刑部侍郎的身份出使金国，被扣留。绍兴二年（1132年），被放回。后又三次出使金国。最后一次金国逼降，不从，被勒死。

[11] 建炎戊申，即宋建炎二年（1128年）。

[12] 粘罕，即完颜宗翰（1080—1137），本名粘没喝，金朝名将。参与拥立金太祖完颜阿骨打称帝，备受信用。参与灭辽攻宋等重大战役。卒赠秦王，谥“桓忠”。

[13] 云中，北宋宣和四年（1122年）改辽大同府为云中府，治所在今大同市。宋、金联合攻辽，盟约预定归还宋人，后金人失约，地遂入金，仍改名大同。

[14] 绍兴壬子之岁，即绍兴二年（1132年）。

[15] 宇文虚中（1079—1146），字叔通，别号龙溪居士，成都府广都（今成都双流县）人。北宋大观三年（1109年）进士，官至资政殿大学士。南宋建炎二年（1128年），出使金国被扣。后因图谋南奔而被杀。南宋淳熙六年（1179年），追赠开府仪同三司，谥“肃愍”。

[16] 刘豫（1073—1146），字彦游，景州阜城（今属河北）人。北宋时历任殿中侍御使、河北提刑等职。南宋叛臣，曾经被金朝册封为傀儡政权伪齐“皇帝”。

[17] 訹，引诱，诱惑。

[18] 耶律绍文，契丹族，金国大臣，金熙宗时任馆伴使、翰林待制，曾参与编修国史。

[19] 洪忠宣公，即洪皓（1088—1155），江西乐平人。北宋政和五年（1115年）进士。建炎三年（1129年），以徽猷阁待制代理礼部尚书出使金国，被扣荒漠十五年，备尝艰苦。绍兴十三年（1143年）全节而归。归赠太师魏国公，卒谥“忠宣”。

[20] 瘗，掩埋，埋葬。

[21] 丁巳，指南宋绍兴七年（1137 年）。

[22] 张忠献公，即张浚（1097—1164），字德远，世称紫岩先生。汉州绵竹（今属四川）人。北宋政和八年（1118 年）进士，历枢密院编修官、侍御史、枢密院知事、川陕宣抚处置使，官至同平章事兼知枢密院，都督诸路军马。隆兴元年（1163 年），封魏国公，督师北伐。后为主和派排去。卒赠太保，后加赠太师，谥“忠献”。

[23] 禁林，翰林院的别称。

[24] 司马倬，字汉章，司马朴光曾孙。大金国破汴梁时，将其父司马朴及其全家都带往塞外。而司马倬则被开封府仪曹赵鼎藏匿于四川叙州，后历任南宋江南东路提点刑狱。

[25] 绍兴癸亥，即南宋绍兴十三年（1143 年）。

[26] 张公邵，即张邵（1089—1149），字才彦，乌江人。北宋宣和三年（1121 年）登上舍第。建炎元年（1127 年）为衢州司刑曹事。金人南侵，以代理礼部尚书职，充通问使，使金被囚，屡濒于死，终不屈。后和议成，得放迁。

[27] 宣和，宋徽宗年号。

[28] 朱昭，字彦明，府谷（今陕西府谷县）人。宣和末年，任震威城兵马监押，兼知城事。金兵入侵，夏人乘机攻围城。朱昭带领全城老幼绕城固守，直至战死。

[29] 史抗，北宋宣和末代州沿边安抚副使。金人围代州城，城破，父子三人突围力战，死于城隅。

[30] 张忠辅，北宋抗金将领。同崔中、折可与驻守崞县。崔中有叛心，忠辅宣称：“必欲降，请先杀我。”后被崔中谋害，首级挂于城外。

[31] 高景平，事迹不详。

[32] 孙益，宣和末，以福州观察使知朔宁府。奉命救太原，时敌势甚张，冒死拼杀，战死。孙谷，孙益部将。孙益出师，嘱以后事。孙益死后，众将欲降，孙谷力争未果，从容就义。

[33] 僧真宝，代州人，为五台山僧正。靖康之扰，聚其徒助讨。敌众大至，昼夜拒之，力不敌，寺舍尽焚。被俘不屈而死。

[34] 丁氏、晏氏女，事迹不详。

[35] 阎进，宋建炎初年随通问使遣金，被金人拘留。三次逃亡未果，金人杀之，面南就义。

[36] 朱勣，南宋随行使者。建炎二年（1128 年），随使者王伦出使金国被扣。粘罕欲赏赐被俘宗室女，朱勣拒绝，粘罕大怒，当场将其斩首。

[37] 陆宣公，即陆贽（754—805），字敬舆，吴郡嘉兴（今浙江嘉兴）人。唐大历八年（773 年）进士，历监察御史、翰林学士、兵部侍郎。贞元八年（792 年），迁中书侍郎、同平章事。唐代著名政治家、文学家。卒追赠兵部尚书，谥号“宣”。

[38] 李义山，即李商隐，字义山。

[39] 溱洧，即溱水与洧水，在今河南省，被喻为华夏文明的故乡。此处当指代故乡。

[40] 尤公袤，即尤袤（1127—1202），字延之，小字季长，号遂初居士，晚年号乐溪、木石老逸民。南宋绍兴十八年（1148 年）进士，授泰兴令，官至礼部尚书兼侍读。卒后谥号“文简”。

[41] 张公杓，即张杓，字定叟，以父恩授承奉郎，历广西经略司机宜、严州通判、京西谋帅，进焕章阁学士、知襄阳府，再进端明殿学士，复知建康府。

[42] 太学录，太学官员。张君体仁，即詹体仁（1143—1206），字元善，南宋建宁浦城（今属福建）人。因自小过继张氏，故原姓张，后获恩准改姓。隆兴元年（1163 年）进士，授晋江丞。入为太常博士，历官户部员外郎、湖广总领、司农少卿。

[43] 政、宣，指宋徽宗年号政和（1111—1118）与宣和（1119—1125）。

[44] 风喻，以委婉的言辞劝告开导。臾，通“恿”，展现心志。

[45] 宴安，享乐安逸。江沱，长江和沱江，代指江南。沱江是长江的支流。

延平先生李公行状[1]

先生讳侗，字愿中，姓李氏，南剑州剑浦[2]人。曾祖讳幹，屯田郎中致仕，赠金紫光禄大夫。妣清源郡太夫人朱氏。祖讳爊[3]，朝散大夫，赠中奉大夫。妣永嘉郡太君胡氏、咸宁郡太君朱氏。父讳焕[4]，朝奉郎，赠右朝议大夫。妣太恭人饶氏。先生朝议公之季子也，生有异禀，幼而颖悟。少长，孝友谨笃，朝议公、太恭人特所钟爱。

既冠，游乡校，有声称。已而闻郡人罗仲素先生[5]得河洛之学于龟山杨文靖公[6]之门，遂往学焉。罗公清介绝俗，虽里人鲜克知之，见先生从游受业，或颇非笑。先生若不闻，从之累年，受《春秋》、《中庸》、《语》、《孟》之说。从容潜玩，有会于心，尽得其所传之奥。罗公少然可，亟称许焉。于是退而屏居山田，结茅水竹之间，谢绝世故余四十年，箪瓢屡空，怡然自适。中间郡将学官闻其名而招致之，或遣子弟从游受学，州郡士子有以矜式焉。晚以二子举进士，试吏旁郡，更请迎养。先生不得已为一行，自建安如铅山，访外家兄弟于邵武，过其门弟子故人于武夷潭溪[7]之上，徜徉而归。会闽帅玉山汪公[8]以书礼车乘来迎，盖将相与讲所疑焉，先生因往见之。至之日，疾作，遂卒于府治之馆舍。是年七十有一矣，隆兴元年[9]十月十有五日也。汪公为遣参议官王君伯序[10]、观察推官谢公仿护丧事，躬亲棺敛，礼意丧具，无不周悉。居数日，诸子毕至，遂以丧归。先生娶同郡吴氏，子男三人：友直，左修职郎、信州铅山县尉；信甫，左修职郎、建宁府建安县主簿；友闻，未仕。女一人，早亡。孙男四人，女八人，皆幼。

初，龟山先生唱道东南，士之游其门者甚众。然语其潜思力行、任重诣极如罗公，盖一人而已。先生既从之学，讲诵之余，危坐终日，以验夫喜怒哀乐未发之前气象为何如？而求所谓中者，若是者，盖久之而知天下之大本真有在乎是也。盖天下之理无不由是而出，既得其本，则凡出于此者，虽品节万殊，曲折万端，莫不该摄洞贯，以次融释，而各有条理，如川流脉络之不可乱。大而天地之所以高厚，细而品汇之所以化育，以至于经训之微言，日用之小物，折之于此，无一不得其衷焉。由是操存益固，涵养益熟，精明纯一，触处洞然[11]，泛应曲酬，发必中节。故其事亲诚孝，左右无违。仲兄性刚多忤，先生事之致诚尽敬，更得其欢心焉。闺门内外夷愉肃穆，若无人声，而众事自理。与族姻[12]旧故恩意笃厚，久而不忘。生事素薄，然处之有道，量入为出，宾祭谨饬，租赋必为邻里先。亲戚或贫不能婚嫁，为之经理，节衣食以赈助之。与乡人处，食饮言笑，终日油油如也。年长者事之尽礼，少者、贱者接之各尽其道，以故乡人爱敬，暴悍化服。其接后学，答问穷昼夜不倦，随人浅深，诱之各不同，而要以反身自得而可以入于圣贤之域。故其言曰："学问之道不在多言，但默坐澄心体认，天理若见，虽一毫私欲之发，亦退听矣。久久用力于此，庶几渐明，讲学始有力耳。"又尝曰："学者之病，在于未有洒然冰解冻释处。纵有力持守，不过苟免显然悔尤而已。若此者，恐未足道也。"又尝曰："今人之学与古人异，如孔门诸子，群居终日，交相切磨。又得夫子为之依归，日用之间，观感而化者多矣。恐于融释而脱落处，非言说所及也。不然，子贡何以言夫子之言'性与天道不可得而闻也'耶？"尝以黄太史之称濂溪周夫子胸中洒落如光风霁月云者，为善形容有道者气象。尝讽诵之而顾谓学者曰："存此于胸中，庶几遇事廓然而义理少进矣。"其语《中庸》曰："圣门之传是书，其所以开悟后学，无遗策矣。然所谓喜怒哀乐未发谓之中者，又一篇之指要也。若徒记诵而已，则亦奚以为哉？必也体之于身，实见是理，若颜子之叹，卓然见其为一物，而不违乎心目之间也。然后扩充而往，无所不通，则庶乎其可以言《中庸》矣。"其语《春秋》曰："《春秋》一事各是发明一例，如观山水，徙步而形势不同，不可拘以一法。然所以难言者，盖以常人之心推测圣人。未到圣人洒然处，岂能无失耶？"其于《语》、《孟》他经，无不贯达，苟有疑问，答之必极其趣，然语之而不惰者或寡矣。盖尝曰："读书者，知其所言莫非吾事而即吾身以求之，则凡圣贤所至而吾所未至者，皆可勉而进矣。若直以文字求之，悦其词义以资诵说，其不为玩物丧志者几希。"以故未尝为讲解文书，然其辨析精微，毫厘毕察。尝语问者曰：“讲学切在深潜缜密，然后气味深长，蹊径不差。若概以理一而不察乎其分之殊，此学者所以流于疑似乱真之说而不自知也。”其开端示人，大要类此。

先生资禀劲特，气节豪迈，而充养完粹[13]，无复圭角[14]，精纯之气达于面目。色温言厉，神定气和，语默动静，端详闲泰，自然之中，若有成法。平居恂恂，于事若无甚可否。及其酬酢[15]事变，断以义理，则有截然不可犯者。早岁闻道，即弃场屋，超然远引，若无意于当世。然忧时论事，感激动人。其语治道，必以明天理、正人心、崇节义、厉廉耻为先，本末备具，可举而行，非特空言而已。异端之学，无所入于其心，然一闻其说，则知其诐淫邪遁之所以然者。盖辨之于锱铢眇忽之间，而儒释之邪正分矣。熹先君子吏部府君亦从罗公问学，与先生为同门友，雅敬重焉。尝与沙县邓迪天启语及先生，邓曰：“愿中如冰壶秋月，莹彻无瑕，非吾曹所及。”先君子深以为知言，亟称道之。其后熹获从先生游，每一去而复来，则所闻必益超绝。盖其上达不已，日新如此。呜呼！若先生之道德纯备，学术通明，求之当世，殆绝伦比。然不求知于世，而亦未尝轻以语人，故上之人既莫之知，而学者亦莫之识。是以进不获施之于时，退未及传之于后，而先生方且玩其所安乐者于畎亩之中，悠然不知老之将至。盖所谓依乎中庸，遁世不见知而不悔者，先生庶几焉。比年以来，学者始益亲〈敬〉，而方伯、连帅[16]之贤者，又乐闻其道而邀致之，其意岂徒然哉！不幸天丧斯文而先生殁矣，龟山之所闻于程夫子而授之罗公者，至是而不得其传矣。呜呼痛哉！

诸孤方谋窀穸[17]之事，谓熹承学之久，宜知先生之蕴，使具其事以请铭于作者，将勒诸幽堂，以告后世知德者有以考焉。熹愚不肖，蒙被教育不为不久，听其言、观其行而服膺焉不为不详，然未能有以得其远者、大者，故悉取凡闻见所及一二书之。词若繁而不敢杀者，盖有待于笔削云耳。谨状。

［1］元刻本无此篇，后之增订者补之。此文乃朱熹为其老师李侗所作的行状，据束景南《朱熹年谱长编》考证，作于隆兴二年（1164年）。是年正月，朱熹赴延平哭祭李侗，应其子之请作此行状，且由汪应辰撰墓志铭。由此可知此文与同安之人、事、地无关，当属滥收。李侗（1093—1163），字愿中，学者称延平先生，南剑州剑浦（属今福建南平）人。为程颐的二传弟子，年轻时拜杨时、罗从彦为师。著有《李延平集》。朱熹从游其门，为其弟子。

［2］南剑州，古地名，位于福建省北部，地处武夷山脉北段东南侧，今福建南平市一带。剑浦，即剑浦县，五代南唐保大六年（948年）改龙津县置，今福建省南平市延平区，为南剑州治。

［3］燻，《晦庵集》作"纁"字。

［4］焕，《晦庵集》作"涣"字。

［5］罗仲素，即罗从彦（1072—1135），字仲素，号豫章先生，福建南剑州（今南平）人。宋朝经学家，豫章学派创始人，著有《中庸说》、《豫章文集》。

［6］龟山杨文靖公，即杨时（1044—1130），字中立，南剑州将乐县（今福建三明市将乐县）人。北宋熙宁九年（1076年）进士，杜门不仕将十年，学于程颢、程颐。后历官推官、通判、知县等职，官至龙图阁直学士。致仕，以读书讲学为事。学者称为龟山先生，卒谥文靖。著有《龟山集》等。

［7］武夷潭溪，福建崇安五夫里（今武夷山市东南部的五夫镇）境内的一条小溪。五夫里为朱熹故里，朱熹曾在潭溪之畔的紫阳书堂讲学授徒。

［8］玉山汪公，即汪应辰（1118—1176），初名洋，字圣锡，信州玉山（今江西省玉山县）人。绍兴五年（1135年）状元，授镇东军佥判，历建州（今福建建瓯）、广州通判，婺州（今浙江金华）知州等职。绍兴三十二年（1162年），以集英殿修撰任福州知州，兼福建马步军部都督总管。后官至吏部尚书兼翰林学士，并侍读。

［9］隆兴元年，即1163年。

［10］王伯序，鄞县（今浙江宁波）人。南宋绍兴五年（1135年）进士，授通判，历官福建路安抚司参议官。

［11］洞然，贯通的样子。

[12] 族姻，家族和姻亲。

[13] 充养，供养。完粹，完美。

[14] 圭角，圭的棱角，比喻锋芒。

[15] 酬，向客人敬酒。酢，向主人敬酒。酬酢，宾主互相敬酒，泛指交际应酬。

[16] 方伯，汉以来之刺史，唐之采访使、观察使。连帅，唐代多指观察使、按察使。方伯、连帅，泛称地方高级长官。

[17] 窀穸，埋葬之意。

卷之十四　行状　年谱

左朝散郎致仕陈公行状[1]

本贯泉州同安县永丰乡感化里[2]。曾祖珠，故不仕。祖彦嗣，故不仕。考禧，赠右朝请郎。妣吴氏，封安人。公讳汝楫，字济夫，政和八年上舍出身，补官迪功郎、建州工曹椽[3]。属官省不行，调南剑州顺昌主簿。秩满，正权漳州司户参军[4]，行长泰事，代为漳岩[5]主簿。丁内外忧，终制，升从政郎，为汀州司法参军[6]。未行，改宣教郎，转奉议郎、知汀州宁化县丞。追荣其考妣，以承事郎、孺人诰第，四加至今官封。而公自宁化罢归，历承议、朝奉、朝散郎，凡十年不调，晏如也。年六十一，以绍兴二十三年三月二十六日终于家。公自始属疾，即使其弟为奏上，请得致仕郎，未报。疾革，召亲戚、常所往来者告语，属其子而逝。既尚书下公请事如章，而公不起矣。

公在事以廉勤自约敕，所至有能声。为大府部刺史所知，事有他吏所不能办者，皆以诿公。公为办治，日以谨力。在长泰，值岁不收，公力为言，得蠲田租什之三。在漳岩，尉老病不任事，以公代易。会民余胜、苏居群党攘敚[7]为奸，公悉擒取，置之法，民乃稍安。朝廷嘉录其功，改中都官。而龙图林公遹[8]守南剑，翰林綦公崇礼[9]守漳州，皆尝论荐之。在宁化，兴学校，治复屋[10]，聚经子史氏群书以教其人。始宁化以武为俗，民不见义，至是学者彬彬焉。公自是归，杜门里闬，非岁时庆问，未尝出入闾巷、诸公府，乡人钦爱而仕者安之。公亦自适，恬不以进趣干其意，可谓善人君子矣。而寿不遐，于公犹为有憾也。

公两娶黄氏，皆封安人。后安人，左宣义郎致仕公之女，亦先公卒。子男一人，忱，以公恩，补将仕郎。女一人，未笄。

熹先君子吏部府君，与公同年进士也，熹之来此，不及拜公矣。公嗣子忱将葬公于某山之原，以公行事授熹序次，将以求志于作者。熹谢不能，而其请不已。既不得辞，乃取忱所论纂，具著其大者如右。

时绍兴岁次乙亥人日[11]，左迪功郎、泉州同安县主簿，主管学事朱熹状。

[1] 元刻本无此篇，后之增订者补之。此文乃朱熹为同安陈汝楫而作，作于绍兴二十五年（1155年）正月初七日。陈汝楫（1093—1153），字济夫，福建同安感化里人。北宋政和八年（1118年）进士，授迪功郎、建州工曹掾，官至朝散郎、汀州宁化县丞。

[2] 感化里，辖地为今厦门同安区汀溪镇及莲花镇的一部分。

[3] 工曹椽，负责工程劳作的工曹属吏，胥吏。

[4] 司户参军，宋代官名，掌各州户籍、赋税、仓库交纳等事。

[5] 漳岩，即龙岩县。原属汀州，唐天宝元年（742年）由什罗（新罗）县改名，唐大历十二年（777年）割归漳州。至宋代仍属漳州管辖。

[6] 司法参军，宋代官名，掌议法断刑。

[7] 攘敓，抢夺、强取。

[8] 林公遹，即林遹（1068—1133），字述中，福建福清石塘人，北宋元符三年（1100年）进士。历任南剑州知州、福建路安抚使、中书舍人、宝文阁待制、广南东路经略安抚使，终龙图阁学士。追赠少师，紫金光禄大夫。著有《妙峰集》四十卷。

[9] 綦公崇礼，即綦崇礼（1083—1142），字叔厚，山东高密人。北宋重和元年（1118年）登上舍第。历任淄县主簿、秘书省正字、中书舍人、漳州知州、明州知州、翰林学士，官至宝文阁直学士知绍兴府。著有《北海集》六十卷。

[10] 复屋，重叠的房屋，古代一种带有楼阁的建筑。

[11] 绍兴岁次乙亥人日，即绍兴二十五年（1155年）正月初七日。

伊川先生年谱[1]

先生名颐，字正叔，明道先生之弟也。（明道生于明道元年壬申，伊川生于明道二年癸酉。）幼有高识，非礼不动。（见《语录》）年十四五，与明道同受学于舂陵周茂叔[2]先生。（见《哲宗徽宗实录》）皇祐二年，年十八，上书阙下，劝仁宗以王道为心，生灵为念，黜世俗之论，期非常之功。且乞召对，面陈所学，不报。间游太学，时海陵胡翼之[3]先生方主教导，尝以《颜子所好〈何〉学论》试诸生。得先生所试，大惊，即延见，处以学职。（见《文集》）吕希哲[4]原明与先生邻斋，首以师礼事焉。既而四方之士，从游者日益众。（见《吕氏童蒙训》）。

举进士，嘉祐四年，廷试报罢，遂不复试。太中公屡当得任子恩，辄推与族人。（见《涪陵记义录》）

治平、熙宁间，近臣屡荐，自以为学不足，不愿仕也。（见《文集》。又按：《吕申公家传》云："公判太学，命众博士即先生之居，敦请为太学正。先生固辞，公即命驾过之。"又《杂记》："治平三年九月，公知蔡州。将行，言曰：'伏见南省进士程颐，年三十有四，特立之操，出群之姿。嘉祐四年已与殿试，自后绝意进取，往来太学，诸生愿得以为师。臣方领国子监，亲往敦请，卒不能屈。臣尝与之言，洞明经术，通古今治乱之要，实有经世济物之才，非同迂士曲儒，徒有偏长。使在朝廷，必为国器。伏望特以不次旌用。'"《明道行状》云："神宗尝使推择人材，先生择人材荐数十人，以父表弟张载[5]暨弟颐为称首。"）

元丰八年，哲宗嗣位。门下侍郎司马公光、尚书左丞吕公公著[6]，及西京留守韩公绛[7]，上其行义于朝。（见《哲宗徽宗实录》。按：《温公集·与吕申公同荐札子》[8]曰："臣等窃见河南处士程颐，力学好古，安贫守节，言必忠信，动遵礼义。年逾五十，不求仕进，真儒者之高蹈，圣世之逸民。伏望特加召命，擢以不次，足以矜式士类，裨益风化。”又按，《胡文定公文集》[9]云：“是时谏官朱光庭[10]又言，颐道德纯备，学问渊博，材资劲正，有中立不倚之风。识虑明彻，至知几其神之妙；言行相顾而无择，仁义在躬而不矜。若用斯人，俾当劝讲，必能辅养圣德，启道天聪，一正君心，为天下福。”又谓：“颐究先王之蕴，达当世之务，乃天民之先觉，圣代之真儒，俾之日侍经筵，足以发扬圣训；兼掌学教，足以丕变斯文。”又“祖宗时起陈抟、种放[11]，高风素节，闻于天下。揆颐之贤，抟、放未必能过之。颐之道，则有抟、放所不及知者。观其所学，真得圣人之传，致思力行，非一日之积，有经天纬地之才，有制礼作乐之具。乞访问其至〈言〉正论，所以平治天下之道”。又谓“颐以言乎道，则贯彻三才而无一毫之为间；以言乎德，则并包众美而无一善之或遗；以言乎学，则博通古今，而无一物之不知；以言乎才，则开物成务，而无一理之不聪。是以圣人之道至此而传。况当天子进学之初，若俾真儒得专经席，岂不盛哉！”)

十一月丁巳，授汝州团练推官，西京国子监教授。（见《实录》）先生再辞，寻召赴阙。

元祐元年三月，至京师。（王岩叟[12]奏云：“伏见程颐，学极圣人之精微，行全君子之纯备，早与其兄颢，俱以德名显于时。陛下复起颐而用之，颐趋召以来，待诏阙下，四方俊乂，莫不翘首乡风，以观朝廷所以待之者如何，处之者当否，而将议焉。则陛下此举，系天下之心。臣愿陛下加所以待之之礼，择所以处之之方，而使高贤得为陛下尽其用。则所得不独颐一人而已，四海潜光隐德之士，皆将相招而为朝廷出矣。”）除宣德郎，秘书省校书郎。先生辞曰：“祖宗时，布衣被召，自有故事。今臣未得入见，未敢祗命。”（王岩叟奏云：“臣伏闻圣恩特除程颐京官，仍与校书郎，足以见陛下优礼高贤，而使天下之人归心于盛德也。然臣区区之诚，尚有以为陛下言者。愿陛下一召见之，试以一言，问为国之要。陛下至明，遂可自观其人。臣以颐抱道养德之日久，而潜神积虑之功深，静而阅天下之义理者多，必有嘉言以新圣听。此臣所以区区而进颐。然非为颐也，欲成陛下之美耳。陛下一见而后命之以官，则颐当之而无愧。陛下与之而不悔，授受之间，两得之矣。"）于是召对。太皇太后面喻，将以为崇政殿说书。先生辞不获，始受西监之命。且上奏，论经筵三事：其一，以上富于春秋，辅养为急，宜选贤德，以备讲官。因使陪侍宿直，陈说道义，所以涵养气质，薰陶德性。其二，请上左右内侍之人，皆选老成厚重之人，不使侈靡之物、浅俗之言接于耳目。仍置经筵祗应内臣十人，使伺上在宫中动息，以语讲官。其或小有违失，得以随事规谏。其三，请令讲官坐讲，以养人主尊儒重道之心，寅畏祗惧之德。而曰："若言可行，敢不就职；如不可用，愿听其辞。"（札子三道，见《文集》。又按：《刘忠肃公文集》有章疏论先生辞卑居尊，未被命而先论事为非是。盖不知先生出处语默之际，其义固已精矣。）既而命下，以通直郎充崇政殿说书。（见《实录》）先生再辞而后受命。

四月，例以暑热罢讲。先生奏言："辅导少主，不宜疏略如此。乞令讲官以六参日上殿问起居，因得从容纳诲，以辅上德。"（见《文集》）

五月，差同孙觉、顾临[13]及国子监长贰，看详国子监条制。（见《实录》）先生所定，大概以为学校礼义相先之地，而月使之争，殊非教养之道，请改试为课。有所未至，则学官召而教之，更不考定高下。制尊贤堂，以延天下之道德之士；镌解额[14]，以去利诱；省繁文，以专诿任；励行检，以厚风教。及置待宾吏师斋，立观光法，如是者亦数十条。（见《文集》。旧实录云："礼部尚书胡宗愈[15]谓先帝聚士以学，教人以经，三舍科条固已精密，宜一切仍旧。因是深诋先生，谓不宜使在朝廷。"）

六月，上疏太皇太后，言今日至大至急，为宗社生灵长久之计，惟是辅养上德。而辅养之道，非徒涉书史，览古今而已，要使跬步不离正人，乃可以涵养薰陶，成就圣德。今间日一讲，解释数行，为益既少。又自四月罢讲，直至中秋，不接儒臣，殆非古人旦夕承弼之意。请俟初秋，即令讲官轮日入侍，陈说义理。仍选臣僚家十一二岁子弟三人，侍上习业。且以迩英[16]迫隘暑热，恐于上体非宜，而讲日宰臣史官皆入，使上不得舒泰悦怿。请自今一月，再讲于崇政殿，然后宰臣史官入侍。余日讲于延和殿，则后楹垂帘，而太皇太后时一临之。不惟省察主上进业，其于后德，未必无补，且使讲官欲有所言易以上达，所系尤大。又讲读官例兼他职，请亦罢之，使得积诚意以感上心。皆不报。

八月，差兼判登闻鼓院。先生引前说，且言入谈道德，出领诉讼，非用人之体，再辞不受。（见《文集》。杨时[17]曰："仕道与禄仕不同。常夷甫[18]以布衣入朝，神宗欲优其禄，令兼数局，如鼓院、染院之类，夷甫一切受之。及伊川先生为讲官，朝廷亦欲使兼他职，则固辞。盖前日所以不仕者，为道也，则今日之仕，须其官足以行道乃可受。不然，是苟禄也。然后世道学不明，君子辞受取舍，人鲜知之。故常公之受，人不以为非，而先生之辞，人亦皆以为是也。"）

二年，又上疏论延和讲读垂帘事，且乞时召讲官至帘前，问上进学次第。又奏迩英暑热，乞就崇政、延和殿，或他宽凉处讲读。给事中顾临以殿上讲读为不可，有旨修展迩英阁。先生复上疏，以为修展迩英，则臣所请遂矣。然祖宗以来，并是殿上坐讲，自仁宗始就迩英，而讲官立侍。盖从一时之便耳，非若临之意也。今临之意，不过以尊君为说，而不知尊君之道。若以其言为是，则误主上见知。臣职当辅导，不得不辨。

先生在经筵，每当进讲，必宿斋豫戒，潜思存诚，冀以感动上意。（见《文集》）而其为说，常于文义之外，反复推明，归之人主。一日，当讲"颜子不改其乐"章，门人或疑此章非有人君事也，将何以为说。及讲，既毕文义，乃复言曰："陋巷之士，仁义在躬，忘其贫贱。人主崇高，奉养备极，苟不知学，安能不为富贵所移？且颜子，王佐之才也，而箪食瓢饮；季氏，鲁国之蠹也，而富于周公。鲁君用舍如此，非后世之监乎？”闻者难服，（见胡氏《论语详说》[19]）而哲宗亦尝首肯之。（见《文集》）不知者或诮其委曲已甚。先生曰：“不于此尽心竭力，而于何所乎？”上或服药，即日就医官问起居，（见《语录》）然入侍之际，容貌极庄。时文潞公以太师平章重事，或侍立终日不懈，上虽喻以少休，不去也。人或以问先生曰：“君之严，视潞公之恭，孰为得失？”先生曰：“潞公四朝大臣，事幼主，不得不恭。吾以布衣职辅导，亦不敢不自重也。”（见邵氏《见闻录》[20]）尝闻上在宫中起行漱水，必避蝼蚁。因请之曰：“有是乎？”上曰：“然，诚恐伤之尔。”先生曰：“愿陛下推此心以及四海，则天下幸甚。”（见《语录》）

一日，讲罢未退，上忽起凭槛，戏折柳枝。先生进曰：“方春发生，不可无故摧折。”上不悦。（见马永卿所编《刘谏议语录》。且云：“温公闻之，亦不悦。”或云：“恐无此事。”）所讲书有容字，中人以黄覆之，曰：“上藩邸嫌名也。”先生讲罢，进言曰：“人主之势，不患不尊，患臣下尊之过甚而骄心生尔。此皆近习辈养成之，不可以不戒。请自今，旧名皆勿复避。”（见《语录》）时神宗之丧未除，而百官以冬至表贺。先生言节序变迁，时思方切，请改贺为慰。及除丧，有司又将以开乐致宴。先生又奏请罢宴曰：“除丧而用吉礼，则因事用乐可矣。今特设宴，是喜之也。”（见《文集》）尝闻后苑以金制水桶，问之，曰：“崇庆宫物也。”先生曰：“若上所御，则吾不敢不谏。”在职累月，不言禄，吏亦弗致，既而诸公知之，俾户部特给焉。又不为妻求邑封。或问之，先生曰：“某起于草莱，三辞不获而后受命。今日乃为妻求封乎？”（见《语录》）经筵承受张茂则尝招诸讲官啜茶观画，先生曰：“吾平生不啜茶，亦不识画。”竟不往。（见《龟山语录》。恐无此事。）文潞公[21]尝与吕、范诸公入侍经筵，闻先生讲说，退相与叹曰：“真侍讲也。”一时人士归其门者甚盛，而先生亦以天下自任，论议褒贬，无所顾避。由是同朝之士有以文章名世者，疾之如仇，与其党类巧为谤诋。（见《龟山语录》、《王公系年录》、《吕申公家传》及先生之子端中所撰集序。又按：苏轼奏状亦自云：“臣素疾程某之奸，未尝假以辞色。”又按：侍御史吕陶[22]言：“明堂降赦，臣僚称贺讫，而两省官欲往奠司马光。是时，程颐言曰：‘子于是日哭则不歌，岂可贺赦才了，却往吊丧？’坐客有难之曰：‘子于是日哭则不歌，即不言歌则不哭。今已贺赦了，却往吊丧，于礼无害。’苏轼遂以鄙语戏程颐，众皆大笑。结怨之端，盖自此始。”又语录云：“国忌行香，伊川令供素馔。子瞻诘之曰：‘正叔不好佛，胡为食素？’先生曰：‘礼，居丧不饮酒，不食肉。忌日，丧之余也。’子瞻令具肉食，曰：‘为刘氏者左袒。’于是范醇夫辈食素，秦、黄辈食肉。”又《鲜于绰传信录》云：“旧例，行香斋筵，两制以上及台谏官破蔬馔。然以粗粝，遂轮为食会，皆用肉食矣。元祐初，崇政殿说书程正叔以食肉为非是，议为素食，众多不从。一日，门人范醇夫当排食，遂具蔬馔。内翰苏子瞻因以鄙语戏正叔，正叔门人朱公庭辈御之，遂立敌矣。是后蔬馔亦不行。”又语录云：“时吕申公为相，凡事有疑，必质于伊川。进退人才，二苏疑伊川有力，故极诋之。”又曰：“朝廷欲以游酢[23]为某官，苏右丞沮止，毁及伊川。宰相苏子容曰：“公未可如此，颂观过其门者，无不肃也。”又按：刘谏议言集亦有异论，刘非苏党，盖不相知耳。）

一日赴讲，会上疮疹，不坐已累日。先生退诣宰臣，问上不御殿知否？曰：“不知。”先生曰：“二圣临朝，上不御殿，太皇不当独坐。且人主有疾，而大臣不知，可乎？”翌日，宰臣以先生言，奏请问疾，由是大臣亦多不悦。而谏议大夫孔文仲[24]因奏先生污下憸巧，素无乡行，经筵陈说，僭横忘分，遍谒贵臣，历造台谏，腾口间乱，以偿恩仇，致市井目为五鬼之魁，请放还田里，以示典刑。

八月，差管勾西京国子监。（见旧《实录》。又《文仲传》载吕公之言曰："文仲为苏轼所诱胁，论事皆用轼意。"又《吕申公家传》亦载其与吕大防、刘挚、王存同驳文仲所论朱光庭事，语甚激切。且云："文仲本以伉直称，然蠢不晓事，为浮薄辈所使，以害忠良。晚乃自知为小人所诒，惯［愤］郁呕血而死。"按：旧录固多妄，然此类〈亦〉不为无据，新录皆删之，失其实矣。又《范太史家传》云："元祐九年奏曰：'臣伏见元祐之初，陛下召程颐对便殿，自布衣除崇政殿说书，天下之士，皆谓得人，实为稀阔之美事。而才及岁余，即以人言罢之。颐之经术行谊，天下共知。司马光、吕公著皆与颐相知二十余年，然后举之。此二人者，非为欺罔以误圣聪也。颐在经筵，切于皇帝陛下进学，故其讲说语常繁多。草茅之人，一旦入朝，与人相接，不为关防，未习朝廷事体，而言者谓颐大佞大邪，贪黩请求，奔走交结，又谓颐欲以故旧倾大臣，以意气役台谏，其言皆诬罔非实也。盖当时台谏官王岩叟、朱光庭、贾易[25]皆素推服颐之经行，故不知者指以为颐党。陛下慎择经筵之官，如颐之贤，乃是以辅导圣学。至如臣辈，叨备讲职，实非敢望颐也。臣久欲为颐一言，怀之累年，犹豫不果。使颐受诬罔之谤于公正之朝，臣每思之，不无愧也。今臣已乞去职，若复召颐劝讲，必有补圣明，臣虽终老在外，无所憾矣。'"）先生既就职，再上奏乞归田里，曰："臣本布衣，以说书得朝官。今以罪罢，则所授官不当得。"

三年，又请，皆不报。乃乞致仕至再，又不报。

五年正月，丁太中公忧，去官。

七年，服除，除直秘阁，判西京国子监。（《王公系年录》云："元祐七年三月四日，延和奏事，三省进呈，程颐服除，却与馆职判检院。帘中以其不靖，令只与西监，遂除直秘阁，判西京国子监。初颐在经筵，归其门者甚盛。而苏轼在翰林，亦多附之者，遂有洛党、蜀党之论。二党道不同，互相非毁，颐竟为蜀党所挤。今又适轼弟辙执政，财进禀，便云：但恐不肯靖，帘中入其说。故颐不复得召。”）先生再辞，极论儒者进退之道。（见《文集》）而监察御史董敦逸[26]奏，以为有怨望轻躁语。五月，改授管勾崇福宫。（见《旧录》）未拜，以疾寻医。

元祐九年，哲宗初亲政，申秘阁西监之命。先生再辞不就。（见《文集》）

绍圣间，以党论放归田里。

四年十一月，送涪州编管。（见《实录》）门人谢良佐曰：“是行也，良佐知之，乃族子公孙与邢恕之为尔。”先生曰：“族子至愚，不足责，故人情厚不敢疑。孟子既知天，焉用尤臧氏？”（见《语录》）

元符二年正月，《易传》[27]成而序之。

三年正月，徽宗即位。移峡州。

四月，以赦复宣德郎，任便居住，（制见《曲阜集》）还洛。（记善录云：“先生归自涪州，气貌容色髭发，皆胜平昔。”）

十月，复通直郎，权判西京国子监。先生既受命，即谒告，欲迁延为寻医计。既而供职，门人尹焞[28]深疑之。先生曰：“上初即位，首被大恩，不如是，则何以仰承德意？然吾之不能仕，盖已决矣。受一月之俸焉，然后唯吾所欲尔。”（见《文集》、《语录》。又《刘忠肃公家私记》云：“此除乃李邦直、范彝叟[29]之意。”）

建中靖国二年五月，追所复宫，依旧致仕。（前此未尝致仕，而云依旧致仕。疑西监供职不久，即尝致仕也。未详。）

崇宁二年四月，言者论其本因奸党论荐得官，虽尝明正罪罚，而叙复过优。（已追所复官，又云叙复过优，亦未详。）今复著书，非毁朝政。于是有旨追毁出身以来文字，其所著书，令监司觉察。（《语录》云：“范致虚[30]言程某以邪说诐行，惑乱众听，而尹焞、张绎[31]为之羽翼。事下河南府体究，尽逐学徒，复隶党籍。”）先生于是迁居龙门之南，止四方学者曰：“尊所闻，行所知可矣，不

必及吾门也。”（见《语录》）

五年，复宣义郎，致仕。（见《实录》）时《易传》成书已久，学者莫得传授。或以为请，先生曰：“自量精力未衰，尚觊有少进耳。”其后寝疾，始以授尹焞、张绎。（尹焞曰：“先生践履尽易，其作传只是因而写成。熟读玩味，即可见矣。”又云：“先生平生用意，惟在《易传》。求先生之学者，观此足矣。语录之类，出于学者所记，所见有浅深，故所记有工拙，盖未能无失也。”见《语录》）

大观元年九月庚午，卒于家，年七十有五。（见《实录》）于疾革，门人进曰：“先生平日所学，正今日要用。”先生力疾微视曰：“道著用便不是。”其人未出寝门而先生没。（见语录。一作门人郭忠孝[32]。尹子云：“非也，忠孝自党事起，不与先生往来。及卒，亦不致奠。”）

初，明道先生尝谓先生曰：“异日能使尊严师道者，吾弟也。若接引后学，随人材而成就之，则予不得让焉。”（见《语录》。侯仲良[33]曰：“朱公掞见明道于汝州，逾月而归，语人曰：‘光庭在春风中坐了一月。’游定夫、杨中立来见伊川，一日先生坐而瞑目，二子立侍，不敢去。久之，先生乃顾曰：‘二子犹在此乎？日暮矣，姑就舍。’二子者退，则门外雪深尺余矣。其严厉如此。晚年接学者，乃更平易。盖其学已到至处，但于圣人气象差少从容尔。明道则已从容，惜其早死，不及用也。使及用于元祐间，则不至有今日事矣。”）

先生既没，昔之门人高第，多已先亡，无有能形容其德美者。然先生尝谓张绎曰：“我昔状明道先生之行，我之道盖与明道同。异时欲知我者，求之于此文可也。”（见《集序》。尹焞曰：“先生之学，本于至诚。其于言动事为之间，处中有常，疏通简易，不为矫异，不为狷介，宽猛合宜，庄重有体。或说匍匐以吊丧，诵《孝经》以追荐，皆无此事。衣虽绅素，冠襟必整；食虽简俭，蔬饭必洁。太中年老，左右致养无违。以家事自任，悉力营办，细事必亲，赡给内外亲族八十余口。”又曰：“先生于书，无所不读，于事无所不能。”谢良佐[34]曰：“伊川才大，以之处大事，必不动声色，指顾而集矣。”或曰：“人谓伊守正则尽，通变不足，子之言若是，何也?”谢子曰：“陕右钱以铁，旧矣。有议更以铜者，已而会所铸子不逾母，谓无利也，遂止。伊川闻之曰：‘此乃国家之大利也。利多费省，私铸者众；费多利少，盗铸者息。民不敢盗铸，则权归公上，非国家之大利乎?’又有议增解盐之直者，伊川曰：‘价平则盐易泄，人人得食。无积而不售者，岁入必倍矣，增价则反是。’已而果然。司马温公即相，荐伊川而起之。伊川曰：‘将累人矣，使韩、富当国时，吾犹可以有行也。及温公大变熙、丰，复祖宗之旧，伊川曰：‘役法当讨论，未可轻改也。’公不然之，既改数年，纷纷不能定。由是观之，亦可以见其梗概矣。”)

[1] 元刻本无此篇，后之增订者补之。此文无关同安人、事，当为滥收。

[2] 周茂叔，即周敦颐（1017—1073），字茂叔，号濂溪，宋营道楼田堡（今湖南道县）人。北宋著名哲学家，理学开山鼻祖。

[3] 胡翼之，即胡瑗（993—1059），字翼之，世居陕西路安定堡，世称安定先生。生于海陵（今江苏泰州市海陵区）。北宋思想家和教育家，理学先驱。庆历二年至嘉祐元年（1042—1056）历任太子中舍、光禄寺丞、天章阁侍讲等。卒谥“文昭”。著有《周易口义》、《论语说》等。

[4] 吕希哲（1036—1114），字原明，学者称荥阳先生，寿州（治今安徽凤台）人。少从孙复、胡瑗等学，复从张载、二程、王安石游。以荫入官，始为兵部员外郎，历崇政殿说书、右司谏、秘阁校理，知怀州、光禄少卿，官至直秘阁知曹州。

[5] 张载，字子厚，二程之表叔，里居、阅历见卷二《答汪尚书论家庙》注。

[6] 吕公公著，即吕公著（1018—1089），字晦叔，寿州（今安徽凤台）人。北宋时期著名政治家。早年因恩荫补任奉礼郎，并进士及第，历颍州通判、龙图阁直学士，后出为蔡州知州。宋神宗召为翰林学士、知通进银

台司，后任开封知府、御史中丞。追赠太师、申国公，谥“正献”。

[7] 韩公绛，即韩绛（1021—1088），字子华，开封雍丘（今河南杞县）人。以父荫补太庙斋郎。北宋庆历二年（1042年）进士，除太子中允、陈州通判。元丰六年（1083年），知河南府（西京）。官至司空、检校太尉，致仕。封康国公，谥“献肃”。

[8]《温公集》，即司马光所撰的《司马温公集》。司马光，字君实，世称涑水先生，封温国公，里居、阅历见卷十《涑水先生》注。

[9]《胡文定公文集》，胡安国撰。胡安国（1074—1138），又名胡迪，字康侯，号青山，建宁崇安（今福建武夷山市）人，学者称武夷先生。早年拜杨时为师，研究性命之学。北宋哲宗绍圣四年（1097年）进士第三人，为太学博士。官至宝文阁直学士，卒谥“文定”。

[10] 朱光庭（1037—1094），字公掞，河南偃师人。北宋嘉祐二年（1057年）进士，初授万年县主簿，终集贤院学士、知潞州。为洛党领袖，后来洛党式微，改入朔党，形成蜀洛朔党争。

[11] 陈抟（871—989），字图南，真源（今河南鹿邑）人。隐于华山，自号扶摇子。宋太平兴国中来朝，太宗赐号希夷先生。种放（955—1015），字明逸，号云溪醉侯，河南洛阳人。随母亲隐居终南山，讲学为生，朝中大臣宋惟干、张齐贤等数次举荐，推辞不就。至咸平四年（1002年），方应诏面圣。尝任工部侍郎，后再次辞官归隐。

[12] 王岩叟（1044—1094），字彦霖，临清人。乡举、省试、廷对皆第一，时称“三元榜首”。官至中书省中书舍人、枢密院直学士。元祐八年（1093年）因党争，贬为端明殿大学士、知郑州府。卒于官。

[13] 孙觉（1028—1090），字莘老，江苏高邮人。进士出身，曾任湖州、庐州等七州知州，终龙图阁学士，提举醴泉观。顾临，字子敦，会稽（今浙江绍兴）人。举说书科，为国子监直讲，历刑、兵、吏三部侍郎兼侍读、翰林学士、龙图阁学士知定州等职。

[14] 解额，进士举于乡，给解状有一定名额，故称解额。

[15] 胡宗愈，字完夫，常州晋陵（今江苏常州）人。举进士甲科。宋元祐中，官至礼部尚书，迁吏部。

[16] 迩英，迩英阁的省称。宋代禁苑宫殿名，义取亲近英才。

[17] 杨时，里居、阅历见卷首《宋太师徽国文公朱先生年谱节略》注。

[18] 常夷甫，即常秩（1019—1077），字夷甫，颍州汝阴（今安徽阜阳）人。举进士不中，乡居以经术称。宋嘉祐时，为颍州教授，除国子直讲。神宗熙宁四年（1071年），拜右正言、直集贤院、管干国子监。迁天章阁侍讲，进宝文阁待制兼侍读。官至西京留司御史台。

[19] 胡氏《论语详说》，胡寅撰。胡寅（1098—1156），字明仲，建宁崇安（今福建武夷山市）人，胡安国之侄。宋宣和间，中进士甲科。靖康初，召除秘书省校书郎官，至徽猷阁直学士。卒谥文忠，学者称致堂先生。

[20] 邵氏《见闻录》，当指邵伯温父子的《闻见录》。邵伯温（1055—1134），字子文，河南（今洛阳）人。以荐入仕，为教授。官至提点成都路刑狱。著《闻见录》，其子邵博续之，称《闻见后录》。邵博，字公济，邵伯温之次子。

[21] 文潞公，即文彦博（1006—1097），字宽夫，号伊叟，汾州介休（今属山西）人。北宋天圣五年（1027年）进士，历仕仁宗、英宗、神宗、哲宗四朝，任将相五十年，世称贤相。封潞国公、谥“忠烈”。

[22] 吕陶（1028—1104），字元钧，眉州彭山（今属四川）人。宋皇祐年间进士，任太原府判官，累官至殿中侍御史，迁左司谏。涉洛蜀党争，出为梓州、成都路转运副使。徽宗即位，起知梓州。

[23] 游酢（1053—1123），字定夫，号广平，建州建阳人。拜程颢为师。元丰五年（1082年），登进士，调萧山尉，改博士。历监察御史、汉阳军知军，舒、濠州二州知州等职。

[24] 孔文仲（1038—1088），字经父，临江新喻人。少刻苦博洽，举进士，历左谏议大夫、中书舍人，同知贡举。因劳卒。

[25] 贾易，字明叔，无为县人，师事程颐。北宋嘉祐六年（1061年）进士，任常州司法参军。历太常少卿、右谏议大夫、刑部及工部、吏部侍郎，官至宝文阁待制。卒谥“文肃”。

[26] 董敦逸，字梦授，吉州永丰（今属江西）人。北宋嘉祐八年（1063年）进士，历弋阳知县、监察御史、湖北转运判官、临江知军等职，官至户部侍郎。

[27]《易传》，即《程氏易传》，是程颐注解《周易》的哲学著作。又称《周易程氏传》、《伊川易传》，共四卷。

[28] 尹焞（1061—1132），字彦明，一字德充，洛阳人。宋靖康初召至京师，

不欲留，赐号和靖处士。绍兴四年（1134年）授左宣教郎，充崇政殿说书，擢礼部侍郎，兼侍讲。

[29] 李邦直，即李清臣（1032—1102），字邦直，河北大名人。举进士，调邢州司户参军，召为两朝史编修官、起居注，进知制诰。官至门下侍郎。寻为曾布所陷，出知大名府。范彝叟，即范纯礼（1031—1106），字彝叟，吴县（今江苏苏州）人。范仲淹第三子。以父荫，为秘书省正字。历知遂州、京西转运副使、江淮荆浙等路发运使。

[30] 范致虚（？—1137，字谦叔，建阳（今福建建阳）人。北宋元祐三年（1088年）进士，为太学博士，历郢州通判、中书舍人，官至资政殿学士、知鼎州。

[31] 张绎（1071—1108），字思叔，寿安东七里店（今宜阳城关东店）人。北宋著名乡贤，卒赠翰林学士。

[32] 郭忠孝（？—1128），字立之，河南洛阳（今属河南）人。以父荫，补右班殿直。宋元丰间进士，历官河东路提举、军器少监永兴路提点刑狱。

[33] 侯仲良，字师圣，华阴人，二程的表弟。先后拜周敦颐、程颢、程颐为师，一生论讲经述，从荆门一路南下讲学，终老不逾。著有《论语说》和《雅言》。

[34] 谢良佐（1050—1103），字显道，蔡州上蔡（今河南）人，世称上蔡先生或谢上蔡。北宋元丰八年（1085年）进士，曾任知县，后入京，书局任职。师从二程，与游酢、吕大临、杨时号称程门四先生。创立上蔡学派，是湖湘学派的鼻祖。著有《论语说》等。

补遗

宣教郎方君墓志铭[1]

予始仕，为泉州同安主簿，得莆田方君德明而代之。一见倾倒，如旧相识，既去，声问往来无虚月。间以其诗遗予，语亦清丽奥博，非常人所及也。予后数以檄书往来莆中，君必为予置酒，留连款曲。其后数年，予以病不能事，奉祠里中，而君来为建狱掾，又得相见，握手道旧，如平生欢。又二十年，而予复以事至莆，则君冢上之木已拱矣。

其子注来见，且为予泣，出君州里世系官阀之状一通，请铭君墓。予固悲君之不遇，而又叹交旧之零落。盖凡三十余年之间，而同安寮[2]友所继所同无一人在，则不忍辞而受其书以归。顾以病未及作，而注数使来请，其词益悲，乃出其书而叙之。

盖方氏之先有讳某者，始家莆田，六子官皆通显，遂为郡著姓。君其第五子，礼部郎中仁达之八世孙也。父讳某，母林氏。君讳士端，少苦学，年十八以乡荐试南省，不刊。益务记览[3]，不专为举子业。以授室宗邸，补登仕郎。试吏部，复高选，授右迪功郎，调主同安簿。摄尉得盗，当受赏，弃不顾，遂为建宁府左司理参军。改宣教郎，知福州福清县事。福清故号难治，令多以罪去。君始至，慨然以公勤自励曰：“是岂不可为哉！”然不一岁，竟亦以公事免。君不戚戚，归家日治具[4]，召宾友饮酒赋诗以相娱乐。后虽以恩得还旧秩，而君已无复仕宦意矣。乾道六年闰月八日，遂以疾卒，年四十五。

夫人濮国赵氏，武略大夫士𫓧之女，后君三年亦卒。淳熙乙未，乃得合葬于枫岭三山之原。子男三人，注、清、汪，皆业进士，而清尝以承节郎试礼部，与汪皆蚤卒。女四人，其婿林瓘、林叔子、郑铎，季未行也。孙男女各四人，皆幼。

呜呼！君之才不后人而仕竟不偶，既退而休矣，又不得永终寿考，以遂其优游闲适之愿，是可悲夫。为之铭曰：

猗[5]君之才，足以自奋。仕而不遭，乐亦无闷[6]。乘除有数，奚又不年？尚覆来者，百世之延！

[1] 此篇于《大同集》各本均未收。此乃为已故同安主簿方士端所作的墓志铭，因涉及同安人、事，故自《晦庵集》卷九十二中录之作补遗。方士端（1126—1170），字德明，莆田人。绍兴年间任同安主簿，为朱熹之前任。《同安县志·循吏》有其传，误作"代朱文公"。

[2] 寮，通"僚"。

[3] 记览，记诵阅览。

[4] 治具，备办酒食，设宴。

[5] 猗，叹词，用于句首表示赞叹。

[6] 无闷，没有烦忧。

卷之十五 祝 文

经史阁举梁告先圣文[1]

书楼之役，工告偈功[2]。虔举修梁，卜日惟谨。敢以释菜之礼[3]，告于先圣先师至圣文宣王[4]。惟先圣先师启迪众志，畀以有成。谨告。

[1] 此篇元刻本入于卷十，题作《举经史阁梁舍菜先圣先师》。《晦庵先生朱文公文集》（以下简称《晦庵集》）卷八十六题作《经史阁上梁告先圣文》。据束景南《朱熹年谱长编》考证（以下简称“束景南考证”），此篇作于绍兴二十五年（1155 年）年初朱熹建同安县学经史阁之时。

[2] 偈功，显现功业。

[3] 释菜之礼，即释菜礼，也称舍菜礼，古代在学校落成、学生入学等举行的祭祀孔子等先师的典礼。用兔醢、栗子、枣子、菁菹做祭品，香烛随用。

[4] 至圣文宣王，即孔子。唐玄宗时，孔子被封为“文宣王”。北宋大中祥符元年（1008 年），孔子被封为“元圣文宣王”；大中祥符五年（1012 年），改封为“至圣文宣王”。

行乡饮告先圣文[1]

〈敢昭告于先圣至圣文宣王〉[2]

一昨朝廷举行乡饮酒之礼[3]，而县之有司奉行不谨，容节谬乱，仪矩阙疏，甚不足以称明天子举遗兴（一作典）礼之意。今者宾兴有日，某谨与诸生考协礼文，推阐圣制，周旋揖逊[4]，一如旧章。即事之初，敢以舍菜之礼，谨修虔告。

[1] 此篇元刻本入于卷十，题作《乡饮舍菜先圣》。《晦庵集》卷八十六题作《行乡饮酒礼告先圣文》。

[2] 此句据元刻本补。

[3] 乡饮酒之礼，为古代一种庆祝丰收、尊老敬老的宴饮欢聚活动，通常选德高望重长者数人为乡饮宾，与当地官吏一起主持此活动。

[4] 周旋，交际应酬。揖逊，揖让，宾主相见的礼仪。

告护学祠文[1]

书楼之役，工告僝功。虔举修梁，卜日惟谨。是用告于尔神，惟尔有神。尚启众心，以相兹事。谨告。

[1] 此篇元刻本入于卷十，题作《告护学祠》。此篇应作于绍兴二十五年（1155 年）。

奉安苏公祠告先圣文[1]

故相苏公颂[2]，同安人也。其道学渊深，履行纯固，天下学士大夫之所宗仰。而邑子后生闻见单浅，弗克究知，某甚闵焉[3]。用告有司，请即学宫岁时奉祀[4]，以建（一作延）遗烈，使学者有所兴起。今既毕事，将妥厥灵。敢以舍菜之礼，告于先圣先师之神。谨告。

[1] 此篇元刻本入于卷十，题作《奉安苏丞相舍菜先圣先师》。《晦庵集》卷八十六题作《奉安苏丞相祠告先圣文》。据束景南考证，此篇作于绍兴二十五年（1155 年）十一二月间。

[2] 苏公颂，即苏颂，里居、阅历见卷七《乞立苏丞相祠堂状》注。

[3] 某甚闵焉，元刻本及《晦庵集》均作“父兄闵焉”。

[4] 奉祀，元刻本及《晦庵集》均作“奉祠”。

奉安苏公祠文[1]

泉人衣冠之盛，自国初以至于今，其间显人或至公卿者多矣。然而终始大节可考而知，则未有若公之盛者也。惟公著节于熙宁[2]，登庸于元祐[3]，而幅巾谢事[4]，偃仰婆娑于绍圣、元符[5]之间。然则公之所自任于进退出处之间者，可谓无所苟矣。是盖将以比古之所谓大臣者，岂独泉人数公而已哉！今以邑人之意，祠公于学。即事之始，敢布其衷。尚飨！

[1] 此篇元刻本入于卷十，题作《苏丞相祠堂》，其正文前有“丞相苏公”四衍字。《晦庵集》卷八十六题作《奉安苏丞相祠文》。据束景南考证，此篇作于绍兴二十五年（1155年）十一二月间。

[2] 著节，以高尚的节操著称。熙宁，宋神宗的年号，公元1068年至1077年。

[3] 登庸，选拔任用。元祐，宋哲宗的年号，公元1086年至1093年。

[4] 幅巾，指古代男子束发用的巾，是一种表示儒雅的装束。谢事，辞职。

[5] 绍圣、元符，宋哲宗的另两个年号，公元1094年至1100年。

奉安苏公画像文[1]

〈谨以清酌庶羞之奠，敢昭告于故丞相苏公。〉[2]

惟公始终一节，出入五朝。高风耸乎士林，盛烈铭于勋府。矧兹故邑，实仰余光。怅亲炙之无从，冀瞻依之有地。是用肖德仪于庙院，建遗烈于学宫。营表[3]方将，仪图幸至。式瞻[4]精宇，爰寓神栖。既协吉于灵辰[5]，敢式陈于菲荐。尚飨！

[1] 此篇元刻本入于卷十，题作《奉安苏丞相画像》。《晦庵集》卷八十六题作《奉安苏丞相画像文》。据束景南考证，此篇作于绍兴二十五年（1155年）十一二月间。

[2] 此句据元刻本补。清酌，古人祭祀用的清酒。庶羞，指多种美味。

[3] 营表，古代建造宫室时测量地基，立表以确定位置，称为“营表”。此处指苏公祠始建。

[4] 式瞻，敬仰、景慕、瞻视。

[5] 灵辰，吉祥的时刻。

准赦告诸庙文[1]

天子郊见上帝，厘事告成。还御路门，班祭泽于海内。以尔神有功于民，载在祀典。申诏有司，以礼祭报。某奉承明诏，敢不奉制币，洁牺牲，骏奔走以告祠下。惟尔有神，尚克膺天子丕显休命。尚飨！

[1] 此篇元刻本入于卷十，题作《准赦告诸庙》。

癸酉冬赛[1]

今兹荐罹水旱之数，宜不得下熟。然颇有所收，足以慰夫三农之心。而供有司之赋者，实神有以佑之也。不然，民饥而死，吏之忧岂有所极哉！仲冬之月，祗循[2]故事，以告谢神。不敢爱其洁牲醴酒，惟不足以答神之赐，而岂敢有所祈。

[1] 此篇元刻本入于卷十，《晦庵集》卷八十六题作《秋赛谒庙文》。癸酉，即宋绍兴二十三年（1153年）。由此可知，此篇作于是年之冬。赛，旧时祭祀酬报神恩的活动。

[2] 祗循，恭敬地遵循。

甲戌春祈[1]

间者岁比不登，民填沟壑。今幸改岁，人得以修其畎亩农桑之务。惟是雨旸以时，俾无水旱螟螣[2]之灾，则非人力之所能及。惟君侯加惠之，则幸矣。某祗承祀典，敢不斋肃盥荐[3]，以献以祈。

[1] 此篇元刻本入于卷十，《晦庵集》卷八十六题作《春祈谒庙文》。甲戌，即宋绍兴二十四年（1154 年）。由此可知，此篇作于是年之春。

[2] 螟螣，两种食苗的害虫。

[3] 斋肃，庄重敬慎。盥荐，盥洗而后上供祭献。

屏斥弟子员告先圣文[1]

〈敢拜手稽首言于先圣至圣文宣王、先师兖国公、先师邹国公曰：〉[2]

某不肖，昨以布衣诸生推择为此县吏，而得参听其学事。而能行寡薄，治教不孚。所领弟子员有卓雄者、林轩者[3]，乃为淫污[4]之行，以慁[5]有司。某窃自惟身不行道，无以率砺其人，使至于此。又不能蚤正刑辟，以殚[6]治之。则是德刑两弛，而士之不率者终无禁也。是敢告于先圣先师，请正学则，耻以明刑。夫朴作教刑，而二物以收其威，固先圣先师学校之政，所以遗后世法也。惟先圣先师临之在上，某敢不再拜[7]稽首。

[1] 此篇元刻本入于卷十，题作《屏斥弟子员告先圣》。此文当作于绍兴二十四年（1154 年）整顿同安县学之时。

[2] 此句据元刻本补。先师兖国公，即颜回。唐太宗尊之为先师，唐玄宗尊之为兖公，宋真宗加封为兖国公。先师邹国公，即孟轲。宋神宗封为邹国公。祭孔时，两先师配享。

[3] 卓雄者、林轩者，《晦庵集》避以名讳，作“某某者”。

[4] 淫污，秽亵，肮脏。污，元刻本作“慝”字。淫慝，邪恶不正。

[5] 慁，打扰、扰乱。

[6] 殚，元刻本作“弹”字。

[7] 再拜，元刻本作“拜手”。

乡饮告二先师[1]

〈敢昭告于先师兖国公、先师邹国公：〉[2]

朝廷举遗兴礼[3]，使郡县三岁一行乡饮酒之礼，以迪其士子，俾莫不精白，以祗承明诏。某为县长吏，敢不以时奉行。即事之初，以礼舍菜于先圣至圣文宣王，以公等配。尚飨。

[1] 此篇元刻本入于卷十，题作《乡饮舍菜二先师》。《晦庵集》未收，后辑入《晦庵先生朱文公别集》卷七，题作《乡饮舍菜二先师祝文》。

[2] 此句据元刻本补。

[3] 兴，清刻本作“典”字，不妥，据元刻本改。

任满辞先圣[1]

某祗服厥事，于兹五年。业荒行堕，过咎日积。虽逃[2]厥罚，曷慊[3]于心？辞吏告归，祝[4]仰崇仞。谨告。

[1] 此篇元刻本入于卷十，题作《满任辞宣圣》。《晦庵集》卷八十六题作《辞先圣文》。据文意，此文当作于绍兴二十七年（1157 年）。

[2] 逃，元刻本作“逭”字。逭，逃避。

[3] 慊，通“歉”，对不住。

[4] 祝，元刻本作“愧”。

谒洛阳蔡端明祠文[1]

惟公忠言惠政，著自中朝。筮仕之初，尝屈兹郡。岁时虽久，称思未忘。厥有遗祠，英灵如在。某虽不敏，实仰高风。临事之初，敬修礼谒。谨告。

[1] 元刻本无此篇，后之增订者补之。《晦庵集》卷八十六题作《谒端明侍郎蔡忠惠公祠文》。据文意，此文当作于朱熹任同安县主簿之初。而清道光《晋江县志》亦载，当时朱熹过洛阳桥曾拜谒蔡忠惠公祠，可证。蔡端明，即蔡襄（1012—1067），字君谟，福建路兴化军仙游县（今属莆田市）人。北宋天圣八年（1030 年）进士，历任馆阁校勘、龙图阁直学士、枢密院直学士、翰林学士、端明殿学士等职，曾出任福建路转运使。宋至和、嘉祐年间（1054—1063），两次知泉州。累赠少师，谥号“忠惠”。蔡端明祠，即蔡忠惠公祠，位于泉州洛阳桥桥南，是为纪念蔡襄在修建洛阳桥时所做贡献而建。

祭许顺之文[1]

维淳熙十二年四月庚辰，宣教郎、直徽猷阁、主管华州云台观朱某，谨以香茶及赙币[2]一匹，奠于故友许君顺之之灵。我官同安，诸生相从游者多矣。其恬淡靖退，无物欲之累，未有如顺之者也。逮予[3]秩满，相与俱归，不以千里为远。其后别去二十余年，中间相见，不过一再。前岁云台一别，匆匆未及究其所欲言，不意君之遽至此也。闻讣惨怛，寓此一哀。君其有灵，尚克鉴此。尚飨。

[1] 此篇元刻本入于卷十，题作《祭许顺之》，乃祭奠同安许升之祭文，写于其卒年淳熙十二年（1185 年）四月。许顺之，即许升，字顺之，福建同

安人，朱熹门人。阅历见卷首《增订本林序》注。

[2] 赙币，为助办丧事而赠送给丧主的钱财。

[3] 予，清刻本作“于”字，误。据元刻本改。

补 遗

请雨谒北山神文[1]

乃者邑民以岁事有谒于君侯，君侯过恩，赐之吉卜，而许以来。是故将有以镇抚绥宁之也。民其敢不欢欣舞歌，以乐神赐；吏其敢不洁齐芬苾[2]，以拜神休。惟风雨、水旱、疠疫之不时，以君侯之不显威神。是震是祓，俾无灾害，则岂惟斯人专美其赐，吏亦与免于旷弛[3]之忧。惟君侯之留意焉。

[1] 此篇于《大同集》各版本皆无收。据文题，此文乃为祈雨北山之神而作。北山，当指同安之北辰山。故自《晦庵集》卷八十六中录之作补遗。

[2] 芬苾，芳香。

[3] 旷弛，玩忽职守。

祭柯国材文[1]

维淳熙四年二月辛未朔旦，新安朱熹谨以香茶酒果，奠于近故柯君国材老丈之灵。俗弊道衰，士鲜知学。束书不观，游谈燕乐。有不其然，剽掠为工。乘时射利，莫反其躬。孰能知君，苦心刻意。探讨之勤，白首不置。弗荣于禄，弗媚于时。自信之笃，死生莫移。余少之时，试吏君里。实始识君，敬慕兴起。致君序室，以表后生。弦诵洋洋，德义振声。阔焉□□，反覆讲评。匪同而和，肺腑以倾。自兹一别，遂隔死生。何遽至此，□□□□。惟君之德，刚毅近仁。望之可畏，即之可亲。居今行古，勇莫能夺。行行之名，不肖所怛。哀哉已矣，无复斯人！缄辞千里，寄此酸辛。呜呼哀哉！伏惟尚飨。

[1] 此篇于《大同集》各版本皆无收，乃祭奠同安柯翰之祭文，作于其卒年淳熙四年（1177 年）二月。因涉及同安人、事，故自《晦庵集》卷八十六中录作补遗。柯翰，字国材，福建同安人。阅历见卷首《增订本林序》注。

祭陈休斋文[1]

维淳熙十一年，岁次甲辰三月庚寅朔二十有七日丙辰，具位朱熹谨以香茶酒果奠于近故休斋先生冲佑参议陈公之灵。熹少日游宦，获从公游于泉漳之间。蒙公爱予，诱掖良厚。其后别去几三十年。而去岁之冬，复得见公，相与开怀，握手如平生欢。公虽老矣，而意气不衰，为我置酒，谈经论义。篇什间作，亹亹[2]不休。相与追游连华、九日、凉峰、凤凰、云台之间[3]，昼则联车，夜则对榻。视公起居食饮，叫呼谈噱，皆有非后生所能及者。谓公寿考，宜未艾也。然我之还，公复载酒，饯我洛阳[4]。则掺袂分携，潸然出涕，而有此会难又之悲矣。醉中别去，惨然不乐，久而不能平也。然亦不谓未及两月，而公讣遽来。呜呼痛哉！

公于诸经，皆有论述，许以寄我，相与考评。而今而后，不复得遂此愿矣。缄词千里，寄此一奠。尚惟精爽，听我此言。呜呼哀哉！尚飨。

[1] 此篇于《大同集》各版本皆无收，乃祭奠相识于同安任上的陈知柔，作于其卒年淳熙十一年（1184 年）三月二十七日。因文中忆及其于同安交游之事，涉及同安人、事，故自《晦庵集》卷八十六中录之作补遗。陈

知柔（？—1184），字体仁，号休斋居士，福建晋江人。南宋绍兴十二年（1142年）进士，历任建州、漳州教授，循州、贺州知州。

［2］亹亹，形容孜孜不倦。

［3］“追游连华……云台之间”句，指淳熙十年（1183年）朱熹重游泉州之事。那年八月，好友傅自得去世。十月，朱熹从闽北南下泉州吊丧，期间与赵汝愚、陈俊卿、陈知柔相晤论道，酌酒赋诗。后又与陈知柔相携遨游莲花峰、九日山、凉峰、凤凰山、云台山等处。连华，即莲花峰，在今南安市丰州镇西北二公里处，南接九日山，峰顶巨石相依耸立，怒放八瓣，形似莲花，故名。九日，即九日山，在今南安市丰州镇西面，距泉州市区约七公里。凉峰，在南安云台山。凤凰山，在今南安市区东北隅。云台山，在今南安市霞美镇铺当村的北面。

［4］饯我洛阳，指朱熹临别时，陈知柔设宴饯行于泉州洛阳桥畔。

附　　录

语类八条[1]

读书贪多，最是大病，下梢都理会不得。若到闲时无书读时，得一件书看，更子细[2]。某向为同安簿满，到泉州候批书，在客邸借文字，只借得一册《孟子》，将来子细读，方寻得本意见。看他初间如此问，又如此答。待再问，又恁地答。其文虽若不同，自有意脉，都相贯通。句句语意，都有下落。（贺孙）

看文字，却是索居独处，好用工夫，方精专，看得透彻，未须便与朋友商量。某往年在同安日，因差出体究公事处，夜寒不能寐，因看得子夏论学一段分明。后官满，在郡中等批书，已遣行李，无文字看，于馆人处借得《孟子》一册熟读，方晓得"养气"一章语脉。当时亦不暇写出，只逐段以纸签签之云。此是如此说，签了，便看得更分明。后来其间虽有修改，不过是转换处，大意不出当时所见。如谩人底议论，某少年亦会说，只是终不安，直到寻个悫实处方已。（畲）

今日学者不长进，只是"心不在焉"。尝记少年时在同安，夜闻钟鼓声，听其一声未绝，而此心已自走作。因此警惧，乃知为学须是专心致志。又言："人有一正念，自是分晓。又从旁别生一小念，渐渐放阔去，不可不察。"（德明）

或说："象山[3]说'克己复礼'，不但只是欲克去那利欲忿懥之心[4]，只是有一念要做圣贤，便不可。"曰："此等议论，恰如小儿则剧一般，只管要高去，圣门何尝有这般说话！人要去学圣贤，此是好底念虑，有何不可？若以为不得，则尧舜之'兢兢业业'，周公之‘思兼三王’，孔子之‘好古敏求’，颜子之‘有为若是’，孟子之‘愿学孔子’之念，皆当克去矣！看他意思只是禅。志公[5]云：‘不起纤毫修学心，无相光中常自在。’[6]他只是要如此，然岂有此理？只如孔子答颜子：‘克己复礼为仁。’据他说时，只这一句已多了，又况有下头一落索？只是颜子才问仁，便与打出方是！及至恁地说他，他又却讳。某尝谓人要学禅时，不如分明去学他禅和一棒一喝便了。今乃以圣贤之言夹杂了说，都不成个物事。道是龙，又无角；道是蛇，又有足。子静[7]旧年也不如此，后来弄得直恁地差异！如今都教坏了后生，个个不肯去读书，一味颠蹶[8]没理会处，可惜！可惜！正如荀子不睹是，逞快胡骂乱骂，教得个李斯出来，遂至焚书坑儒！若使荀卿不死，见斯所为如此，必须自悔。使子静今犹在，见后生辈如此颠蹶，亦须自悔其前日之非。”又曰：“子静说话，常是两头明，中间暗。”

或问：“暗是如何？”曰：“是他那不说破处。他所以不说破（处），便是禅。所谓‘鸳鸯绣出从君看，莫把金针度与人’[9]，他禅家自爱如此。某年十五六时，亦尝留心于此。一日，在病翁所会一僧，与之语。其僧只相应和了说，也不说是不是。却与刘说，某也理会得个昭昭灵灵底禅。刘后说与某，某遂疑此僧更有要妙处在。遂去扣问他，见他说得也煞好。及去赴试时，便用他意思去胡说。是时文字不似而今细密，由人粗说，试官为某说动了，遂得举。时年十九。后赴同安任，时年二十四五矣，始见李先生[10]。与他说，李先生只说不是。某却倒疑李先生理会此未得，再三质问。李先生为人简重，却是不甚会说，只教〈看〉圣贤言语。某遂将那禅来权倚阁起，意中道，禅亦自在。且将圣人书来读，读来读去，一日复一日，觉得圣贤言语渐渐有味。却回头看释氏之说，渐渐破绽，罅漏百出！”（广）

主簿就职内大有事，县中许多簿书皆当管。某尝为同安簿，许多赋税出入之簿，逐日点对佥押，以免吏人作弊。时某人为泉倅，

簿书皆过其目。后归乡与说及，亦懵不知。他是极子细官人，是时亦只恁呈过。（贺孙）

因说“谩令致期，谓之贼”[11]。曰：“昔在同安作簿时，每点追税，必先期晓示。只以一幅纸截作三片，作小榜遍贴，云本厅此几日点追甚乡分税，仰人户乡司主人头知悉。只如此，到限日近时，纳者纷纷。然此只是一个信而已。如或违限遭点，定断不恕，所以人怕。”（时举）

初任同安主簿，县牒委补试。唤吏人问例，云预榜晓示，令其具检颇多。即谕以不要如此，只用一幅纸写数榜，但云县学某月某日补试，各请知悉。临期吏复云“例当典日”，又谕以“断不展日过”。

问：“奏状还借用县印否?”曰：“岂惟县印？县尉印亦可借。盖是专达与给纳官司及有兵刑处，朝廷皆纳印。今之官司合用印处，缘兵火散失，多用旧印。要去朝廷请印，又须要钱，所以官司且只苟简过了。某在同安作簿，去州请印。当时有个指挥使，并一道家印，缘胥吏得钱方给。某戏谓，要做个军员与道士，亦不能得！又见崇安县丞用淮西漕使印。”（人杰）

右［上］录旧集所无。因看《语类》，见其论学、论政有关于同安者，乃采而录之。是亦旧集之类可为学士者之准则也。

［1］元刻本无此篇，依后之增订者注，此篇乃采自《朱子语类》中有关同安的论学、论政之语录。语类，即分类汇辑的语录。《朱子语类》，乃朱熹与其弟子问答的语录汇编，宋景定四年（1263年）黎靖德以类编排，于咸淳六年（1270年）刊为《朱子语类大全》一百四十卷。

［2］子细，同“仔细”。

［3］象山，即陆九渊，字子静，因讲学于象山书院，被称为“象山先生”，学者常称其为“陆象山”。里居、阅历见卷首《宋太师徽国文公朱先生年谱节略》注。

［4］忿懥，发怒。

[5] 志公，即志宝（418—514），南北朝齐、梁时高僧，又称“宝志”、“志公”。俗姓朱，金城（在今甘肃兰州）人。

[6]“不起纤毫修学心……”句，出自志公禅师《十二时辰颂》。

[7] 子静，即陆九渊，字子静。

[8] 颠蹶，颠倒失次。

[9]“鸳鸯绣出从君看……”句，宋·释师观《偈颂七十六首》有此名，意思是：绣出的鸳鸯可以给别人观赏，可绣鸳鸯的针法却不能传授给别人。

[10] 李先生，即李侗，朱熹拜其为师。里居、阅历见卷首《宋太师徽国文公朱先生年谱节略》注。

[11] 谩令致期，谓之贼，出自《论语·尧曰》，是孔子所说的四种恶政之一，意思是起先懈怠而突然限期叫作贼。

县学朱先生堂记[1]

初，新安先生朱公为同安县主簿，今知县事毛君当时[2]祀公学宫。昔孔子既修定尧舜三代纪法垂后世，而黄、老、申、韩[3]之流，亦各自为书。学者荡析畔离，苟私所受，未有博探详考，务合本统也。及董仲舒稍推明之，与人主意合，则杂家异学始绌，而归一于孔氏矣。姑设禄利，驱靡使从，岂道德果尽信哉！故经师句生无有知者，徒为短狭蔽大义而已。独司马迁采《论语》，发明《孟子》，不言利，为传世家。孔安国[4]解古文《论语》。扬雄[5]数称颜渊，笃好孟轲。小戴[6]集记《大学》、《中庸》，郑玄[7]并注之。《孟子》有赵岐[8]，《论语》又有何晏[9]、韩愈[10]、李翱[11]，文人也。愈本曾参，翱尊子思矣。

噫！三千年间，萌蘖[12]泛滥，若存若亡，而大义之难明如此。则其博探详考，知本统所由，而后能标颜、曾、孟子为之传，揭《大学》、《中庸》为之教，语学者必不如是，不足达孔子之道也。然后序次不差，而道德几尽信矣，非程、张[13]暨朱、吕[14]数君子之力欤？今夫笺传衰歇，而士之聪明亦益以放恣，夷夏同指，科举冒没，浅识而深守，正说而伪受，交背于一室之内，而不以是心为残贼无几矣。余每见朱公极辨于毫厘之微，尤激切而殷勤，未尝不为之叹息也。夫学莫熟于好，道莫成于乐，颜、曾、孟子所以潜其心也；行莫如诚，止莫如善，《大学》、《中庸》所以致其义也。夷佛疾痛也，科举痒疴也，公所甚惧也。毛君尝与余学，去而宰同安，有惠政。夫政之得民速，不如教之及民远也。

[1] 本文为叶适于南宋嘉定五年（1212 年）五月为时任同安知县毛当时改建朱文公祠而撰，又题作《同安县朱文公祠堂记》。叶适（1150—1223），字正则，号水心居士，温州永嘉（今浙江温州）人，世称水心先生，南宋思想家、文学家、政论家。淳熙五年（1178 年）中榜眼，历官平江府观察推官、太学博士、尚书左选郎、国子司业、知泉州、兵部侍郎等职。卒谥“文定”。

[2] 毛君当时，即毛当时，南宋嘉定初年（1208—1212）任同安知县，有惠政，改建朱子祠堂，专祠以祀。

[3] 黄、老，即黄帝、老子，后人合称黄老，为道家之祖。申、韩，即申不害、韩非子，为战国时期法家人物，主张刑名之学。

[4] 孔安国，字子国，鲁国人，孔丘十世孙。汉武帝时，于孔子故宅壁中得古文《尚书》，安国将其改写为当时通行文字，并为之作“传”，成为“尚书古文学”的开创者。著有《古文尚书》、《古文孝经传》、《论语训解》等作品，后世尊其为先儒。

[5] 扬雄（前 53— 18 年），字子云，蜀郡成都（今四川成都郫都区）人。西汉著名的辞赋家。尊儒，批判神学经学，以孔子这儒学为正统。

[6] 小戴，即戴圣，字次君，梁国睢阳（今河南省商丘市睢阳区）人。西汉礼学家，汉代今文经学的开创者。汉宣帝时，以博士参与石渠阁论议，官至九江太守。与叔父戴德曾跟随后苍学《礼》，两人被后人合称为“大小戴”。著有《小戴礼记》。

[7] 郑玄（127—200），字康成，北海高密（今山东高密市）人，东汉末年儒家学者、经学大师。以毕生精力注释儒家经典，有《周礼注》、《仪礼

注》、《礼记注》等。

[8] 赵岐（？—201），字邠卿，京兆长陵县（今陕西咸阳）人。东汉末年经学家。著有《孟子注疏》。

[9] 何晏（？—249），字平叔，南阳宛县（今河南南阳）人，三国时期曹魏大臣、玄学家。曾与郑冲等共撰《论语集解》，今已佚。

[10] 韩愈（768—824），字退之，河南河阳（今河南省孟州市）人。唐代杰出的文学家、思想家、政治家，世称“昌黎先生”。

[11] 李翱（772—841），字习之，唐陇西成纪（今甘肃秦安东）人。曾从韩愈学古文，尊儒，阐释韩愈关于“道”的观念，发挥《中庸》“天命之谓性”的思想。

[12] 蘖，树木砍去后又长出来的新芽。萌蘖，喻指奸邪。

[13] 程，即河南洛阳理学家程颐、程颢。张，即关中理学家张载。

[14] 朱，即朱熹。吕，即吕祖谦，字伯恭，世称“东莱先生”，里居、阅历见卷首《宋太师徽国文公朱先生年谱节略》注。

朱熹首仕同安年表

陈　峰　整理

编者按：朱熹于南宋绍兴十八年（1148 年）二月参加省试，中举人。四月，赴临安参加礼部会试。集英殿殿试，赐同进士出身。二十一年（1151 年）三月，入都临安铨试中等，授左迪功郎、泉州同安主簿（九选七阶），从此走入仕途，而泉州同安县成为朱熹首仕之地。自绍兴二十三年（1153 年）七月到任同安，迄绍兴二十七年（1157 年）十一月离开同安，由泉州归崇安，前后四年零四个月。其中任职主簿三年，而在同安、泉州候代赋闲时间，也有一年多。朱熹一生担任地方官员仅七年多，而为官同安即占十之五六，可谓不短矣。这四年多的首仕，是朱熹在理学探究上的初始实践，其言行举止，对同安乃至闽南地区产生了深远的影响，民间将他与两千多年前开疆拓土的许滢相提并论，曰："许滢开疆二千载，朱熹过化八百年。"这"紫阳过化"的影响，涉及了古同安社会、思想、文化、教育、民生等诸多方面，至今犹存。这不能不说是一个值得研究的文化现象与人文奇观。《大同集》所刊朱熹的两份年谱，在其主簿同安期间的记载过简，为此，特参考束景南著《朱熹年谱长编》、陈道南编《朱熹生平活动年表》以及颜立水著《朱熹首仕同安》等有关文献资料，整理朱熹首仕同安的活动年表，以彰显"紫阳过化"的足迹。

绍兴二十三年癸酉（1153年） 二十四岁

春，作《牧斋记》，为其牧斋三年以儒、佛、老谦谦自牧的心学修养收获。

五月，赴泉州同安主簿任，经武夷山，访冲佑观道士。

经南剑州时，往城南樟林见李侗。与谈学禅有得，然不为李侗肯首，而劝其“看圣贤言语”，从“日用工夫”处理会“道”。此次会见，为其以后的终身辟佛奠定基调。李侗（1093—1163），字愿中，学者称延平先生，南剑州剑浦（今福建南平延平区）人。年轻时拜杨时、罗从彦为师，为程颐的二传弟子，学成退居山田。

六月，由建溪南下建宁、南剑州，东沿闽江至福州，再南下经莆中、泉州到同安赴任，行程两个月。在福州拜访《诗》学名家李樗、《尚书》学名家林之奇、《礼》学名家刘藻和任文荐。在兴化拜访莆中硕儒林光朝、方翥、陈俊卿。

七月，取道南安县，经小盈岭到同安。代方士端而任同安主簿。方士端（1126—1170），字德明，莆田人，绍兴年间任同安主簿。与朱熹一见如故，“既去，声问往来无虚月”。

七月十日，长子朱塾生于崇安五夫里。朱塾，字受之。

主簿廨因年代久远，“皆老屋支柱，殆不可居”，择主簿廨西北之西斋而居，将其更名为“高士轩”，作《高士轩记》以纪。

秋，作《同安官舍夜作》、《寄山中旧知七首》等故园意象之诗作，充满浓重的思乡之情。秋间不到三个月，作诗四十七首，为其在同安作诗最多之时期。

秋，与诸同僚谒奠北山，作诗一首。北山，后人有两种解读：一称清源山，俗称“北山”，位于福建泉州北郊。相传北山脚下有摩尼教僧侣呼禄法师墓，故通行之说法为谒奠清源山呼禄法师墓。一称北辰山，俗称北山岩，地处福建同安东北隅，在今厦门市同安区五显镇境内。山上有千年古刹“广利庙”，又名“忠惠尊王庙”，是为纪念五代十国时期的“闽王”王审知而建造的。故又有朱熹谒奠的是同安北辰山的忠惠尊王庙之说。

秋，行役至长泰县，拜访同年金元鼎，同游双髻峰，为金元鼎新筑面山亭而作诗《寄题金元鼎面山亭》。金元鼎，即金鼎（1118—?），字元鼎，小名张僧，小字周卿，婺州金华县大云乡安期里（今浙江金华市婺城区城东街道）人。与朱熹同榜进士。

见本州不曾经界，县道催理税物不登，故清查版籍田税，欲行经界。为此，至惠安向县丞郑昭叔详细了解经界之法。欲请推行，终未能成。

致力整顿簿税，惩治吏奸。

十二月，往安溪按事，留下《安溪道中》、《留安溪三日按事未竟》、《安溪书事》诸诗。登安溪通玄峰凤山庵题偈。往永春按事，向永春县令黄瑀取经，效其“敦礼义，厚风俗。戢吏奸，恤民隐”的治县之法。黄瑀（1106—1168年），字德藻，福州长乐人。南宋绍兴八年（1138年）进士，补饶州司户参军，历永春、华亭等县县令，官至漳州知府。

领县学事。为使用赡学钱一事，书信与泉州州学教授李椆抗论，并致信同安令陈宋霖陈述其事。李椆，福建侯官（今福州）人，南宋闽中名士李楠、李樗之弟，时任泉州州学教授。陈宋霖，字元雩，一字元滂，福建长乐岱边人。南宋绍兴五年（1135年）进士，绍兴二十一年（1151年）任同安知县，与朱熹共事，多有商磋。为政廉平，后升秘监。

将县署“佑贤堂”改名“牧爱堂”。

绍兴二十四年甲戌（1154年）　二十五岁

五月，整顿同安县学，颁布《谕学者》、《谕诸生》、《谕诸职事》等。

五六月间，于县学设讲座，增修讲问之法，作《讲座铭》以纪；重建同安县学四斋，更斋名为志道、据德、依仁、游艺，作《更同安县学四斋名》以及《四斋铭》、《鼓铭》以纪。

五六月间，试补县学弟子员，定策试之法，发布《补试牓谕》、《策试榜谕》。

七月，次子朱埜生于高士轩。朱埜（1154—1211），字文之。

申县请徐应中、王宾为县学宾客，举荐柯翰担任同安县学直学。柯翰（1116—1176），字国材，福建泉州人，随父迁居安海，后定居同安梧侣。朱熹门人。朱熹聘其为直学，不仅掌管县学钱谷，还协助管理教务及讲学授徒。

亲为县学诸生讲《论语》二十篇，为此作《论语课会说》。

请直学柯翰为诸生讲《礼记》，为此作《讲礼记叙说》。

秋，奉檄往漳州之龙溪县按事，闲暇登罗汉山，作诗《登罗汉峰》。

秋，奉檄往漳州之长泰县按事，再游面山亭，作诗《登面山亭》、《双髻峰》。

奉檄漳州按事之行，尚作有《茅舍独饮》、《宿传舍见月》、《寄语同僚》诸诗。

绍兴二十五年乙亥（1155 年） 二十六岁

正月初七，为其父同年友陈汝楫作行状。陈汝楫（1093—1153），字济夫，福建同安感化里人。上舍出身，北宋重和元年（1118 年）进士，与朱松同榜。官至朝散郎、汀州宁化县丞。

正月，奉檄至福州帅府，拜见安抚使方滋。言同安县学“经籍弗具，学者四来，无所业于其间。愿得抚府所有书以归”，安抚司遂拨官书九百八十五卷予同安县学。方滋，字务德。绍兴二十四年（1154 年）七月，以右朝奉大夫、直敷文阁任福建安抚使。

正月，在福州会见提举王秬，借观赵弁所画之《孙兴公天台赋》。作诗咏之。王秬（？—1173），字嘉叟，宋代福建晋江人。以荫补官，由敕局删定官登对，改枢密院编修，历刑部侍郎，时任提举福建路常平茶事。赵弁，字祖文，宋代东郡（今山东朝城西）人，画家。

春，在福州初识吕祖谦，因其父吕大器与朱松为契友，故相契甚合。后多有书信往来，探讨义理。吕祖谦（1137—1181），字伯恭，婺州（今浙江金华）人。是年随父吕大器赴任福建提刑司干官来到福州。隆兴元年（1163 年）登进士第，累官直秘阁，主管亳州明道宫。一生穷究义理之学，成著名理学家，世称“东莱先生”。卒追谥“成”，改谥“忠亮”。后追封开封伯，配享孔庙。

春，整理同安官书旧藏，得六种一百九十一卷。又下书民间募集图书，得故藏二种三十六卷。经多方搜求，共得藏书一千二百十二卷。具刻其卷目次第，加严保管，善藏如故。

三月，在文庙大成殿后新修经史阁以收藏官书。

四月，作《同安官书后记》一文，以纪方滋赐书县学之举。

五月，作《同安官书序》一文，以纪同安官书之整理。

夏，盐贩、海民造反，聚众攻城。与监盐税曹沆分守同安县城之西北隅。因守御之需，建射圃以供训练。为此，作《射圃记》以纪。

秋，在同安县学明伦堂左建教思堂。又修建县学四斋，名曰志道、据德、依仁、游艺。

六七月间，考定释奠仪。

考正礼书，整顿礼制，作《臣民礼议》。以《政和五礼》多失，建议别纂《绍兴纂次政和民臣礼略》。

呈《申严婚礼状》，乞请州府行文严格士庶婚礼。

十一二月间，在教思堂后建苏公祠，以彰北宋名相苏颂，令学宫弟子岁岁拜祠。建祠时，作《奉安苏公祠告先圣文》、《奉安苏公祠文》、《奉安苏公画像文》，又作《苏丞相祠记》以纪。

于同安、南安交界之小盈岭处，建一石坊，“以补岭缺”，堵截风沙，解除小盈岭、沙溪一带风沙之苦。并手书“同民安”三字于坊匾，寓“安斯民于无既”之意。

是年，作有《试院即事》、《杂记草木九首》等诗。

编订《牧斋净稿》。为早年诗稿，起自绍兴二十一年（1151年）秋，终于绍兴二十五年（1155年）秋。该诗稿自《过武夷作》这首诗始，分为两部分，之前的是赴同安任前所作，有诗49篇67首；之后的为同安任上所作，有诗62篇88首。

绍兴二十六年丙子（1156年） 二十七岁

正月，在同安县学建赵忠简祠，以祀故相赵鼎。赵鼎（1085—1147），字元镇，号得全居士，解州闻喜（今山西闻喜）人。北宋崇宁五年（1106年）进士。绍兴年间几度为相，因反对和议，为秦桧所构陷，罢相，出知泉州。旋即谪居兴化军、漳州等地。卒追赠太傅、丰国公，赐谥“忠简”。

二月一日，致书代理户部侍郎钟世明，请去除经总制名苛赋，未见回音。钟世明，字士显，将乐人。建炎二年（1128年）进士，历官户部员外郎、两浙转运使等，绍兴二十五年任尚书右司员外郎兼权户部侍郎，官至兵部侍郎。钟世明虽与朱松为契友，然不敢触动此南宋小朝廷经济命脉之赋税，故对此信不置一词。

三月，送友王维则赴龙溪任县令，作诗《送王季山赴龙溪》赠之。王维则，字季山，福建晋江人，南宋绍兴五年（1135年）进士。

春，因公事前往德化县。夜宿剧头铺寺院，寒夜苦读《论语》，顿悟“子夏之门人小子”，作《之德化宿剧头铺夜闻杜宇》诗纪之。

五月，奉泉州府檄，寻访收集境内先贤碑碣事传。往金门岛寻访先贤陈渊事迹，作《五月五日海上遇风雨作》、《次牧马侯庙》诸诗纪之。陈渊，唐代人。贞元中，奉令至金门岛上牧马拓荒，化荒墟为乐土。殁后，乡人筑庵祀之，即为牧马侯庙。

往嘉禾屿（今厦门岛）金榜山寻访唐名士陈黯遗迹，自其后裔家中觅得陈黯所著《禆正书》，校刊并为之作序。

登门拜谒同安官绅郭岩隐。郭岩隐，字石庵，靖康二年（1127年）由明经举孝廉，任都转运使，历粤东节度使。卒，朱熹为葬崧山岩下，题其墓曰“安乐窝”。

游同安香山，于寺后山麓题刻“真隐处”。至香山北麓许厝村访同安乡绅许衎。许衎（1125—1193），字平子，同安许厝人。乾道八年（1172 年）进士，授建宁府通判。

登同安莲花山，于山顶石岩题刻“太平岩”。

七月，同安任秩已满。主簿廨署高士轩敝坏不可居，乃暂寓梵天寺兼山阁。时作《梵天观雨》、《梵天游集雨霁步东桥玩月》、《题梵天方丈壁》、《兼山阁雨中》诸诗。并为梵天寺法堂门扇题赞。

七月，门人叶学古赠送兰花，作《谢人送兰》诗答谢。又有《秋兰已悴以其根归学古》诗以纪。

七月下旬，奉檄赴旁郡漳州，拜会挚友、时任漳州教授的陈知柔，为其厅壁作《漳州教授厅壁记》。陈知柔（？—1184），字体仁，号休斋居士，福建永春人，南宋绍兴十二年（1142 年）进士。历任建州、漳州教授，循州、贺州知州。

八月上旬，到泉州等候批书，住九日山的九日山房（南安县西）。

八月中旬，与来访的傅自得同游九日山，共泛舟金溪，作诗以纪。傅自得（1116—1183），字安道，祖籍济源人，避居泉州。以荫为福建路提点刑狱司干办公事，主管台州崇道观，通判漳州，知兴化军。召为吏部郎中，出为福建路转运副使，改两浙东路提点刑狱，寻主管武夷山冲佑观。

八月二十二日，等候批书。寓居无事，把玩家藏金石文字藏品，编成《家藏石刻》，并作序。

九月九日，和陈知柔同登府治附近的北山，共游环翠亭。

在泉州客邸潜读《孟子》，始作《孟子集解》。

得谢良佐《上蔡语录》，潜心研读。

闰十月，日与傅自得、吕少卫过从吟咏。为傅自得作《至乐斋记》，为吕少卫之藏书楼作《次韵傅丈题吕少卫教授藏书阁》诗。

吕少卫，泉州儒学教授。

闰十月，为柯翰作《一经堂记》，为徐元聘作《芸斋记》。

十二月，奉檄走旁郡莆田，并送家眷老幼北归崇安。经福州时，往访吕祖谦。

绍兴二十七年丁丑（1157年）　二十八岁

正月，到家。

三月，只身重返同安候代者。因廨署庑舍已破损不堪，故借县医陈良杰馆舍暂住。陈良杰馆舍自县西北行数百步而至，垣屋低矮，迹稀少。朱熹取庄子“庚桑畏垒”之说，名之为“畏垒庵”，作《畏垒斋记》。

在畏垒庵期间，朱熹除接待宾友，与士子论学，则诵书史，狂读儒家经典，精读《论语》、《孟子》二书，撰《论语》笔札十篇。其时有门人在畏垒庵与之相陪伴。

作《再至同安寄民舍居以示同志》一诗，是为这一时期生活的写照。

五月，给延平李侗寄首封书信问学。

作《日用自警示平父》诗，寄与刘玶共勉。刘玶（1138—1185），字平父，福建崇安五夫里人，刘子羽子，过继与刘子翚。历任从事郎、修职郎、邵武军司法参军。后辞官隐居，在武夷山下筑“七者之寮”，种地耕田自给。自号“七者翁”，老于林泉。

十月，代者不至，以四考秩满罢归。

十一月，离同安，滞留泉州，住李缜宅中，与李缜、益公道人、溥公道人等聚集赏梅赋诗。李缜，字伯玉，号万如居士，济州巨野（山东巨野）人。宋室南渡，随父李邴寓泉州，因家晋江。以父荫，任补承务郎，官至右朝请大夫。

十二月五日，为温陵陈养正作《恕斋记》。

十二月中旬，离开泉州，北归崇安。

后　　记

同安，是一代理学大家朱熹的初仕之地。《大同集》，乃集朱熹主簿同安时所作诗文作品，印记着朱熹过化同安的足迹。因此，如《正德同安志》所称："《大同》一集，文公先生作簿同安时，与门人发明性理之学暨名山胜水、公署私室、记序题咏具载于是。此集名为志书，未为不可。"然而今日我们将该书点校出版，不仅在于它是一部很有地方史料考证价值的文献，而且是因为《大同集》的字里行间闪现着朱熹在理学探究上的初始实践。在我们大力弘扬朱子文化之今日，或许这项点校工作有着更为重要的意义。

《大同集》的版本流传，大体经历了宋陈利用的初刻本、元都璋的重刻本、明林希元的增补本、明鲍际明的重刻本以及清陈胪声的校刊本这么一个过程。而这一过程中，最重要的是陈利用的初刻本和林希元的增补本，可是这两种本子皆已失传。幸运的是，都璋的重刻本保留了初刻本的原貌，鲍际明的重刻本保留了增补本的原貌。而陈胪声的清刻本，文从鲍本，除了从十三卷扩至十五卷外，文字篇章差异不大。因此，我们可从都璋的重刻本和陈胪声的清刻本里窥视《大同集》前后变化之面貌。都璋的元刻本已影印收入《中华再造善本丛书·金元编集部》，而陈胪声的清刻本又有上海、南京等数家图书馆收藏。因此，我们此次点校有两种较易得到的本子可以利用。

将陈胪声的清刻本与都璋的元刻本相比较，一是其内容更为丰富，所增篇幅约半。如古近体诗，元刻本有 31 题、37 首，而清刻本则达 54 题、71 首，增幅几近一倍。又如“记、序、跋、铭”之类，元刻本为 16 篇，而清刻本则有 25 篇，增幅超半。而大量的书信、问答等文章，有许多乃元刻本未曾收入，如《答许顺之十七条》、《答王近思十五条》等。然亦有滥收者，如《和张彦辅落星寺之作》、《和彦辅雪后栖贤之作》诸作，既非朱熹同安任上之作，也与同安人、事、地不相干。二是其体例更为规范，各卷依体裁分类，尽量做到单独立卷，明了清晰。而体裁划分也较细致。如古近体诗，元刻本只分为古体、近体，而清刻本进一步细分五言古、七言古和五律、七律与绝句。元刻本归为“杂题”、“杂说”之类的文章，清刻本则按其体裁归类。三是其文字校核不甚精审，表述不太统一，标题、文字亦有迥异。虽然元刻本中的某些讹误在清刻本中得到纠正，但由于增补的文章多从《朱文公文集》通用本中辑出的，故与《大同集》之原本的表述不太一致。如在《大同集》元刻本中，朱熹自称多用“某”字，而清刻本中增补的文章多用“熹”，感觉不一致。又有用屡经修订的《文集》之文替换陈利用旧集之文，湮没了朱熹早年思想痕迹，如《上钟侍郎经总制钱书》等。又如元刻本卷二之《方安抚乞书籍后记》，在清刻本卷九中作《同安官后记》；元刻本卷九之《与斋长谕学生文》，在清刻本卷十二作《谕诸生》等等。标题之更改，免不了给读者查寻造成不便。

虽然林希元和陈胪声等后之增订者为《大同集》补充了不少内容，然而根据《大同集》的收录原则，他们还是遗漏了一些朱熹在同安时的著述以及与同安的人、事、地有关的文章。例如朱熹主簿同安时，创作了大量的诗词作品。朱熹的《牧斋净稿》，按撰写时间收录其自绍兴二十一年（1151 年）至二十五年（1155 年）秋所作的诗词。从《过武夷作》这首诗开始分为两部分，之前的是赴同安任前所作，之后的为同安任上所作，计算一下，有诗 62 篇 88 首。而同安任上所作这 88 首诗，《大同集》各版本收录的只占一小部分，其余的均阙如。又如《大同集》收入了朱熹答同安门人许升、王力行及柯翰等人的书信，而《答戴迈》、《答林峦》等答其他同安门人的书信则未收入；收入了为同安门人许升所作的《祭许顺之文》，而为柯翰所作的《祭柯国材文》亦未收入。再如朱熹在同安兴文育贤、力行教化的实践而作的《论语课会说》、《讲礼记序说》、《举柯翰状》、《申严婚礼状》、《民臣礼议》等文，也都遗漏了。

鉴于上述情况，本次校注，我们选用清陈胪声的校刊本为底本，以元都璋刻明修本为校本，以成“完本”。两本之间的差异，我们在注释中给予说明，采用“元刻本无此首（篇）”，或“元刻本作××”来表示。同时，为了充分展现朱熹与同安的关系，我们对于上述遗漏的诗文，根据束景南先生的《朱熹年谱长编》、陈来先生的《朱子书信编年考证》等书的考证，从《晦庵先生朱文公文集》或《别集》中辑出相应诗文，依其文体补遗收入各卷之中。其中卷一“古近体诗”补遗最多，计 60 题 76 首，大多为朱熹主簿同安期间所作。而其他各卷中补入的书、札状、记、铭、杂著、祝文等散体文章合计 19 篇。至于元、清两刻本中滥收的诗文，为了保持《大同集》之原貌，我们对不当收入的文章不做删除，也不妄加评议。但为了帮助读者有所判断，尽可能地根据束景南、陈来等先生的有关考证文章，标明各篇诗文的写作时间或与同安的关系。

依照《厦门文献丛刊》的惯例，本应编纂作者年谱。因元刻本之《大同集》有元都璋纂集的《宋太师徽国文公朱先生年谱》，清刻本之《大同集》中有未署名的《朱夫子年谱》。两份《年谱》虽各有千秋，但大体描绘出朱熹人生发展轨迹，故本书不再另纂朱熹年谱，而选用此两份《年谱》原文照录，并按其原居于书中之位置编排。又因为两份《年谱》对朱熹在同安之作为叙述过简，故为使读者有更为详细的了解，特采用编年的形式，编纂《朱熹首仕同安年表》一文附于书后，以弥补两份《年谱》之简约。

本书在校注、编纂过程中，参考了束景南先生的《朱熹年谱长编》、陈来先生的《朱子书信编年考证》、尹波先生的《〈朱文公大同集〉考略》以及本地文史前辈颜立水等人对朱熹及《大同集》的研究成果，特此向他们致谢！同时感谢厦门大学出版社薛鹏志主任尽瘁校理，俾本书校注质量更趋完善。

限于编者水平，本书的整理与校注不免有疏漏之处，敬祈诸位方家有以教正。

编 者

2018年10月25日